上海大學(1922—1927)教材

瞿秋白《现代社会学》《社会哲学概论》
安体诚《现代经济学》
蔡和森《社会进化史》

本书编委会 编

上海大学出版社
·上海·

图书在版编目(CIP)数据

上海大学(1922—1927)教材.瞿秋白《现代社会学》《社会哲学概论》 安体诚《现代经济学》 蔡和森《社会进化史》/《上海大学(1922—1927)教材》编委会编.—上海：上海大学出版社，2021.6
("红色学府　百年传承"丛书)
ISBN 978-7-5671-4255-8

Ⅰ.①上… Ⅱ.①上… Ⅲ.①社会科学－高等学校－教材②哲学－高等学校－教材　Ⅳ.①C43②B-43

中国版本图书馆CIP数据核字(2021)第110310号

责任编辑　徐雁华
封面设计　柯国富
技术编辑　金　鑫　钱宇坤

上海大学(1922—1927)教材

瞿秋白《现代社会学》《社会哲学概论》
安体诚《现代经济学》
蔡和森《社会进化史》
本书编委会　编
上海大学出版社出版发行
(上海市上大路99号　邮政编码200444)
(http://www.shupress.cn) 发行热线 021-66135112)
出版人　戴骏豪

*

南京展望文化发展有限公司排版
上海颛辉印刷厂有限公司印刷　各地新华书店经销
开本 710 mm × 1000 mm　1/16　印张 21.25　字数 316千
2021年6月第1版　2021年6月第1次印刷
ISBN 978-7-5671-4255-8/C·134　定价　68.00元

版权所有　侵权必究
如发现本书有印装质量问题请与印刷厂质量科联系
联系电话：021-57602198

"红色学府 百年传承"丛书编委会

主　　　任　　成旦红　刘昌胜
常务副主任　　段　勇
副　主　任　　龚思怡　欧阳华　吴明红　聂　清
　　　　　　　汪小帆　苟燕楠　罗宏杰　忻　平
委　　　员　　（按姓氏笔画为序）
　　　　　　　王远弟　刘长林　刘绍学　许华虎
　　　　　　　孙伟平　李　坚　李明斌　吴仲钢
　　　　　　　何小青　沈　艺　张元隆　张文宏
　　　　　　　张　洁　张勇安　陈志宏　竺　剑
　　　　　　　金　波　胡大伟　胡申生　秦凯丰
　　　　　　　徐有威　徐国明　陶飞亚　曹为民
　　　　　　　曾文彪　褚贵忠　潘守永　戴骏豪

总序：传承红色基因，办好一流大学

成旦红　刘昌胜

1922年10月23日，在风雨如晦的年代，一所由中国共产党与国民党合作创办的高等学府"上海大学"横空出世。而就在前一年，中国共产党宣告成立，揭开了中国历史的新篇章。如今我们回顾历史，上海大学留下的史迹与中国共产党的发展紧密相连。

《诗经·小雅》有云："鹤鸣于九皋，声闻于野。"20世纪20年代的上海大学，发轫于闸北弄堂，迁播于租界僻巷，校舍简陋湫隘，办学经费拮据，又屡遭反动势力迫害，但在中国共产党和国民党左派以及进步人士的共同努力下，屡仆屡起，不屈不挠，上海大学声誉日隆，红色学府名声不胫而走，吸引四方热血青年奔赴求学。在艰难办学的五年时间里，为中国革命和建设培养出一大批杰出人才，在当时就赢得"文有上大、武有黄埔"之美誉。在波澜壮阔的五年时间里，老上海大学取得的成就值得我们永远记取，老上海大学的办学传统和办学精神值得我们永远继承和发扬光大。

1994年11月，学校党委常委会决定"上海大学成立日期确定为1922年5月27日"。1997年5月，钱伟长老校长在为上大学生作关于"自强不息"校训的报告时指出，"我们学校的历史上，1922年到1927年期间里有过一个上海大学，这是我们党最早建立的一个大学。"他又以李硕勋、何挺颖两位烈士为例讲道："没有他们的牺牲，没有那么多革命志士的奉献，我们上海大学提不出那么响亮的名字，这是我们上海大学的光荣。"

1983年合并组建原上海大学和1994年合并组建新上海大学之时，得到了老上海大学校友及其后代的热烈支持和响应，他们纷纷题词、致信，

祝贺母校"复建""重光";党中央、国务院及上海市委、市政府也殷切希望新上海大学继承和发扬老上海大学的光荣革命传统,时任中共中央总书记的江泽民同志为新上海大学题写了校名,老上海大学校友、后任国家主席的杨尚昆同志题词"继承和发扬上海大学的光荣传统,为祖国的建设培养人才"。

新上海大学自合并组建以来,一直将这所红色学府的"红色基因"视作我们的办学优势之一,将收集、研究老上海大学的历史资料,学习、传承老上海大学的光荣传统作为自己的使命和责任。2014年,学校组织专家编撰出版了《20世纪20年代的上海大学》,这是迄今为止搜集老上海大学资料最为丰富、翔实的一部文献;同年在校园里建立的纪念老上海大学历史的"溯园",如今已成为上海市爱国主义教育基地。

为了更全面地收集老上海大学的档案资料,更深入地研究老上海大学的历史,更有效地继承和发扬老上海大学的光荣传统,我们推出了这套"红色学府 百年传承"丛书,既是为2021年中国共产党100周年光辉诞辰献上一份贺礼,也是对2022年老上海大学诞生100周年的最好纪念,并希望以此揭开新上海大学"双一流"建设的新篇章。

是为简序。

前　言

上海大学（1922—1927）在办学过程中，很重视教材的编写和出版，许多教师根据自己讲授的课程自编讲义教材。1923年上海大学便计划从这些讲义教材中选编"上海大学丛书"，次年即成立上海大学丛书审查委员会，推定瞿秋白、邓中夏等5人为委员。

在上海大学自编出版的讲义教材中，影响最大的是一批宣传马克思主义的著作，它们是中国共产党早期领导人和理论家留下的一份宝贵遗产。例如，瞿秋白的《现代社会学》，"对马克思主义的唯物史观作了全面的阐述"，"对马克思主义哲学在中国的传播具有奠基性的意义"。瞿秋白的《社会哲学概论》，"在中国现代哲学史上第一次把辩证唯物主义的基本观点介绍到中国来"。蔡和森的《社会进化史》，"在宣传马克思主义关于人类社会历史的进化理论上起着先导的作用"。

1924年，上海大学社会科学会选编6种讲义教材出版《社会科学讲义》第一至第四集，它们是当时进步学子学习社会学、社会哲学的重要书目，也是马克思主义理论的启蒙读物，在社会上产生了很大影响。

搜集整理出版上海大学自编讲义教材，是研究上海大学的一个重要方面。1984年复旦大学出版社出版的《上海大学史料》、2014年上海大学出版社出版的《20世纪20年代的上海大学》，都收录过一部分讲义教材。1996年东方出版社出版的"民国学术经典文库"，收录了上海民智书局1929年出版的蔡和森的《社会进化史》。上海大学的一些讲义教材散见于个人文集、选集、全集以及其他资料集中。这些都为上海大学自编讲义教材的保存和传播起到了积极作用。

然而，从上海大学史料发掘搜集的愿望和要求来看，仍有不少的遗憾，如对《社会科学讲义》收录不完整，使我们今天难以看到上海大学这批宣传马克思主义的著作的全璧。这次我们搜集到1927年汉口长江书店再版的《社会科学讲义》第一至第四集。原书收录《现代社会学》《现代经济学》《社会运动史》《社会思想史》《社会问题》《社会哲学概论》六种讲义教材，并将每种讲义教材分为四部分，分载于《社会科学讲义》第一至第四集。我们将其全部汇编出版，弥补了以往仅止于摘编的缺憾。又如对其他学科的讲义教材不见收录，这次我们搜集到1929年世界书局出版的胡朴安的《文字学ABC》，据胡朴安在该书"序"中所述，该书"中编"曾在上海大学"讲述过一次，又加了一遍修改"。我们即选编该书"中编"。再如平民教育是上海大学办学不可忽视的一个方面，邓中夏作为上海大学平民学校的领导，不仅做了大量的行政工作，还自己动手为平民学校编写讲义教材。这次我们搜集到《民国日报》副刊《平民周报》1924年5月31日、7月19日连载的邓中夏和李立三为平民学校合编的通俗读物《劳动常识》，并将其作为上海大学讲义教材的组成部分予以编录，这对于全面了解上海大学的办学性质和办学方针是有意义的。

我们这次分两册将搜集选编的讲义教材呈现给读者：一册收录《社会运动史》《社会思想史》《社会问题》《劳动常识》《文字学ABC》，一册收录《现代社会学》《社会哲学概论》《现代经济学》《社会进化史》。

根据有关史料记载和师生回忆，上海大学自编讲义教材的种类和数量不少，只是由于年代久远和传播过程中的周折散轶，多数已难再见其貌。我们期待在以后的发掘中，有更多的上海大学自编讲义教材被发掘重现，使我们能更好地了解上海大学办学的全貌。

上海大学教授胡申生，上海大学出版社编审傅玉芳、编辑刘强组成本书编委会，具体负责本书的编纂工作。在本书的编纂过程中，编委会成员虽颇尽心力，但难免力有不逮，不足之处，敬请读者批评指正。

本书编委会
2021年5月

凡　例

一、本书以《社会科学讲义》第一至第四集（汉口长江书店1927年版）、《社会进化史》（民智书局1929年版）为资料来源，选编其中曾作为上海大学（1922—1927）讲义教材的内容。

二、本书收录文献，尊重当时的用词、行文、体例、翻译等，除做必要订正和将部分英文（多属括注）删除外，其余一仍其旧。

三、本书收录文献均标注原始出处，并附作者简介（同一作者仅在第一次出现时介绍）。

目 录

现代社会学 / 瞿秋白 著 ·· 1
  第一章 社会学之对象及其与其他科学的关系 ·················· 5
  第二章 社会科学之原因论与目的论 ································ 16
  第三章 有定论与无定论 ·· 27
  第四章 会象之互辩律 ·· 40
  第五章 社会 ··· 56

社会哲学概论 / 瞿秋白 著 ··· 71
  绪 言 ·· 75
  唯物哲学与社会现象 ·· 93
  第一 哲学 ··· 97
  第二 经济 ··· 110

现代经济学 / 安体诚 著 ·· 125
  绪 言 ·· 129
  第一章 经济学总说 ··· 131
  第二章 经济关系与富 ·· 142
  第三章 生产之概念及要素 ··· 149
  第四章 劳动 ··· 154

1

  第五章 协力及分业 …………………………………………… 163

社会进化史 / 蔡和森 著………………………………………… 175
  绪 论 有史以前人类演进之程序 …………………………… 179
  第一篇 家族之起源与进化 ………………………………………… 185
  第二篇 财产之起源与进化 ………………………………………… 216
  第三篇 国家之起源与进化 ………………………………………… 252

现代社会学

瞿秋白 著

《现代社会学》为瞿秋白在上海大学讲课的讲义。这里根据1927年1月汉口长江书店再版的《社会科学讲义》第一至第四集整理出版。

瞿秋白(1899—1935),学名瞿双,后改名霜,改号秋白,江苏常州人。1922年2月加入中国共产党。1923年7月应聘任上海大学教务长兼社会学系主任,主讲社会学等课程。

目 录

第一章 社会学之对象及其与其他科学的关系 ················· 5
  第一节 社会学之对象 ·· 5
  第二节 社会学存在之根据 ······································ 7

第二章 社会科学之原因论与目的论 ···························· 16
  第一节 一切现象之规律性 ····································· 16
  第二节 规律性之性质及设问之方法 ····························· 17
  第三节 目的论及其批评内在的目的论 ··························· 18
  第四节 社会科学中之目的论 ··································· 23
  第五节 原因论科学的解释是原因的解释 ························· 25

第三章 有定论与无定论 ·· 27
  第一节 意志自由之问题 ······································· 27
  第二节 无组织的社会中个性的意志之结聚 ······················· 30
  第三节 有组织的社会中个性的意志之结聚 ······················· 32
  第四节 偶然性之剖析 ··· 33
  第五节 历史的偶然性 ··· 35
  第六节 历史的必然 ··· 36
  第七节 社会科学预言之可能 ··································· 37

第四章 会象之互辩律················40
- 第一节 物观的问题················40
- 第二节 社会科学中之唯物论················43
- 第三节 一切现象间的关系之动力观················45
- 第四节 社会科学中之历史主义················47
- 第五节 矛盾与历史的矛盾性················50
- 第六节 社会科学中之突变论与渐变论················54

第五章 社会················56
- 第一节 总和之定义——逻辑的与现实的总和················56
- 第二节 社会为现实的总和················57
- 第三节 社会联系之性质················59
- 第四节 社会与个人················63
- 第五节 社会之形成················68

第一章
社会学之对象及其与其他科学的关系

第一节 社会学之对象

社会学的定义,至今每一个社会学家各有自己的解释;普通也不懂得究竟社会学是什么。因此,我们若要研究社会学,首先便应当确定社会学之"对象",就是社会学所研究的东西;不但如此,尤其要明晰社会学的范围。不然,就很有危险,——社会学家往往可以因此劳而无功:研究了半生,结果所研究的仅仅是社会学的一部分,或者简直不是社会学,甚至于写来写去只是几篇通俗的社论,新闻记者的通信稿。这是因为社会现象异常复杂,近代科学方法还很少和他接触,再则,自然科学的对象纯粹是客观的,而社会科学的对象却就是人自己,所谓——

不识庐山真面目,
只缘身在此山中。

社会学原是很幼稚的科学。号称社会学最盛的美国,有一个美国社会学会,在一九一五年时他居然已经存在了五十年,他做这五十岁生日的时候,举行一次"征求答复案",发行纪念特号;结果全美所有的大社会学家对于社会学的定义不同得很;社会学还仅在搜集材料时期,于此格外的明白表显出来了。(看斯摩尔的《美国五十年来的社会学》)

那时所谓社会学还是:"因为他是新科学,于是凡在别处找不到容身之所的问题都拥到他这里来,——新发见的地方都是爱尔多拉

多（'Eldorado'福地之意，西班牙语），无家可归，无地容身的人都来了：他那最初一期不可免的性质及范围之不确定，使人人都可以来寻他们的避难地。"（见齐美尔之《社会学》）

社会学处于如此窘境，难道已经加得上"科学"的头衔？实际上却不尽然。从孔德以来，社会学跟着近世人类发展而起，他是现代社会（资本主义的）的产儿。人类共同生活的形式及内容已经非常复杂，于是就发生研究他的需要：社会之中问题，一天一天的难解决起来，所以不能单用头痛医头，脚痛医脚的方法，非有一纪律完整的科学从根本上研究不可。况且人类能制造工具之后，渐渐从脱离"自然"的束缚而想进于脱离社会的束缚；社会不好，也想改造他。然而所谓"不好"，因人而异：有人在这社会里只受"时时恐惧失去已得者"的危险，有人却处于"一无所有，无可再失"的地位。因此，那前一种人只想怎么可以敷衍过去，——所以到处去找弥补办法；他们这样的去研究社会学，实际上当然只能得着社会学的材料于其他科学之中，只多也有社会问题：不是走入歧路，就是琐琐屑屑。因此，他们决不能创造真正的科学，而社会学的定义也找不定，使社会学如此之受苦，变成了：七零八割的破皮统子，胡投乱塞的百宝箱儿。那后一种人呢，却迫得非追求"不好"的根源（公律）不可，非彻底拆造这所破屋不可；他们这样的研究社会学，因此能洞见底蕴，——最初不过只得大纲，而后来自然就能进于精细详密，——如此才能得到真正的科学。于是"现代的社会学"才渐渐的成就。

这是从社会学的目的及来源上而论，我们书里自当更加逐步详释上述的理由，现在且从普通论述学术的方法下手，——在这第一章绪言里先说明这"现代社会学"的定义及范围。

第一，社会学若是科学，他必定研究宇宙间各种现象中某一部分；第二，要证明这一部分现象的确应该有一特别的科学来研究他；第三，要确定社会学对于其他科学的关系——各种社会科学当然亦在其内。

社会学所研究的对象，必定是其他科学所不能研究的，否则社会学无以异于其他科学，就是没有自己的科学领土。其次，社会学所研究的对象，亦许其他科学亦在研究；然而别种科学决包含不了社会学的对象。

社会学所研究的究竟是什么呢？

社会学应当答复的问题是什么是社会？社会的发展或衰灭之根本原因在那里？各种社会现象相互的关系如何？此等现象的发展之原因在那里等等。最应当注意的就是社会学所研究的乃是整个的社会及一切社会现象；其次，就是社会学所研究的乃是人类的社会。所以社会学的定义当是：

> 社会学乃是研究人类社会及其一切现象，并研究社会形式的变迁，各种社会现象相互间的关系，及其变迁之公律的科学。

可见，研究社会现象而偏于某一种的，便不是社会学。又可见，无机体界动植物界的现象就不是社会学所研究的。社会学只研究人类社会，即使亦有时涉及动植物界，也仅只是为社会学而研究的。这两点首先应当注意。

再进便可以论述社会学与其他科学的关系，——同时亦就是对于社会学对象作更详尽的解释。

第二节　社会学存在之根据

社会学的对象，上一节已经略略规定；的确有一定的范围，有一种现象是社会学所研究的。然而研究"一种"现象的，还未必是科学。要看：这种现象是否特殊的，是否用得着特立一科学来研究？——因为研究一种现象亦可以仅仅是一种学说。所以若特立一社会学，亦许违背了学术界的"以最少劳力得最大结果"的原则。假使社会现象，如政治法律道德等等各有各的科学公律，研究社会时可以持此等公律分各方面去研究便能了事，那时社会学的存在就没根据。社会现象的确是宇宙间各种现象中之一，用分类的方法可以承认这也是一类，然而譬如说竹子或禾本科植物亦是一类，何以又没有禾本科学呢？

所以又有一个问题了："有没有充分的理由，特别设立一科学来研究人类社会及其现象呢？"

要解决这一问题只要先答复下列三层疑义：一，这一种现象本身是否有此等重要的程度；二，是否是Sui generis（自成其为一种），有他种现象所无的特征；三，是否已有别一科学研究？假使此种现象已有别一科学研究，或为别一科学的对象所包含而并无特别的特征，那就社会学简直是多余的。

一、社会学实用上及理论上之重要

社会现象就是人与人之间相互关系，乃其相互行动，当然是非常之重要。人类当然要想知道此等现象的因果，首先就是实用方面有迫切的需要，近代社会问题式或社会政策式的社会学之发现便是"物证"。科学是生存竞争的工具，而社会学正是适用于人类相互行动方面的工具。因此，社会学的实用上的重要是无可疑的。

至于理论方面的重要与否，却与上述第二、第三两疑义大有关系。假使"人类之相互行动"确是自成其为一种的现象，有其他"相互行动"所无的特征，那么，社会学之成立已经有充分的理由。若再发见这一种现象是其他科学所不能研究的，那就社会学的存在有确实的根据了。

二、社会学与理化科学

"人类的互动"是否是自成其为一种的，有以异于无机界及有机界互动的现象呢？很可以说，将来科学的进步，也许能把宇宙间一切现象纳入理化科学和生物科学里去。然而现代科学界里还并没充分的证据能证明这种真理。现时社会学中往往有应用物理化学公律应用的尝试，却反证明人类的互动与理化的过程不尽相同。

此等尝试的成绩很有限。况且，就算人类社会现象能完全与理化过程相比，然而人类社会现象还是自成其为一种的，与普通无机界的理化过程相异。

譬如莎勒维及伏洛诺夫就有这种尝试。他们以社会现象比理化的现象，而往往用理化上的术语来称述。"一切协作是'力之组合'；社会斗争是'力之较量'；社会组织是'力之均势'。"（莎勒维之《物

理心理社会学》的《力学初步之公式说明》）

然而知道了这样的对比方法，我们在社会现象方面得着多少成绩呢？实在没有什么。此等公式好呢，本来是"显然的真理"；不好呢，是穿凿的比喻，反而使概念模糊。

再则如哈兰德及罢尔谢洛，他们更以社会现象比机械。譬如哈兰德说："个性的总力在他的地盘内，虽经一切形式改换而终是不变的。"——这是他以个性为物质点，而以环境为"力之地盘"的说法（哈兰德之《社会机械学》）。他们的总意在于：既然机械学的一切原理及公律能适用于一切"力"，则社会力当然不是例外，此种意思，葛腊谢黎亦有的，——稍微不同。葛氏想应当有一"宇宙社会学"，而人类社会学仅是隶属于这宇宙社会学的一支。

"这样去研究社会现象并非研究'人之社会的共同生活'，而仅仅是拿人当做物理学上的'体'来研究"（莎勒经之《罪与罚和功与赏》）。人不但是物理学上的"体"，而且还是生物；人不但是生物，而且还有思想心理意识，——而且还能自动的做共同工作，经营共同生活。

无论此等学派怎样证明人及其相互关系完全等于电力，他们始终不能证明人不是人。物体与物体之关系及其"力"之变更趋向等等可以物理学公律来归纳，而人却除此类公律以外，还有一部分特别的变化及关系，——不是物理公律所包含的。

社会现象与物理学所研究的现象截然不同。他确应有一特别科学——社会学；社会学是独立的。所谓"独立"，当然不是形而上的，不是绝对的；亦和物理、化学、天文、地质、生物等科学一样。社会学不但不应当和物理学相混，并且也不能和生物学相混。

三、社会学与生物学

近年以来，生物科学中有新科学发生，——就是动物学植物学之研究动植物各个体间之互动的科学：叫做生物社会学，或者叫动物社会学及植物社会学，虽然有这个新科学的发现，然而社会学的独立仍旧没有动

摇。为什么呢？因为：一，"生物社会学"并没有想把人类的互动当做单纯动物机体的互动；二，动物间的互动与植物间的互动两方面都有如此之大的区别，竟能建立成两个不同的科学：动物社会学与植物社会学，那么人类社会学当然更可以存在了；三，社会学中之生物学派的尝试没有成功；四，那想把社会学归入生物学的学派自己，如华克斯威莱等，亦不得不将人类间的互动另外分成一类，而创造一特立科学，——社会学（看华克斯威莱之《社会学草案》）。

生物社会学，照海凯尔的定义，研究：一，有机体对于无机体环境的关系；二，有机体对于有机体环境的关系（即有机体相互之间的关系），——（见海凯尔之《有机体形态学总论》）。如此说来，似乎那两种生物社会学所研究的对象恰恰与社会学相似。生物社会学及社会学都是研究有机体之互动过程的，——人类本来亦是一种有机体。虽然如此，始终不能说"人等于其他一切生物，毫无异点"。因此社会学的独立反而更加稳固。

至于生物学，更不能代替社会学研究人类的互动关系，除非是社会学中之有机体说成功了。有机体说以为"社会是一种有机体"，所以人类社会现象和有机体内部的过程相同。然而这种学说早已不能成立。一八九七年社会学第三次世界大会上就已否认这一学派。塔尔德说："社会学的成就及进步，事实上得之于较量考察各种人类社会，却并未受以社会与有机体相比拟的丝毫贡献。"（见《社会之有机体说》）

总上所论：可见，一，人类互动的现象还没有能归入纯粹的生物学的过程；二，即使归入，亦仍旧是"自成其为一种的"现象，因为无论怎样分析始终不能证明人等于蚁；三，因此，研究此等现象应当有一特别科学；四，生物学并非这种科学；五，这种科学是社会学，或所谓人类社会学。

社会学家可以并且应当在自然科学方面建筑其基础于生物学上；然而若要在动植物社会学与人类社会学之间画一个等号，却就大错特错。

四、社会学与心理学

心理学有个人心理学与群众心理学之分。现在先说个人心理学。因为社会现象，——人与人之间的互相行动，表面上看来是心理的居多，所以(一)有人以为社会学应当完全依据于心理学,(二)或者说社会学就是集体的心理学。这两种意思是否正当？且先论第一种。

社会学的对象显然与心理学的不同。心理学不研究"人际的"现象,而只研究个体(人)的心理或意识之过程结构组织等。照社会学中之心理学派来论也只能说：心理学对于社会学之关系,恰好与动物生理学形态学解剖学对于动物社会学之关系相等。然而这还不对。社会现象并不尽是心理的,甚至于心理的现象还待社会学来帮着研究。

> 譬如痴病是一种心理学上及生物学上的现象,心理学家研究痴病,考察他的心理状态,拿他与常态的人比较。生物学家亦可以研究物的痴病,他却已经与心理学家不同,他只管痴病在生物学上的意义——遗传等等。
>
> 至于社会学家却认痴病为一种社会现象,又从另一方面来研究：第一、社会认何种征相为痴病的；第二、痴病对于社会的损失怎样；第三、痴病的社会的原因又怎样。这末一层尤其重要。痴病的原因,往往除生理或医理的以外,还有社会的。

可见一切社会现象不但不尽是心理的；而且以生物学的结论来说,生物心理的"由简而复"乃由于生存竞争,——切言之,机体愈进步而有复杂的组织,神经系方愈完备,——社会关系愈复杂,社会现象亦愈复杂,那时的社会心理方随之而起复杂的变化。所以说社会现象是心理的,有这一点倒因为果的弊病。

可见：一,社会是研究人与人之间的关系和互动,心理学却不然；二,社会学所研究的对象不尽是心理学可以说明的；三,社会学反而可以研究社会关系的结果贡献于心理学,——社会关系足以规定心理,而并非心理足以包括社会现象。

五、社会学与集体心理学

至于集体心理学与社会学之关系,则首先说明什么是集体心理学,——社会心理学或者称为民众心理学。西祁尔的定义说："集体心理

学研究人类的互动现象,以'非同类的'而少带有机体式的关系的团体做单位"(街市群众,剧院听众,会议,偶然的集会等)。他以为社会学所研究的是普通"同类"的(即各分子不自觉其为分子的)社会。葛腊谢黎却又以为研究无组织的偶然的群众间之现象的,是集体心理学(群众心理学);而研究有组织的群众间(如党会等)之现象的,另外有社会心理学。照黎朋的意见,集体心理学却是研究"民族精神"的。意大利的社会学家亦大半于集体心理学及社会学外别立一社会心理学。他们以为:集体心理学研究"偶然的"群众;社会心理学研究"民族或国民精神"(较稳固的团体);社会学却是两者之间总其成的科学,研究社会的互动,先是自动的无意识的互动,再渐进于有意识的。(罗西之《集体心理学》)。

若是如此,社会心理学仅仅是社会学之一章,而且是不必要的一章,不过社会学原理讲明之后再加以心理学方面的解释而已。

塔尔德呢,又以为当立一"人际心理学"或"交互心理学"以代替社会学;他是心理学派,所以亦以为"一切社会生活,——一群人能成一个社会的道理,全靠心理上的元素"(爱华德语)。爱华德呢,比较的让一步说"心理学为社会学所由取得解释原则的主要先行科学"(《社会心理学》汉译本第八页)。凡是心理学派都喜欢用"授意""模依""同情""同类意识"等为社会生活构成的主要部分(？)。实际上心理作用之成为社会的(同情等)尚且是社会环境变化的结果。难道人群的集合是先由脑子里长了一"同愿意识的"神经,然后再发生的吗？原始共产社会里的种种习惯,如共同渔猎,平均分配的道德等,却是合群的生存竞争(经济的关系)所养成的人生观,并非先自觉的信仰了共产主义,——先到十九世纪来听了社会主义学说,再回到古代去组织共产社会的。心理作用并非社会之主要元素,而是社会关系所能左右的。应当再找社会关系背后的主要动力。

> 爱华德自己说:"个体既经团结,群众生活中取一致之活动力,或因社会合作失败或破裂,发生争斗,亦属常有之事,盖环境变而习惯亦随之变……"这样讲社会心理学,却又说心理学作用是社会的主要元素。为什么不能使习惯变更环境呢？又为甚么单用"或因"两

个字来解释,而不说社会合作之所以破裂都是由于心理作用,或是心理作用为其主要动力呢?(所引见《社会心理学》汉译本八十一页)只觉是一个万世疑谜了。

总之:两种集体心理学都不能夺社会学的地位。集体心理学若是偶然的群众之心理学,那就只能做社会学的一章。集体心理学若是稳固的团体(民族或国家)之心理学,那更是在社会学中分属于家庭、国家、民族、政党的各章里的一节。这两种或者都可以做社会学论文的很有趣味的题目,并且可以值得去单独研究,长篇巨著的题作"群众心理""革命心理""社会心理学"等等;但是不成其为特立的科学,至于以集体心理学代理社会学的学说,根本不能成立,——因为不但社会现象不全属于心理的,而且社会心理现象有时是某一社会关系的结果。科学是研究现象的因果律的,当然不能以倒因为果的算科学。所以亦不能照爱华德的说法,认社会心理是社会学的主要先行科学。

六、社会学与其他社会科学

社会学与其他社会科学的关系有好几种学说。第一种以为社会学仅只是一切社会科学的总体,是经济、政治等科学的总数而已。——譬如杜尔该初年,在所著《社会学及社会科学》的时候,还是如此见解,后来他才改掉的。因为这种见解,无异乎奉社会学的虚名,而实际取消他。第二种是以为社会学者有一种特别的社会现象研究的,其他社会科学不研究这种现象。实际上就是使社会学与政治学等并肩而立,不成其为综合的科学。譬如齐美尔,他以为社会学是专研究社会形式的,而社会的内容(政治、经济、法律等)都不是他的职任。然而照此说来社会学只能与生物学中的形态学相比拟,不成其为独立的科学。第三种意见以为社会学是综合其他社会科学而研究社会全体总现象的科学。科学愈分工,愈严格类别,愈要一综合的科学去连贯他们。

人类社会是非常之复杂的东西;社会现象亦复杂,变化得很利害。社会之中有经济现象、经济结构、国家组织、家庭关系、道德、宗教、艺术、科学、哲学等等。自然,要明白了解这样复杂的社会生活,可以从各方面

下手研究；可以分社会科学成多少种。

一种是研究社会中之经济生活的（如经济学），甚至于有专门研究资本主义的经济公律的（如政治经济学）；又一种是研究法律和国家的（法律学），法学之下，又分成民法、刑法、国法学等；第三种是研究宗教的……

此等科学，每一种都可以分成两类：——一，研究某地某时所曾有的现象，这是历史的研究。譬如法学：可以研究国家及法律怎样发生的，经过怎样的变迁，这是法律史。二，却亦可以研究关于法律的总问题：甚么是法，法在某种条件之下便能发生，在某种条件之下便能消灭，他的各种形式之根据何在：这是法理学，——所谓理论的研究。

社会科学之中却有两种科学，并不是仅仅研究社会现象的某一部分，却是研究社会总体的一切现象；此种科学不以社会间某一类的现象为目标（或经济，或法律，或宗教），而以社会生活之全体为目标，而且研究各种现象之关系。这种科学：第一便是历史，第二便是社会学。据我们上一节所论，已经很可以明白这两种科学的关系和分别了。历史的职任是研究并叙述某一时代某一地域的社会生活怎样的经过的。

> 譬如研究中国三千年前或俄国十八世纪，德国普法之战后的政治、经济、法律、道德、科学、艺术等现象，便是某某时期的史。每一种这样的研究，可以给我们一个关于那时代那地域的社会生活的总概念。

社会学的职任，却在于综合的问题：什么是社会？社会的发展和崩坏的原因何在？各种社会现象（经济、法律、科学等）之间的关系如何？社会学是社会科学中最综合（抽象）的科学。

> 俄国学者在十九世纪时往往称社会学为"历史哲学"，或者称为"历史进程论"。可见历史和社会学的密切关系了。

社会学和历史的关系是如此。因为社会学能解释人类发展之公律，所以他可以做研究历史的方法。假使社会学研究的结果，知道国家的形式和经济的形式大有关系；那么，历史家便应当在每一时期找出这种关系来，并且予以具体的记载。历史对于社会学却亦能替他收集材料，以便社会学的综合归纳，——因为社会学的一切结论不是头脑里所空想出来的，而要有历史的事实证明的。所以总括起来："历史便是社会学的材料，社会学是历史的方法。"

现在我们已经将社会学对其他一切科学——理化、生物、心理、社会，以及历史等——的关系和区别说明了。没有一种科学足以代社会学研究总体的社会现象，亦没有一种科学足以直接运用自己的原理来解释社会现象，——因此，可以断定必须有一种科学来特别研究那解释社会现象的原理，并且综合一切分论法的社会科学所研究的对象间之关系，——就是社会学。

第二章
社会科学之原因论与目的论

第一节 一切现象之规律性

宇宙的现象必定有相当的规律,所谓"天生烝民,有物有则",日月山河,草木禽兽,自古以来变化非常之多,相互的影响非常之复杂;然而并不因此而可以说一切都是杂乱无章无从整理的。假使稍加考察,便可以看见一切现象之中都有线索可寻,此等现象之间的关系都有一定的相互影响。春夏秋冬四季,难道不是轮转无舛的;日以继夜,夜以继日,难道不是规律的?草木生长枯萎,禽兽孳生飞走,都有一定的原因;人类耕种工作都有一定的关系。譬如说,春天雨后往往笋格外长得快,所以俗话叫做"雨后春笋",——可见用极平常的常识,人已经能归纳"有物有则"的宇宙现象,而养成"规律性"的概念。

社会现象之中亦是如此。人类的社会生活,不论他怎样复杂怎样各不相同,始终我们能考察得一定的规律。譬如不论在甚么地方(美国、日本,非洲,或澳洲),只要有资本主义的发展,就有工人阶级生长发达,就有社会主义的运动。物质生产发达,"精神文化"也跟着发达:譬如识字者的人数。资本主义的社会里经过一定的时期必定发见所谓"经济危机",和所谓"工业兴盛"交互轮转,——差不多像昼夜的交替。每一次技术上的大发明,必定影响到社会生活,使他大起变动。再则还可以举一个例,譬如统计每一国家内今年所增的人口,与去年所增的相比较,罗列种种影响人口的因素;到明年再以同样方法调查,互相各种因素的力量,——就可以得到明年所增与今年所增之百分比实是大约相同的结果。正因我们能凭此规律性而预测将来现象的大概,我们方能采用某种方法,加以人力的工作。假使竟没有丝毫规律性,那时,我们只能"束手待毙",听其自然。今天有昼,明天没有夜;今年冬天下雪,明年冬天也许开花。英国有资本主义的发达,而工人阶级日益扩大;日本却因此反而是诸侯加多。再过两天,米可以长在松树上去了。

实际上,决没有这样的人,——以为米会长到松树上去。大家都可以看见:自然及社会之中同样有一定的规律性。发见这种规律性,便是科学的第一天职。

  这种规律性,不论在自然或社会之中,都用不着人的承认,生来存在的。换句话说,这是所谓客观的规律性。科学的职任却在发见这种规律性,而使人类对于宇宙社会一切现象的概念脱离混沌的状态,——舍弃那"混沌的印象"。科学的这一种特征,——就是:科学乃"秩序化""系统化""组织"或"建立系统"等等——是人人都承认的。马赫(《认识与迷误》)对于科学思想的进程下的定义,便说他是思想之适应事实或思想之适应思想。英国哲学家皮尔孙(《科学之文法》)说:"不是事实便能组成科学,而是研究这些事实的方法";科学的第一步是"事实之分类",便是统系的联合,而不是单纯的收集事实。然而大多数的近代学者还以为科学的作用不在于发见客观上存在的规律性,而在于以人的智识制造此等规律性。我们可是显然看见四时之运行,昼夜之交替,自然界现象及社会现象之互相影响关系,都确实存在,并不关于学者的承认或不承认。此等规律性是客观的规律性。

第二节　规律性之性质及设问之方法

假使宇宙及社会间一切现象,都有规律性,那么,这种规律性究竟是甚么意思?譬如我们有一只表里面有机器,而且走得很准;我们看见表里面许多齿轮放得很好,一个沿接一个,又有原动力的发条;那就我们恍然大悟,为甚么他走得这样准了。钟表之制造是有一定的目的的,所以有一定的计划;每一个小螺丝钉放在相当的部位,正是为达这一目的。全

宇宙里难道亦是如此？行星顺着自己的轨道走；自然界亦很巧妙的保存着那最进步的生物。只要看一看那一只禽兽的眼睛，便可以知道"造化"的怎样巧妙了。既然这样，宇宙之间万物都有适当的法则：生存在土里的虫类，只有很小很小的眼睛，可是有敏锐的听觉；生存在海底的鱼类，上面水压很重，他们肚里亦有很强的对外压力（假使拿出水来，他们的鱼肚竟可以爆裂）。人类社会呢？难道不是亦有自由平等博爱，"最优美的共同生活"之目的？历史的发展岂不是向着这一目的？假使如此：宇宙社会都有一定的目的，虽然不一定是我们都能了解的，可是"永久趋于美善"，所谓"虽变也，不趋于恶而必趋善"，（张君劢——论人生观与科学，一九二三年）——既然如此，何不以此为立足点而考察一切呢？那就所谓规律性成了目的的规律性了，——目的论的设问法是如此。照这说来，规律性的性质，便在于这种规律为何种目的而设。

可是还有一种设问，每一现象必定有他的原因。人类社会行向共产主义，因为资本主义的社会里必然有无产阶级生长发达；而无产阶级不是资本主义社会所能容的，他必然要超越一切范围而实现真正的自由平等；地里的虫类视觉坏而听觉好，因为几千年来这种生物受自然界的影响而起生理上的变化，遗传下来得此结果；而且生物生殖孳育，其中只有最能适应的，因适应而能为最适当于环境，最便利于生存的变化的，方才能够繁殖他的种类。日以继夜，夜以继日，因为地球自转：一时以此一方面向日，一时又以彼一面向日。此种种事例中，从不问及目的（不问"为着甚么"？）而只问原因（只问"为甚么"？）——这是原因论的设问法。这样的规律性的性质，便在于这种规律因何而来，——是原因的规律性。

目的论与原因论之间的争辩是如此。这一争辩首先应当解决，否则社会学的研究非常之困难；——因为现代还有许多学者以为社会科学是目的论的，或者简直否认社会科学中因果律的效力，——根本的取消社会科学，尤其是社会学。

第三节　目的论及其批评内在的目的论

假使我们细细研究目的论，当他是一种总原则，——就是以为一切都有一定的目的之学说；那时我们很容易发见这种学说的背理。究竟什么是目的？"目的"的意义，就是预设的标点，有意的计划中之最后结局。没有设目的的人，就没有目的。石头没有甚么目的的，太阳或任何行星，以及整个的太阳系亦是如此。"目的"只有有意识的生物方才能有；有意识的生物方能自己立一个目的，渐求达到。只有野蛮人才念想到石头亦有目的；野蛮人往往以为自然界一切有灵，宇宙间一切有神，——所以野蛮人是目的论派，他以为石头（自然）和人一样，自己能定一个目的出来。可是中国古代的庄周已经说："复仇者不折'镆干'，虽有忮心者不怨飘瓦"。那些目的论派，真像野蛮人，——竟要"怨及飘瓦"，——因为他们以为全宇宙（或全社会，或所谓"人生"），确有一目的，为"不可思议的"人所立，张君劢所谓"其所以然之故，至为玄妙不可测度"。可见"目的性""适当性"等类的意义，简直于客观宇宙绝不能应用，而宇宙间的规律性，亦并非目的论的规律性。

　　学术界之所以发生目的论与原因论的争执，倒是很容易说明的一件事。人类社会分裂而成各种部分之后，少数人管理、命令、统治，而多数人受管理、受命令、受统治，于是大家照着这样"规范"去比附全宇宙，——所谓"作之君，作之师"，以至于五行生克阴阳男女尊卑等等，无不如此。地上有皇帝、法官、地方疆吏，天上就有玉皇大帝、天下都城隍土地、日巡、夜巡等等，以至于一草一木都有神，神之间都有等第。俗话还说"一物一制"。"造化"的神奇，竟至于如此其极，——难怪孔老二要唉声叹气的说："天何言哉！天何言哉！"了。如此，"造化"竟变成一个大怪物，能定出如此缜密的预拟计划来。不但如此，甚至于"制礼，下教令"以治人，反是"圣人则天之明，因地之利，取法度于鬼神"（郑注《礼运》）。古代希腊哲学家亚里士多德亦说："自然界是目的"，希腊字（Nomas="法"）同时有两种意义：一，自然法则，二，道德法则，以至于"秩序"，"规律"，"诺和"。

　　"帝权扩张之后，古罗马的法典变成了一种甚么'世俗的'神学似的，从此之后，他的发展，就总是跟着独断论的神学走。法律简直等于规范，为最高威权者，——天上的天帝，或地上的皇帝所定下而

是某种'下人'行动时所应遵守的。"(俄国斯柏克托尔斯基之《社会科学之哲学论》)自然界的规律性之系统,当做天神的立法;治人的法律便有所根据,"天生是如此,所以我们亦是如此定!"这种学说一直到近代还有。譬如法国革命时重农学派的经济学家,他们固然是最早叙述资本主义社会的学者,然而他们以自然界及社会界现象之规律性与国家的法律及"天力"的命令相混淆。柯奈说:"社会的根本法则便是自然法则之最利于人类者……此等法则为造化所定,垂之久远……此等法则之导守及施行且为有镇守权者所宜监察、维持。"(《中国的专制政体》第八章)

于是更容易了解了,——那所谓"有镇守权者"(天子或"市长")的法律,假借"造化之权",来得真巧妙!

可以引出这样无量数的实例,然而证明的只是一事:目的论的观点依附于宗教。"天神有如此的计划及目的,所以应当如此如此"。目的论之来源,实在是推广"地上的"奴隶制度,——一方服从一方统治的形式——于宇宙间的一切现象。他根本与科学不相容而相矛盾,——纯依"信仰"而立。

然而怎样去解释一切现象才是呢?——有些的确是合于所谓普遍的适当性的(各种有机体的适当的结构,物种人种的改善,社会的进步等等)。假使完全立于蠢笨的目的论的观点,以上帝或造化做靠山,未免太不稳了。所以目的论也不得不让步而造成更精细的遁词,更模糊的形式,所谓"内在的目的论"——目的的适当性为自然界及社会界的现象之内心所自有。

我们在讨究这一问题之先,可以先说一说:"宗教派的解释"。奥国经济学家波莫罢威克(1851—1899)举一个例。他说,假使我提出一种解释宇宙的学说,说全宇宙都是一种因素所组织的,此等因素的动作便引起宇宙间一切现象;然而此等因素却是不能见,不能闻,无臭味,无重量,不可接触的;——请你们来驳一驳这种学说看!这种学说不可驳的,——因为他先就藏在不可见,不可闻……的神宫里。可是人人都知道这是疯话,为甚么?因为无从校正。

一切宗教式的解释都是如此。不是藏在神秘力里;便是说人的智力不足所以研求。有一个中世纪的神甫简直说:"我信仰,——因为这是妄诞"。基督教的教义只许有一神存在,而同时又说有三种(三位一体),——这是与极简单的乘法表相矛盾的。然而却偏说:"我们薄弱的理智不能参透这一秘理"。——这是不必驳的,不攻而自破的。

至于所谓"内在的目的论"是什么呢?就是宗教式的目的论更进一步。这种目的论已经不说神秘了。他只说一种随局势变迁而永永逐步发露的目的,就是存在于发展进程的内心目的。我们且打比喻来说明。假设有一种生物,他因适应环境而渐渐变迁。他的机官日益完美,就是日益进步。人类社会亦是如此。不论怎么预拟他的将来(社会主义或是其他),有一事是不能否认的:人亦日益"完美",人日益"文化",所谓万物之灵"在文明及进步的道路上大踏步的前进"。所谓日益"完美",就是他适当那"目的"也日甚。此处所谓目的(完美)在发展进程里发露出来。他并非神力所预拟的计划,而是自然发露的;譬如花发自蓓蕾:花是目的,而蓓蕾的渐放正是所谓发展进程,——此发展进程之中早已包含"花"的目的。

这种理论对不对?不对。他不过是精细的隐匿的遁词而已。第一、我们先就不赞成他所说的目的的意义,——仿佛并无何人立这目的。这等于说思想,而没有思想者;说风,而没有空气的空间。实际上说"内在"的目的就是隐隐之中承认一种所谓"内力",很深藏而不可捉摸的,——这种"内力"在那里定目的。这种"内力"当然在外表上很不像有鼻有眼有胡须的神像;实在说来,却仍旧是那一个目的论,不过比较精细些罢了。目的论总是走到精论为止。

然而我们且讲纯粹的内在目的论。最好是专论"总进步"论(求完美的总目的),——这一理论是内在目的论的最巩固的城壁。

大家都可以知道的,这种目的论比较的难驳倒,因为"神力"的把戏他已经自己宣告不演了。然而,假使以发展进程的全体而论,也不难得其

究竟。譬如生物界里,我们不应当仅仅看见那生存竞争胜而存在的,并且亦应当考察生存竞争不胜而败灭的。每种生物都有进步不息的"义务"么？不然的。太古时代,地球上曾经有过"飞龙""巨象"等等,而现在没有了。美洲、非洲有过几种土人,现在没有了。这都是科学的研究（化石等物证）足以证明的。……更有人人都知道的：春秋战国时的文化、古代的埃及、巴比伦、希腊、罗马、印度、波斯、蒙古、墨西哥现在不见了,他们都已败灭了。假使人类之某一社会生活立了一完美的目的,何以又屡屡的经过这些破坏败灭呢？什么是进步？"进步"仅仅指那一万中之一种,因优越的条件而能存在发展罢了；其余的"组合"各种条件的组合,——却不能包含在内,——生物机体或社会组织与其环境中的各种条件之"组合",可以有几千万万种,其中只有最少数的生物及社会可以说有进步；——"总进步论"如何说得过去？

俄国有一希腊教神甫（以前曾经是信过马克斯主义者！）蒲勒嘉夸夫说："'演化'及无目的无意义的发展外,同时可以建立所谓'目的论的演化'进步之意义；——此一演化之中原因及渐发的目的互相等于,简直和形而上学的系统里的'等于'一样。"原因和目的既是一样东西,何必一定说目的？——除非是自欺的安慰。

"即使纯粹的抽象而论,宇宙间'一切'都有求完善的目的；不过有达有不达而已。然既有达有不达,便不是总目的。况且宇宙的'一切'都倾向于同一方向而发展,所谓'求完美',其实是宇宙间一切现象皆动皆变的性质而已,并不是有意求完美,而是无意的适应,起于此等现象——机体或社会——的本性。既非有意,便不成其为目的,而只能依原因论解释。再则'求完美'之'完美'永永是相对的：——在现时较往时为完美,在现时的环境中却已非完美；在将来又更要完美,如此转辗推移无有底止。所谓目的,是拟定的终点；如今并无终点,成何目的？若更以这倾向相同说是'总相',则所谓倾向正是各个的适应行动,互相竞争,你生我死,如何说得宇宙的总目的。总相确有,而是原因的总相,并非目的的总相。至于说目的未必要终点,那便成永永不断的动象,此动象之中又见或胜,或败,或生,或死,结局既各不同,总动象里又没有可以指定的一点,——这成了甚么'目的！'"

第四节　社会科学中之目的论

论目的论及其适用于自然界和生物界，暂时不说到人，我们可以断定目的论的观点是不对的。既然没有目的，当然没有目的性的规律性。然而讲到社会和人，却大不同了。石头没有目的；人却能立目的。"蜘蛛结网，好像织布；蜜蜂做窠，亦可以使建筑家的人害臊。然而先就有一件事，即使极坏的建筑家也不能和蜘蛛相同，——这就是：建筑家在未动手以前已经有一个预想的建筑物在头脑里面。劳动过程的结果，早已理想上存在在建筑之初，——工作者自己的概念。这种工作者不但使自然界的形式改变，他同时在自然界里实行了他自己的目的，这种目的是他明明知道的。而且能够规定他实践的方式及方法，他自己的意志亦应当服从这一目的，——这是公律。这种服从并非单独的行动。于工作的全过程里，除必须使用自己的机官外，还要有一种适当于目的的向往的意志，——其表现就是'注意。'"（《资本论》卷一，德文本一百四十页）这就是人与其他生物之间的界限。对不对？当然，谁也不能否认，——人的确自己能立目的。现在看一看，社会科学中这种"目的的方法"派所得的结论是怎么样的。

我们且引反对客观派最利害的德国学者史塔摩勒尔，他有一部著作：《唯物史观之于经济与法律》。

史塔摩勒尔问：——社会科学的对象是甚么？——社会科学是研究社会现象的科学。社会现象有种特性，是其他现象所没有的。所以应当有特别的科学。社会现象的特征就在于他是受外力节制的，受法律的规范的（法典、命令等）。假使没有这种节制，没有法律，便没有社会。假使说有社会，就是说社会生活纳入一定的范围，安置于其中，仿佛样子里铸洋钱。

社会现象的特征既在于受节制，则社会现象的规律性当然是目的的规律性。然而研竟谁在那里调节，究竟甚么是调节呢？——人创制一定的规范以求达一定的目的，这种目的亦仍旧是人定的。所以依着史塔摩勒尔：社会现象与自然现象，社会发展与自然发展之间有非常之大的区

别。——所以社会科学与自然科学之间,亦是如此:社会科学是"目的的科学",自然科学却是以因果律为观点的。

这种观点对不对呢?暂时我们承认人的社会与自然之间的区别,在于人能有意识的以法律调节自己之间的关系。然而因此就不能问:为甚么人在这一时代这一地域便这样去调节社会关系,在那一时代那一地域便那样去调节社会关系吗?举一个例:一九二〇年至一九二一年的德意志资产阶级共和国,以枪毙工人做调节的方法的;苏维埃俄国的调节方法,却是枪毙反革命的资本家;资产阶级国家立法的目的在于巩固扩大稳定资本之统治;无产阶级政府的命令却是破坏资本之统治而保证劳动之统治。现在我们要求科学的解释此等现象,单说两方面的不同够不够?当然不够。人家还要问:为甚么,为什么目的不同呢?还就引出来许多答案:因为一边是资产阶级执政,那边是无产阶级执政;资产阶级的目的如此,又因为他们生活条件使他发生这样的愿望;无产阶级的目的如彼,亦因为无产阶级他的生活条件使他发生那样的愿望;……我们若是要真真的明白社会现象,必定要问"为什么"?——就是问他的原因,不论其中是否有人定的目的。可以说:即使人已经能够完全有意识的去调节社会现象及一切,而一切现象亦确能如所愿;——那时尚且不要目的论而要追究现象的原因,就是寻出原因的规律性,可见社会科学与自然科学在这一方面绝无异点。

再细细考察一下,便可以知道这是毫无疑义的。难道人的社会不是自然界的一部分,不是生物界的一部分?假使是一部分,那么,要说这一部分与其他的部分绝对的相反,岂非大奇事。可见隐约之中目的论始终还是承认人为万物之"灵"。于是更可以明了目的论的无用了;——这还是假设我们承认社会现象纯受外来的调节而论的。实际上一切旧社会(资本主义的社会尤甚),都是无调节的在无政府的状态之中的。——这正是旧社会的特征。

一切社会现象之中,所谓"调节机关"(法律),真能调节得尽如立法者之意的,非常少,而且对于社会发展并无此等重要作用。至于将来社会之中呢?那时却已经绝不用外力的(法律的)调节。因为有觉悟的,受劳动互助的教育的,新社会里的"人",已可绝不用外力的干涉。

可见史塔摩勒尔的学说根本错误；而社会现象的研究法，还自应当用原因论的观点。

史塔摩勒尔的思想里，显然暴露资本主义国家的官僚心理，他把暂时定做永久的。其实，国家法律是阶级的社会之产儿，此种社会的一部分往往陷于不断的极暴烈的斗争旋涡里。当然此种社会存在的条件之一，便是法律的规范及治者阶级之国家组织。至于无阶级的社会里，景象就大不相同了。可见决不能拿历史之变迁不居的当做凡是一切社会都承认目的。

别一方面，史塔摩勒尔却反忘了一件极紧要的事。法律和规范，治者阶级愿意借之而得的是这样的结果，他们却因社会的无政府的自生的发展力量与之对抗，竟得着那样的结果，与原定目的大不相同，——这是常有的事。譬如一九一四—一九一八年的欧战便是最明显的例：不错的！各资产阶级的国家以法律命令调兵遣将，造潜艇飞机，那时是有一定的目的的。结果却引起了无产阶级反对资产阶级的革命。目的论的观点怎么能解释，即使解释了又有什么用处？可见史塔摩勒尔过分看重人力的调节，而看轻自生的发展了。

第五节　原因论科学的解释是原因的解释

由上述而论，我们已经可以知道一切现象，——社会现象当然亦在其中，——其解释，必须问他的原因。一切目的论派的解释，实际上是宗教式的信仰，丝毫没有解释出来。所以对于规律性是何种规律性的根本问题，只有一个正确答复：——自然界和社会之中的规律性都是原因的客观的（就是不问我们要不要和知道不知道的）。

什么是原因的公律？这就是必然的，常常并且到处可以遇见的一种现象之间的联系：——假使热度增高，物体便膨胀；液体受相当的热度，便变成气体；假使多发纸币而没有基金，使价格便跌低以至于无；假使资本主义存在，便时时发生战争；假使一国之中有小生产和大生产并存，最终的结果始终是大生产得胜；等等。总而言之，一切"原因的公律"可从

下列的界说表示：假使有甲种现象，那就必定有乙种现象与之相应。解释某种现象，寻出他的原因，——就是寻出另一种现象，为那种现象所赖而有的，——这是说明现象间之原因的联系。若不能得这种"联系"，便是还没有解释那种现象。若是这种联系寻出了，发见了，并且与实际生活校正了，知道这种联系是经常的了，——那时我们就得了科学的解释了。这种解释，对于自然与社会都是唯一的科学的。他推覆一切神意、偶像、超越自然力，而使人能真正的运用自然力及自己的社会力。

反对原因论及原因的公律，亦可以说这同样是发源于对"天之立法"的谬误观念。诚然不错，言语文字的方面，可以给我们许多的证据：至今我们还是说"天下雨了，太阳落山了"。然而实际上我们已经能够证明不是"天"下雨，不是"太阳"落下山去。所以这种谬误观念已经被科学所战胜，不成问题。我们所谓"原因的联系"只是常常可遇见的同因得同果的现象间之联系。

第三章
有定论与无定论

第一节 意志自由之问题

我们已经说过社会生活之中,与自然界之中一样,有一定的规律性。然而还可以发生问题。社会现象是人做出来的;社会是人组织成的;人能想,能思索,能感觉,能自己定有目的,能自己行动,所谓有所作为。一人这样做,那人又那样做,第三人有第三人的做法,——其结果凑成社会现象。没有人就没有社会现象。现在我们说社会现象是有客观的规律的,那么,他一方面既是各个人行动的结果,——各个人的行动就因此亦必定受某种束缚。照此说来,人的意志不是自由的,而是联系于其他现象的,服从某种公律的。设若不然,设若人的意志绝对自由,又何以而有社会现象中的规律性呢? 然而别一方面:人的意志却又是自由的。我要喝水,我就喝,我要读杜工部的诗或是听梅兰芳的戏,我就去读去听,——都是我自己要的,自己选择的。难道人不能自由选择? 难道人的愿望志向不是自由? 难道人是木偶要等牵线再能动的? 难道人以自己的经验看来不知道自己是能自由决定、选择、行动?

这一个问题在哲学上就是所谓"意志自由"的问题。主张人的意志自由不受束缚的学说叫做"无定论"。至于主张意志不自由受环境束缚的学说便叫做"有定论"。我们先应当看这两种学说那一个对。

假使无定论一贯到底,能成就那一种结论呢? 人的意志若是绝对自由绝无联系,那就他是无原因的。——宇宙间的一切,从臭虫的滋生到太阳系的运行,都有公律的,独有人的意志,好像天神似的,站在全宇宙之

上,而不是自然界的一部分。他是一个唯一的例外。意志自由论简直直达宗教,丝毫无所说明,无所谓智识,而只有盲目的信仰。

事实决不是如此。这些无定论派往往混"无束缚"的感觉与客观的"无束缚"为一。譬如你看见会议中的演说家,他拿起杯子来喝水。他拿杯子的时候,何所感觉?他自己决定要喝水的,——谁也没有强迫他,他那时完全感觉自己的自由:他站在台上自己决定喝水而不跳舞。对于自由之感觉他是有的?然而能说他的行动真正没有原因,而他的意志真正自由吗?不能。随便什么人,——只要有半点智识——都能知道的。他说"这是为演说家口喝了"。这就是说演说家因说话太用力而口里发生一种变化,使他不得不发生喝水的愿望。这是原因。有机体内的变化(生理的原因)引起一定的愿望。可见决不可以把对于"无束缚"之感觉与无原因混而为一,然而差不多一切无定论派的哲学家都混淆这两种不同的东西,而他们的学说就以此为根据,拼命的要把人的"精神"抬举得像高高在上的天神一样。

大哲学家斯比诺沙说,这一派的哲学家"看着自然中的人像'国家中的国家'一样。他们以为人破坏自然界的地方多,而服从他时候少?人有无限的力量,绝不受外物束缚而能完全自主"。其实这种谬误观念仅仅因为人还不知道自己行动的外来的原因。"譬如小孩子,他也以为自己自由的要奶吃,假使他生气,他以为自己自由的要哭闹,假使他吓着了,他以为自己自由的决定逃避"(同上)。莱百尼茨亦说,人往往不知道自己行动的原因,因此而有意志绝对自由的幻想。莱百尼茨举一个譬喻说,假使磁针能思想,他亦必定非常之高兴,以为自己自由的能指向北极呢。

俄国的诗人美联慈夸夫斯基说:

　　假使雨滴亦像你这样想,
　　他从碧天高处落下的时候:
　　他要说:——不是无意思的外力管着我,

而是凭我的自由意志，
落到那渴望甘霖的田场上去。

　　人的日常生活实际上完完全全否定这种意志自由论。因为假使人的意志绝对无所联系，那就无从有所行动，无从计较亦无从预料。譬如商人到市场上去，他知道大家将要在那里做买卖，他亦预先知道卖者必定想多要些钱，而买者必定想少花些钱，他决不预料市场上的人都是去满地爬的。亦许说这是笨比喻。一些儿亦不笨。人不满地爬，因为他的机体生来不是爬的。可是"小丑"亦许会满地爬，诚然不错，然而小丑的意志却又有别种条件来规定。那商人到马戏院里去，他就能预想那里的小丑会爬，并且爬得很好。买者要少花钱，因为他处于买者的地位，这种地位规定他的意志和行动。假使他变成卖者，他又想多卖些了。可见意志并不自由，而是为许多原因所规定的，人因此能这样做，而不能那样做。

　　再换一方面来论，譬如醉人往往有许多出乎常情之外的愿望及行动。他的行动和常人不一样。为什么？因为受了酒精的毒。只要把这种物质放进人的机体到一定分量，那时"神圣"的意志便改了个样子，——什么神圣也不见了？原因非常之清楚。假使人吃了太多的盐，他立刻就想多喝水，比平常多得好几倍，——他"自由的"要多喝水。等到这人吃盐不过分，他又"自由的"要少喝水了。意志确是不自由的就是在这种例外时候，亦必定有原因，必定有联系。

　　总而言之，人的感觉及意志完全联系于其机体及其所处环境。意志与其他自然界的现象相同，必定为某几种原因所规定的，人在自然界之中，并不是什么例外？不论他是想抓一抓痒，或是想做一桩英雄事业，——一样的都有原因。固然有时这些原因不容易找得很正确，那却又是一桩事。难道我们对于死的物质世界里的现象就已经完全能解释了吗？然而现在还不能完全解释，并不就是绝对不能解释。

　　应当注意不但"经常"的事有原因的公律，一切现象都服从原因的公律的。即使是疯子的行为也有他的原因，在某种状况之下疯子是这样做；换了一种环境，他就那样做。疯痴的意志那是服从原因律的。

　　我们故意引许多不相同的比喻。由此可见，不论是经常的现象，是异

常的现象,一个人的意志、感觉、行动都有一定的原因,是有定的,是有所联系的,——因不具,果即不现。无定论实际上不过"玄妙化"的半宗教式的解释,丝毫不能说明实际事实,仅仅是精神破产的哲学家之"自欺的安慰",而且大足以阻滞科学的发展。唯一的正当的观点,只是有定论。

第二节　无组织的社会中个性的意志之结聚

社会是由个人组织成的,而社会现象就是无数个人的感情、情绪、意志、行动积聚组合而成的总体。换句话说,社会现象便是个性现象的"结聚"。可以举经济学上的价格,是一个很好的例子。市场上有买的和卖的,一边有钱,一边有货,各人要达自己的目的。讲价、称货、讲价、付钱,——同时买者之间与卖者之间又各自相竞,结果一种"市场价格"便规定下来了。这已不是各个买者或卖者心上想要的价钱了,而是一种社会的现象成就于各个的"意志"互相斗争之结果的。其他社会现象亦是如此。譬如革命,许多人同时行动,有些积极些,有些消极些,这种人倾向这边,那种人倾向那边。这种"人的斗争"里,最后"革命若能胜利",必定发现新制度新秩序。"一定的关系,亦和麻布等同样是人的产物"(马克思之"哲学之贫困,驳蒲鲁东之《贫困之哲学》")。

但是社会现象虽都是"人的产物",却有两种不同的场合。一种便是无组织的社会里,——譬如"简单的商品经济"或资本主义的社会,还有一种便是有组织的社会里,——譬如共产主义。我们先说第一种。仍旧可以拿价格来做例子,实际上的价格与市场上买者及卖者的心愿是否相符呢? 当然是不能相符的。市场上有许多人是不爱这种价格的:——那些没有钱而买不起的人看着这样太高的价格只觉得可恨,那些本钱小营业不大的商人遇见太低的价格又要破产,大家都知道那些大工厂价廉物美的商品出现之后,小铺子和小手工业便不能和他们竞争。可见价格的决定并不在买者与卖者的意志能力的范围之内。再则譬如各国资本家要掠夺而打仗(欧战),结果反而来了无产阶级革命,——那正是资本家所最不愿意有的。

凡此一切都足以证明无组织的社会之中,没有有规划的生产,却有互斗的阶级，一切都不是按着计划去实行的而是自生自灭的，——这种社会里所发生的现象，往往是许多人所不愿意的。所以说"社会现象不受人的意志和情感之束缚"。可是，所谓"不受人意束缚"，并不是说社会生活里的动象绝对非人所造，而是说：——在这无组织的社会里自生自灭发展中，那些人意的"社会产物"不能与原定目的相符，有时还恰恰与原定目的相反（商人想发财，结果却破产）。

现代学者反对"不受人意束缚"之说的非常之多，我们不妨略引昂格思的原说一见"留德维葛·福尔罢赫"：

历史里"一切都是有意的愿望，一切都有所愿望的目的。"然而"那所愿望的确能实现，——却很少很少；大概都是无数愿望和目的互相斗争，互相牵掣……所以无数单个的意志及行动相冲突，以致于历史舞台所现的景象和自然界相仿佛。行动的目的确是有所愿望的，而这些行动的结果却并非所愿；即使这些结果表面上和所愿望的目的相似，而这些结果又有结果，始终不是原来所愿望的。"

"不论历史怎样演化，人类确在制造自己的历史，人人确在自定目的；这些各有所向的'意志'及其对于外物的'影响'之结聚，——便是历史……然而……历史中，无数单个的意志各自行动，所得的结果，往往恰好和各自所要的相反。"

如此看来无组织的社会里一切动象亦并非不管人的意志，却是经过人的意志的。不过各个人之上有一无意识的自生自灭性统摄着，——那自生自灭性又恰好是各个意志总汇的产物。

现在我们应当注意：各个意志总汇的"社会的结果"既经成就之后，这一社会的意识便能决定各个人的行为。这层意思非常重要。譬如市场上一斤菜值若干钱；——那时买者和卖者都已能预先按这价钱计算一下。这就是社会的现象（价钱）能规定个性的现象（计算）。其余的社会现象亦是如此。现代的艺术家根据于从前各时代艺术发展的成绩而后自己创造，并且迎受当时的社会情感和意向而后自己有所表显。政治家亦是如此，他必定求巩固现存秩序或者求破坏现存秩序，——要看他站在

那一方面,属于那一社会阶级,根据于那一阶级的"社会的愿望",他的愿望亦为社会的环境所规定。

既然如此,那无组织的社会里的一切现象往往非人所愿有。——这是我们已经讲过的。如今更可以说,"社会的产物"(社会现象)统治着个人。这句话的意思不但是说社会现象规定人的行为,而且是说社会现象与个人愿望相离异。因此我们可以得下列三个原则:

一、社会现象成于各个性的意志、情感、行动等之"相交"。
二、社会现象随时随地规定个人之意志。
三、社会现象并不表示各个人的意志,却常常与此意志相离异,以致于各个人往往觉着那社会的自生自灭性之压迫。

第三节 有组织的社会中个性的意志之结聚

现在我们讲集合的组织的意志,——共产主义的社会。共产社会里没有生产之无政府状态,没有阶级和阶级斗争,更没有阶级利益的冲突,——只有亲密友爱的共同工作者,大家按着一定的计划去生产。

那时个性的意志又怎么样呢?当然,这亦同样是人组织的社会,社会现象同样是个性意志之结聚。不过此时的结聚已经与无组织的社会里大不相同。譬如有一个社会,其中各分子都有一共同的目的,共同讨论达到这一目的的种种问题研究那种种障碍,结果大家议决一办法而复分头干去。此种共同议决及共同行动便是集合的"产物"。可是这不是外表的自生自灭的力量,——与个性的愿望相离异的。正正相反,每人达到自己愿望之可能至此已乃益增加。五个人共同议决举一块石头起来,一个人的力量举不起,而五个人却不难举起了。此种共同议决,请问有什么和各个人的愿望矛盾的地方?共同议决反而可以帮助达到个人的目的呢。

共产主义的社会里,此种共同精神可以扩充到极大的范围(此处所说共产主义并非无产阶级独裁制的国家或共产主义之初步,而是纯粹无阶级无国家法律的共产社会)。此种社会里,人与人之间的一切关系是很显然的,人人都看得很清楚的,而社会的意志也就是有组织的意志了。——这已经不是"不受个人意志束缚"的自生自灭的"结聚",而是有意识有组织的社会决意。所以资本主义社会的一切恶现象也就不能再发现了。人已经不受"社会的产物"统治,而已经能统治自己的决意,他们的行动方是完全有意识的。当然不再像现在一样:大部分的社会现象都是有害的致死的恶象。

然而上述的意思,并不是说共产社会里的社会意志及个性意志绝对不受任何束缚;亦不是说共产主义社会之中人就变成了"超越自然"的神,绝对不受自然律的限制。不然,共产主义社会之中人仍旧是自然界的一部分,受因果律的支配的。人的行动仍在共产主义的社会之中,当时的环境还是可以规定他的意志,共产社会之中人仍旧要与自然斗争。所以这一斗争的战场还是可以规定人的行动。总而言之,有定论对于共产社会亦是可以应用的。

既如此,我们又可以得有组织的社会里的三个原则。

一、社会现象成于各个性的意志、情感、行动等之相交;不过这种"相交"的过程已非自生自灭的,而在决意者之范围内是有组织的。

二、社会现象随时随地规定个人之意志。

三、社会现象已能表示各个人之意志,且常不与意志相离异;人能统治自己的决意,而不觉着社会的自生自灭性之压迫;社会的自生自灭性已消灭而代以理智的社会的有组织性。

固然,共产主义的学说里有所谓"自必然世界跃入自由世界"之说。有些学者便以为有定论只□用于资产阶级社会里。实际上不是如此。所谓"自由世界"乃指有意识的有组织的性质,以与无意识的自生自灭的性质相对待。那时的人能精确知道在特定的条件中应当做什么,应当怎样做,——如此而已。"自由便是已经认识的必然。"

第四节 偶然性之剖析

有定论的意义便是否认一切所谓偶然性。然而我们应当分析分析这偶然性。日常生活和社会生活之中我们常常遇着偶然凑巧的事。有些学者还专门去研究这"偶然"的作用,研究那历史里的"偶然"。我们平常也往往说着偶然:"今天街上偶然汽车碰死了人;屋上掉下来的砖偶然砸

伤了人……"此种偶然性与规律性有无关系呢？

譬如赌博，为什么我刚刚掷着一个"不同"或者"分相"，是否绝无原因，当然不是的。"不同""分相"的发现，近因为我掷之前，骰子在手中是一个形势，掷下去的时候骰子在空中辗转的方向，掷下去之后骰子在碗里相碰而旋转，其结果六颗骰子向上的一面排成另一个形势；此中亦有种种原因。亦许，假使我手晃一晃就没有"不同"了。况且，假设我能把当时的手势以及其他种种条件照模照样的重复一次，必定又有一个"不同"发现。这些种种条件我们不容易知道，因果很复杂，而时间很急遽，——于是只好任意掷下。原因确实有的，不过我们没有留意到，所以我们便叫这"没有留意"为"偶然"。再则，譬如我在街上偶然遇见一多年没看见的朋友，这次遇见有没有原因，当然有的。我因某事在某时出门，走的是大街，我的朋友亦因某事在某时上街，所应当走的路，又正是我所走的，如此种种原因便使我们必然相遇。为什么我以为是偶然相遇呢？仅仅因为我不知道他亦有事出门而且要到那条街上去。所以"偶然"仅仅是主观的。

假使"相交"的两排原因，或几排原因之中，我们只知道一排，那末，这"相交"而得的现象对于我们便是偶然的，——其实这种现象本来是有规律性的。我知道我出门而不知道我朋友出门，——因此以为是偶然相遇。所以严格而论，无所谓偶然，就是天下没有无因之事。一切现象于客观上必定有原因的。

斯比诺沙就说："所谓偶然完全出于我们的无知，……只因那些原因我还没有知道。"

弥尔说："平常说某事某事是偶然的，——这句话实在不对。我们只能说：两个或几个现象相联结是偶然的；他们同时存在或者相连而现仅只因偶然性之力。这就是说这些现象之间的关系并无原因的联系，他们本来不相关涉并非因果；同时，他们亦并非出于同一的原因，亦非为某一并存公律所联系之诸原因的结果，甚至于亦不是这些原因互相接触之结果。"

弥尔的话里有几处不对的，我特别点出来。我们仍旧引"我与朋友相遇"的例。固然不错,我出门并非因为我的朋友出门;我的朋友出门也不是因为我出门。可是假使有"原因的接触":就是我出门所走的路和所走的速度是如此,我的朋友亦是如此;那么我们就能相遇。这和日蚀月蚀的理由是一样的。

第五节　历史的偶然性

偶然性的普通意义既明就不难辨别所谓历史的偶然性。假使天下没有无因之事,那么历史里当也没有。一切历史上事迹,无论如何表面上看来是偶然的,实际上都有因果的;平常历史上所谓偶然的事也是许多原因里只知道一两个的错觉。历史上的事实决没有不在因果之内的。

可是"历史的偶然"有时亦有别种意义。譬如世界资本主义的发展必然引起帝国主义的战争,而奥太子被杀却是偶然的现象。此处所谓偶然便是另一意义,所谓帝国主义战争之必然性是说在社会发展中实有极重要的原因足以引起战争。战争自身又是极重要的事迹大足以影响于社会命运的将来,而且是有决定性的影响。所以说奥太子被杀是偶然正是说这是历史演化中无足重要的事实,即使没有这件事,社会现象的进展亦未必有多大变动。奥太子即使没有被杀,战争仍旧要有;战争并非为奥太子而起,乃是因为资本主义发展中帝国主义各国之竞争日趋剧烈。

然而能不能说这种"偶然"绝对的没有影响,他对于社会的命运一无作用? 假使要求正确的答复,那末,我们应当说:"不是如此"。因为无论怎样小的事迹,实际上亦有影响于将来的发展,不过是影响的大小不同而已。此种影响可以说是很小,然而决不等于零。假使我们看一看这种许多"偶然"的总和,那就可以明白了。譬如市场上价格之形成,某甲诳骗某乙,——售物的价格倍于寻常市价,这和当时市场价格相较是偶然的。说某某货物的价格,应当说他的市场价格。可是,假是一个卖菜的提高价钱,渐渐的全市价都随之而提高,那就不是偶然的了。袁世凯的帝制运动里杨度等六君子办筹安会,各处劝进的人可以都是他们偶然收买到的;然而某处某人因吃鸦片不能还烟债,刚刚遇见他们来运动,某处某人赌输了亦刚刚遇见他们来运动,——在各个人的遭遇里主观上都是偶然之

"幸",而总结果却成就了一大堆的劝进表,——居然些有影响到袁氏的帝制运动。可见小小的偶然亦有影响,同时也有原因。

因此,严格而论,历史上也没有偶然的事。从最小的事实一直到最大的世界政局都在因果律的连锁中;同样是非偶然的,同样是有原因的。

第六节 历史的必然

历史里一切都不是偶然的;历史的发展是有因果律的。偶然的反而便是必然。

"特定的几种原因里所不免要发现的事,便是必然的事。"假使说某种现象是历史的必然(或必要),这不过是说这种现象不免要发生,并无丝毫褒贬意思,并不是说这件事好或坏。所以说因有"原因的必然",某种现象不得不发生;那亦并非表示愿意或不愿意有某种现象,不过说明这种现象的不可免性而已。决不可以混淆两种"必然"的意思:一种是原因的必然,一种是愿意的必要;欧洲文都作"La Nécessitel"——汉译可以分为"必然"和"必要"。科学里欧洲文即使说历史的必要,也不是说"以社会进步"的观点立论某某主义是必要的;——那不过是说社会发展中不免要发现如此的事实。换句话说,就是科学所研究的是:"从前,现在,将来,是什么?"而不是"从前,现在,将来,应当是什么。"譬如说十九世纪末生产力发展之速或是罗马帝国之崩坏是历史的必要,——那就是说既有某某几种原因则生产力之发达或罗马之崩坏便不可免。

现在我们可以进而讨论此必然论。假设有一社会,二十年来人口增加了一倍,我们便可以得一结论,说这一社会里的生产扩张了。假使生产不扩张,那社会也就不发达了。生产既扩张,社会便发达。我们在此求得社会发展之原因,——亦就是社会发展之必要的条件。没有这一条件,便没有发展。反过来说,既有发展,便一定已有这一条件。

这一个譬喻,可以引起误会。我们前一章已经讲过原因论和目的论。如今说:为社会发展起见,为要社会增大一倍起见,必须要生产扩张。这样说来,社会的发展是目的,生产的扩张是手段,岂非目的论么?

其实不然。我们的譬喻里是说"社会若是发展则可见……",其实也可以说"社会若是缩小，则可见生产减缩。"纯粹是原因论的解释。决没有人想：缩小社会是目的，而减缩生产是手段。我们所说"必要条件"的意义乃是客观的不可免性，并无主观在内，虽说"必要"却并无"要"的人。仅仅因为我们先见结果而后找原因，所以显得我们所说的是目的论。

凡为将来发展的必要条件亦称为历史的必要。在汉文里我们可以规定：说结果时称为历史的必然，说原因时称为历史的必要。然而因果相续，必然与必要往往分析不清；只要记住：科学里的意义始终只是因果的必然，而决不是"愿望的必要"，这是很重要的。譬如法国革命是一种历史的必然，——因为封建制度时城市经济的发展必然引起第三阶级的革命；同时法国革命是历史的必要，——因为没有他资本主义便不能充分发展。俄国的农民解放亦是如此。社会主义之为历史的必要，正是这样的意义：——没有社会主义，社会便不能往前发展。所以社会主义是一种必要条件；马克思和昂格士称为社会的必要性。同时社会主义又是社会发展之必然的结果，所以又可以称之为"社会的必然性"。

一种社会现象同时既是某几种别的现象之果，又是某几种别的现象之因。所以客观上的必然与必要本来不必严加区别。研究社会科学的时候（自然科学亦是如此），只要明白这因果律的连系不断的性质，便能于每一现象之外求其因果，或是先见结果而后找原因，或是先见原因而后找结果。

第七节　社会科学预言之可能

历史既有必然或必要，则社会科学里，亦和自然科学一样，可以有预言。这当然不是宗教式的预言，而是科学的预言。我们知道天文学能够预言日蚀和月蚀，气象家能够预言气候、风雨、阴晴。这种预言里没有丝毫神秘成分。天文学家知道行星转动的公律，知道他们转动的速度，知道他们轨道的位置，如此各方面推算起来而能知道月蚀或日蚀，——有什么稀奇呢？社会科学里能否如此？当然能够的。假使我们知道社会发展的公律，发展的方向，我们当然不难预测社会的将来。社会科学里的

预言,居然应验的也不止一次。我们根据于社会科学的公律预言经济界的危机,纸币价格的跌落,世界大战,社会革命,革命时各阶级各政党的行为。

譬如俄国的社会学家曾经预言"社会革命党"在无产阶级革命后必定变成富农的反革命党,——果不其然？十九世纪的九十年代,俄国的马克思主义者便预言俄国资本主义必定大发展,而工人运动亦必随之而发达。这类的实例,非常之多。社会科学家既然知道社会发展的公律,当然就能预言,并没有什么稀奇。

我们现在还不能预言社会现象发见的时日。这是因为我们的科学智识还没有使用正确数目字之能力。我们不能知道社会发展的速度,然而我们知道社会发展的方向。

俄国蒲勒嘉夸夫说:"马克思以为可以现在及过去测度将来；其实实际上每一时期都有新的事实,都有历史发展的新力量发现,——历史的创造决不重复得讨人厌的。——所以一切对于将来的预言都是错的。"(《资本主义与农业》)他又说:"社会科学的预见尤其有限得很,——以科学预定那利于社会主义的'发展倾向',实在与自然科学的公律大不相同,……这不过是'经验的公律。'他另有一种逻辑的性质,比起机械学的公律来……"

所谓"经验的公律",就是说另有一种规律性,还待试验,并未发见因果的联系。譬如说女子比男子多,——这是我们所知道,而且大多的地方都是如此；可是我们还没有知道这种现象的原因。这种公律,当然另有一种逻辑的性质。然而资本主义发展的公律并非如此,他有因果的联系性。譬如资本之集中律确非经验的公律,而是自然科学式的公律。因为只要有大小两种生产相竞争,大生产一定(必然)得胜的。我们所知道的的确是原因的联系关系。所以能预言中央非洲、日本以至于任何地方大生产必然得胜。蒲勒嘉夸夫的话是不对的。只可以说道我们不能完全知道；可是并不因此而社会科学不能成立,——自然科学亦还不能完全知道呢。

社会科学中之有定论及预言之可能说引起不少人的反对。譬如说社会主义必然发现,和月蚀日蚀的必然是一样的；——史塔摩勒克尔便问道:"既然如此,社会党(马克思主义者)为什么又这样出力的去实行社会主义呢? 两者之中只能有其一:——不是社会主义之来有如日蚀;便是马克思主义者组成政党努力奋斗。若是社会主义之来有如月蚀,又何必组织劳工阶级的政党,又何必奋斗,何必努力;天下决没有想组织太阳系以求月蚀的,若是你们组织政党,那便是:社会主义亦许不来,可是你们要他来,所以你们奋斗。那就社会主义并不是必然的了。"

社会现象之意义我们上几节已经详述;史塔摩勒尔的错误不难看见。月蚀对于人的意志间接直接绝无关系;——正如人皆有死不论其阶级别,性别,国别。人人都可以不看见月蚀不关心月蚀,而在一定的时候月蚀必然发现。社会现象却不是如此。社会现象之发现或成就,是经过人的意志的。社会现象而没有人——没有社会,那便等于"方的圆形"或"热的冰"。社会主义不免要发现,因为无产阶级不免要实行他,并且必定要在他们已经得有政治上的胜利之后。马克思主义并没有否认意志,他不过解释意志罢了。马克思主义者组织共产党而奋斗,——这亦是历史的必要之表现,历史的必要本来是经过人的意志和行动而表现的。

社会的有定论不应当与宿命论相混淆。有定论说的是:一切社会现象都有原因,既有原因则必然发现。宿命论——却是盲目的信仰命运,一切都服从命运。那时人的意志等于零;人并非原因之一而是消极的材料而已。这种宿命论才否定人的意志,以为他不是发展之一因素;——有定论却并非如此。

> 宿命论的"命运"往往变成超自然的神,希腊时的Moyra,罗马时的Pral,中古教会里的"前定",都有如此的性质。中国的"八字""青龙白虎正官七煞"等等,亦是如此。回教里的宿命论尤其利害。

第四章
会象之互辩律

第一节 物观的问题

意志自由的问题我们已经讨论过，——结论是：我们应当采取有定论的观点。人的意志不是什么神圣不可思议的，而是有原因的，并且与人的生理机体有密接关系的。于是我们遇见了最"讨厌的"问题，几千年不能解决的"心物问题"。我们平常往往觉得宇宙间的现象可以分做两种：——一种是有广延性的，在空间占一位置的，可以感觉接触的（可以见，可以闻，可以臭，可以尝，可以触，——佛家所谓色声香味触），——这是所谓物质现象。还有一种现象，是不占空间的，不能见的。譬如人的思想、意志和感觉等等现象，确实是存在的，——人人自己都可以觉得到，就独不能看见。笛卡儿说："我想，因此，我存在。"——这种现象叫做心理现象，或者精神现象。这两种现象究竟相互之间有什么样的关系呢？——孰先孰后？物质生于精神，这是精神生于物质？这一问题虽是哲学范围里的，然而社会学里有许多问题与他很有关系。心物问题是社会科学里的先决问题。

我们且从各方面来研究。人是自然界的一部分。我们不知道其他星球是否有更高等的神物。然而单就地球而论，我们知道人是动物的一种；能思想的人并非神物。自然科学的结论说，人是自然界之产物，是自然界的一部分，在自然律的范围以内。所以第一，我们所知道的范围以内，所谓"精神"仅仅是一切现象里的一小部分。

第二，我们知道人是从别种动物进化而来的，动物（活的东西）发现于地球上仅仅在最后的几万年内。当地球的热度还很高的时候——是一个气体的火球，像现在的太阳一样；那时绝无生物，更无能思想的生物。从"死"的自然界里发生"活"的生物；从生物里发生能思想的物。当初的物是不能思想的。先有物质，而后发生能思想的物质——"人"。可见物质先于精神。

第三，"精神"的发生正在那一种特别的机体发生之后，——这种机体是已经组织成一种特定形式的物质。能思想的并不是木石，亦不是杳冥不可捉摸的东西，更不是"无物质之精神"。能思想的只是人，是人的脑筋，是人的机体之一部分。人的机体是什么？——是组织得很复杂的物质。

第四，由上述而论，已经很明白——可以有无精神之物质；而不能有无物质之精神。物质于未发生精神以前早已存在。现在固然无精神的和有精神同时并有；然而没有能思想的人以前，地球早已存在，——这是自然科学所证明的。换句话说，物质之存在无关于"精神"。精神现象却不能离开物质而存在，亦不能不受物质之束缚。物质是客观上存在的，不用精神去认识他。精神却永永与物质有关：无物质便无精神。而且精神仅只是某种组成特定形式的物质之功能（属性）。譬如人。他是组织得非常之精致的物质。假使折坏此一组织，把人砍成几块，或者挖去脑浆，那时所谓"精神"便消灭了。假使我们已经有科学的方法能把这一折坏的机体完完全全照旧恢复起来，那人一定重新又能思想，"精神"又能发现。固然，人的智识还没有这样的程度。可是以科学方法部分的处置精神，支配精神，人已经能够的了。譬如以一定数量的酒精激刺脑筋，——那人的精神便起异常状态——昏醉。再给他醒酒药吃，他的脑筋必定又好好的工作起来了。这些实例已经足以很明了的证明："精神受物质的束缚"，或者说，"思想受实质的束缚"。

既如此，心理现象是一种组成特定形式的物质之属性。在这一定义的范围以内可以有种种不同的组织，所以亦可以有许多不同的心理现象。人在地球上是脑筋组织得最完全的生物，所以他有真正的意识；狗——又是一种，所以狗的心理与人不同；至于昆虫——神经系更简单，所以昆虫的心理也尤其简单。植物有生命，然而没有精神。石头并连生命也没有了。要有心理现象，必须有特别组织的复杂的物质。要有所谓意识，

必须有人这般组织的物质。地球上发现"意识"只在发现了人的脑筋之后；而人的脑筋是组织得很复杂的一种物质。从最低等的生物进化到最高等的人，"精神"的性质也随之而变易。物质组织变迁，"精神"的性质也就变迁。

于是我们可以断言：精神不能外乎物质而存在；物质却能外乎精神而存在，物质先于精神；精神是特种组织的物质之特别性质。——物质当然是宇宙间一切现象之根本。

就此可以解决哲学里的唯心论与唯物论的争辩。唯物论以物质为宇宙根本；而唯心论却以精神。唯物论说精神是物质的产物，唯心论的主张刚刚相反，他们以为物质是精神的产物。

唯心论的学说其实近于宗教的观念，——不过形式上说得和缓些罢了。宗教的观念，大致都以为自然界之上另有一神秘的力量，人的意识是这神秘力量的表现，而人是天之骄子，万物之灵。唯心论否认外界——即客观世界的存在，他否认外物以至于一切"非我"的存在。最彻底的唯心论便是所谓独在论（拉丁语 Solus 的意思便是"独"）。独在论的学说：——我直接所得的是什么呢？——只有我自己的意识，此外一无所有；我所看见的房屋是我的视觉，我所听见的钟声是我的听觉；和我讲话的人亦是如此。总之，存在的只有"我"。其他一切；我所见，我所闻，所臭，所尝，所触以至于我所思所念……一切都是我的感觉而已。

这种哲学，肃本华称之为疯人哲学，只有"疯人院里找得出这类的哲学家"。人类的实际生活显然与这种哲学不相合。人日常饮食穿衣婚娶：没有一人实际上想着外界事物的不存在；——假使外界不存在，人便无事可做；假使饭没有，人就不能吃饭。独在论者却说饭只是他的感觉。这么，没有他以前——就是没有能感觉的人以前，一切物质都没有存在么？于是一方面要答复这一问题，一方面又要认定"精神"为万物之原，便不得不遁入宗教，或者简直闹笑话：——不是承认开天辟地以前便先有一非人的神的"精神"存在；便是说过去时代亦只在"我"的想象中。那说"非人的精神"的学别——就是所谓客观的唯心论。客观的唯心论承认外界的存在，与"我"个人的意识无关。然而客观的唯心论始终说这外界的根本在于"精神"，在于上帝，或者在于所谓"最高理性"、"宇宙意志"等等。至于说过去时代只在"我"的想象中的学派，——却渐渐从独在论进于所谓主观的唯心论，他只承认"精神"，只承认一切能想的主观。实际上，唯心论的根据只有一点："我"之直接所得仅只有感觉。所以独在论是最彻底最一贯的唯心论。实际上呢，我们可以用日常的实践生活以至于自然科学的发明来驳倒独在论以及主客观的唯心论。物观（客观世界）确实是存在的，并且还是心观的基础。

第二节　社会科学中之唯物论

唯心唯物论的争执当然要反映到社会科学里来。人类社会之中有"高等的物质"，——宗教、哲学、道德、政治、法律各种思想；再则呢，商品之交易及分配，商品之生产；米麦、衣服、家具；生产工具及工厂生制品机器铁轨等等。如此复杂的现象应当从什么地方研究起呢？这些现象之中那一种是根本，是基础？因为对于这一问题的答案不同，所以社会科学里便有唯心与唯物派之分。一方面可以这样想：——社会是人组成的，人能想，有愿望，有理想，有意见，因此，——意见统治着世界；意见变动是人类社会中一切现象的根本原因；于是社会科学首先便应当研究所谓"社会意识"，所谓"社会精神"。——这是社会科学中的启心派。唯心论本来总是与超自然的神力有渊源的；所以社会科学里的启心派便倾向于消灭社会科学，而代之以"人生观"、信仰、神意之类。法国学者白须埃在他的《世界史论》里便说：历史之中可以发见"神意的引导人类"；德国唯心派哲学家莱辛说历史是"神对于人类之训育"；菲希德说历史乃理性之行动；塞林亦以为历史是"绝对"之经常不辍渐渐开展的过程，就是说神的表现；黑智儿便以为是"宇宙精神之理性的必要的发展"。此等学说所称的"名词"虽各自不同，而基本要义都是唯心派的论点。唯心派的社会科学及社会学首先注意这社会的"理想"；他们以为社会是心理的而不是物质的；——依他们的意见，社会是无数意志、思想、感觉、愿望互相组成的，换句话说，就是只有社会心理、社会意识、社会"精神"。

然而别一方面亦可以这样想：——人的意志并非自由的，他受人生外界环境的规定；社会的意志当然亦是如此。"社会意识并非凭空不着

边际的，——他究竟根据于什么呢"？我们如此一问，便立刻发见社会科学里的唯物主义的观点。社会是自然界的产物，人类亦是如此。社会只能存在于自然界之中，只能采取自然界里对于自己有益的东西以求生存。他采取的方法便是经济的生产。社会的经营生产并非有意识的。只有有组织的社会里一切都有预定的规划，那时的经营生产方才是有意识的。至于无组织的社会里，生产的进行是无意识的：——工厂主扩张生产，因此而获得利润（并不是为发展社会的）；农民耕田，因为要养家活口，出卖余粮交纳租税；手工业者做工，因为要赚钱渐渐扩充事业；工人受雇，因为要得一饱。如此各方面凑合拢来，——社会便能存在。那物质的生产及其资料（物质的生产力）是人类社会生存的根据。没有这些物质关系，无论什么社会"意识"，"精神文明"都不能有。——正如没有人的脑筋便不能有思想。我们设想两种社会：一是野蛮人的社会，一是资本主义末期的社会。第一个社会里，一切时间都用到求食上面去了：打猎、捕鱼、拣果子，或者加些盖巢攻穴的工作；所谓"理想"及"精神文化"少到极点：差不多是类人猿或者"群兽"的生活。第二个社会里——"精神文化"丰富了，一大堆的道德学说，许许多多法律条文、科学、哲学、宗教、艺术、极伟大的建筑、极精致的图画。而且资产阶级有资产阶级的习尚，无产阶级有无产阶级的习尚。总而言之，"精神文化"发达极了，社会精神和理想多得不堪。为什么这个"精神"能发展生长到如此？他发达的条件是什么？——物质生产的发展增加了人对于自然的威权，增加了人类劳动的生产量。只有这种时候，社会里的"时间"才能不必完全用到艰苦的物质工作上去：一部分时间空闲出来，可以有功夫去想，做智识上的工作，创造出"精神文明"。可见并不是"精神文化"（社会意识）产生那"社会的物质"（物质的生产），而是社会物质的发展造成"精神文化"的发展。换句话说，就是社会的精神生活，受物质生产的实际状况及其发展的程度之束缚。人类社会的生产力的发展程度，大足以规定其精神生活。以社会学的术语来说，便是：精神生活是生产力的功能。精神生活对于社会生产力有什么样的功能，精神生活怎样的受物质生产力之束缚，——我们下面再详细讲。现在我们先只要说明：照上述的论断可以决定——社会不是什么"心理的机体"，不是什么"意见之总和"；而不过是"劳动的组织"，或者说是"生产的机体"。这是社会学里的唯物派的观点。唯物派并不否认那所谓"思想"是有所作为的。"假使一种理论，能为群众所迎受，他便能成功一种社会的力量"。然而唯物派研究社会现象的时候，不能满足于"当时人是这样想的"等类的答案。他们还要问：为什么在这一时代人这样想；在那一时代，人又那样想？为什么"文明人"格外想得多，而野蛮人简直不想？这些问题，我们只能在人类社会的物质生活里去找解释。所以唯物论能解释社会的精神生活的现象。唯心论却不能。唯心论的"思想"是独立存在的，无所根据的，所以他们要造出许多"神秘"来。黑智儿在《历史哲学》里说，"这个善，这个理性，在最具体的设想里，只是上帝。上帝统治世界；他的统治的内容，他的规划的实现，便成世界史"。世界内一切恶象：娼妓、梅毒、杀人犯、贫乏、酗酒、饥荒，——绝对与善的观念相反的，他们不能解释，只能说是上帝用以惩罚人的；可是照他们的学说，人本是上帝造的。上帝何以造恶人呢，既造了恶人，何以又要惩罚他呢？此等理论，若是推究到底，简直绝无意义。可见能解释社会现象的，确是唯物论。

马克思的《经济学批评》（一八五九年）是唯物论应用于社会科学的最早的尝试。同年达尔文的《种源论》出版。达尔文的学说，证明动植物界的变化是受物质生物条件的影响。可是亦不能完完全全把达尔文的公律，从生物学里一无变更的移入社会学。自然科学和社会科学有共同的公律，可是应用到社会学里的时候，应当有特别的"人的社会"的方式。不能将一切历史都归入那自然律的。"生存竞争"，所谓"Struggle for life"在社会之中另是一种意义。"社会的人"行生存竞争的时候，他首先便觉得自己的阶级地位，其次便觉得与相关者处于一定的经济关系及同一的经济机体之内；所以他的斗争是阶级的。

第三节　一切现象间的关系之动力观

宇宙间的一切现象及社会间的一切现象可以有两种观察法。一种

以为一切都是静的,一成不变的。还有一种便以为是变迁不居的。第一种是所谓静力观,第二种是所谓动力观。当然,我们略加考察,便可以知道,宇宙间一切都是动的。以前的人以为日月星辰都不动的,而现在我们知道物质界的现象无不是动的了。并且极小的原子电子都是动的,——日夜放射不绝,旋转不绝的。宇宙便是这些电子组成的,宇宙难道能说是不动的么?以前的人以为动植物的种类是上帝造成的,一成不变的。现在我们知道不是如此。几万年前的动植物与几万年后的动植物大不相同了;那几万年前的动植物,我们只能得着他们的化石于地下或冰窖里,——现在却早已不见了。可是现在所有的动植物,在几万年前并没有存在。我们人类的发生更在最后。所以物种的变迁,是显然的事实。无所谓造化的功能。现在的人类已经能代天去"造物"。各种家畜及人种的植物,都可以用这种方法去渐渐改变他们。葡萄有几百种,鸽子有几十类,可以造成黑的玫瑰花、绿的菊花。就是人类自己亦是变迁的,中国人的祖先在古时未必不和现在□□相类似。人的种亦在变呢。

总之,世界上一切事物都在"动"与"变"之中,没有一种东西是停滞不变的。天下没有固定的形态,一切都是所谓"历程"。木石都是如此。固然不错,木石的变,我们不觉着。然而譬如一张桌子,经过几十年后必定朽腐破坏,不成其为桌子了。桌子是否是突然不见了?当然不是的。他是逐步变化渐渐的朽腐的。桌子的构成材料是否是完全消灭了?亦不是的。构成桌子的材料(物质)仍旧存在着,不过变了一个相。以前是一些木质组成桌子的形相;现在这些木质离散变化——即使烂成细末,化为泥土,也还存在。这种"动"与"变"是永久不息的。全宇宙是"动的物质"。因此,凡是研究一种现象,必须观察他的发生、发展及消灭,——换句话说,便是"研究事物之动象,——研究事物于其变动之中"。决不可以只看见事物的静的方面。"静"是我们主观的想象而已。这种动力观叫做"互辩法"或"互变律"——互变律的意义还不止此,以下当详论。

静观与动观的分别,在古代的希腊哲学里,已经就发现了。巴尔美尼德(基督纪元前六世纪末至五世纪)的爱列亚派主张一切不变。希拉克利泰便与他相反。他以为没有不动的东西。"一切皆流"无物不动,无处可停。现代哲学里的动观派,最深入的便是黑智儿。黑智儿的"动"是指精神的动,——精神的动是宇宙的根本。马克思便反过来指出"物质的动"是宇宙的根本。——这所谓"把互变律从头上搬到脚下"。自然科学里,旧时的学说亦以为"物种有定一成不变"。到达尔文才明进化说的。

因为宇宙永永在动之中,——所以研究一切现象,应当看他们之间的联系,而不可以刻舟求剑的只见"绝对的分划"。实际上宇宙的各部分互相联系,一部分小有变动便能影响到别部分,牵动全局。他能有多少影响,却另是一个问题。人类的一举一动都能影响到自然界及社会。影响可以很小,可以绝无用处,然而这种影响总是存在的。宇宙的一切现象不断的互相联系,没有绝对与外界相隔离的东西。当然我们每每"假设的"画出一定的范围来研究;然而总则上原理的推定及应用,往往非讨论到"全体"不可。实行的时候也应当时时顾及全局。农民到市场上去卖东西,心上想着一定可以赚钱。然而市场上的价格却很低,只能勉强不亏本。何以如此?因为他与其他的小生产者联系着:别人的货多卖出一件,他的货就少卖出一件。为什么农民想错了?因为他没有知道世界市场上的联系。列强资产阶级实行欧战,心上都想着征服敌国,巩固自己的资本主义,而结果反来了无产阶级的革命。为什么资产阶级错了?因为他不知道世界的社会现象之间的联系。俄国的少数党为什么不能实行他们的政策,终至于败灭?因为他们的政策,只算着俄国,没有想着世界政治里的联系。

既如此,互辩法的考察一切现象,第一要看现象之间的不断的联系,第二要看他们的动象。

第四节　社会科学中之历史主义

宇宙间的一切现象,既然是永久动的,互相联系着的,社会现象当然亦是如此。所以社会科学中的根本方法就是互解的唯物主义。

人类社会是否永久如此?他永久是如此的结构?当然不是。譬如俄

国,一九一七年以后,工人和农民得到了政权,资产阶级是受治阶级,而且一部分遁逃国外(差不多有二百万人)。工厂、铁道、矿山完全是劳农国家所有。然而在一九一七年以前呢,——资本家和地主是治者阶级,工人和农民替他们做工。再早些,在一八六一年以前,资本阶级还只是商业的资产阶级;地主享有农奴。同是一个俄国,而不同如此。希腊古代是农奴制度的国家,——奴隶是地主的财产。古代美洲的民族却有"有组织有规划经济",——在"贵族儒士"的手里;那个"儒士"是特别的一种智识阶级,管理经营一切,同时亦就是"治小人的君子"。此等社会各不相同,时时变迁。可是,我们说的变迁,并非专指进化的发展。希腊、罗马如今已经消灭;很发达的文化简直完全灭亡。然而希腊和罗马还能留多少很大的影响于近代社会。竟亦有那种"文化",——简直不能留些许影响到后世或别的民族的。——他与其他文化的联系早已磨灭了。法国地方曾经发见许多地底下的遗迹,历史家美埃尔说"此地曾经有原人文化的发展……后来经过大地震而消灭,竟不曾有丝毫影响到后代。此地的旧石器时代与新石器时代没有丝毫联系"。进化是并不普遍的;只有动与变是永久的:就算变的结果是灭亡,——变却是不能免的。

此等动象不但在社会的经济结构里有,社会生活的各方面,无不在永永变动之中。社会的技术,——从石斧变成了汽机、无线电。道德与风俗亦是差异不同的,——有几种人是吃人的;有几种人有"杀老""溺女"的风俗,——那时他们亦自以为是合理的。政治组织屡经变更,——从君主到民主,从民主到苏维埃。科学、宗教、习俗、人与人之间的关系都是流变不止的。我们现在所习惯的,未必以前就有,未必将来还会有;报纸、肥皂、衣服等等并不是永久有的。国家、宗教、资本、军器以及一切,都不是永久如此的,并且不是永久有的。家庭制度亦不是永久的制度:有多妻、多夫制,有"杂交",有一夫一妻制。甚至于对于美的观念,亦是没有固定的。总之,社会生活,和自然界一样,不断的在变更。人类社会经过无数的阶段。

因此:

第一,应当研究每一种形式的社会之个别的"自性"。就是,不可以一概的,笼统的推想一切时代,一切社会。不可以混淆奴隶、农奴、无产阶级、"穷人",当他们是同等的性质。应当看出希腊的奴隶主,俄国的农奴隶,资本主义的工厂主,中国的官吏(士)和"军阀"(强盗)之间的差别。奴隶制度、农奴制度、军阀制度、资本制度各有各的"自性"。将来的共产主义亦是如此。过渡期间的无产阶级独裁制亦有特别的性质。每种社会的特性应当细加研究。只有如此,我们才能明了"变动的历程"。各种社会,既然各有特点也就各有特别的发展律——特别的动律。譬如资本主义。我们先研究出资本主义的种种特点。然后我们能知道:大生产兼并小生产,无产阶级日益增多,劳资冲突,劳工革命,资本制度变成无产独裁制度。有些历史家便不服如此观察。他们往往把古代的富商与现代的资本家相混,希腊、罗马的"游民无产阶级"和现代的无产阶级相混。实际上罗马时所谓"Proletarie"绝对与现代工人不同;那时的富商也和现代的工厂主很少相同的地方。罗马与现代,整个儿的社会组织不同,所以二者之中的发展历程自然差异。"每一历史上时代,各有自己的公律,……可是等到实际生活经过了这一期的发展出了这一阶段,社会就另外遵循别种公律而构造起来了"。社会学是社会科学里最综合的;——综合的研究社会,不专就社会之某一形式或某一方面去研究,——所以他尤其要确定这一界说,去做别种社会科学的方法。

第二,应当研究每种社会的内部变动的历程。所谓社会的各阶段,并不是先有一不变不动的甲阶级之后,又有一不变不动的乙阶段来代替他。社会之中的变迁是很复杂的;譬如资本主义,决不是一动不动的存在者,后来忽然来了社会主义,资本主义方退位。资本主义自己亦在变更,亦有内部的许多阶段,商业资本主义、工业资本主义、财政资本主义及其帝国主义、欧战中之国家资本主义。就是在这些各种资本主义的内部,还自有变更的历程。每一阶段都是他后一阶段的预备,亦就是前一阶段的结果。

第三,应当研究每一种社会的发生及其必然的消灭,——即研究其与别一种社会的联系。每一种社会的新形式都不是从天上掉下来的,——他是前一形式发展的必然的结果。各种阶段之间,往往划不出明了的界限:两相勾连,辗转而现。历史的阶段不是固定的、凝固的、自己有独立个身体的;——而是继续不断,互相勾连,转辗变迁的。要明白某种社会,应当寻求他的根源于前一阶段之中,研究他发生的原因,他

形成的必要条件,他发展的动力。同时,又应当观察他的必然消灭的原因,发展的倾向,——那些倾向,又在预备新的社会形式来代替他。所以每一阶段是链条上的一环,环环相衔接的。有些学者,虽然明白这层道理,却不肯承认现时的资本主义亦要消灭;他们只承认过去各时代间的变迁。其实,资本主义从封建农奴的制度发展出来,经过"简单的商品经济"。资本主义向着共产主义发展出去,经过无产独裁制。只有研究到资本主义与其前一阶段的联系并及其行向共产主义的必然结果,——那时我们方能彻底明了资本主义。关于其他的社会,亦须如此研究。这亦是互辩法的原理之一。——亦可以称为"历史观",因为一切现象,不当做永久的看,而只是历史的过渡的形式,有生有灭的。

第五节　矛盾与历史的矛盾性

一切都是变的,不断的变易律是一切的根本。希拉克利泰及黑智儿都已指明此一宇宙的秘密,——动的普遍性。然而这两位哲学家的学理还不止此。他们更说明这"动的历程"是怎样的。一切变易是起于永久的内部的矛盾,内部的斗争。希拉克利泰说:"斗争是一切之母"。黑智儿说:"矛盾——即动而前进"。

宇宙间有种种力量,假使相互之间,绝无冲突,绝无斗争,并不互相对抗,那时一切都保持不动的均势,……绝对的凝滞,绝对的静。假使如此,那就宇宙间各部分相互之间绝无影响(绝无"互动")。然而我们已经知道,宇宙间一切都动,一切都流。实际上决无绝对的静。所以所谓"动"就是斗争,就是矛盾。

譬如生物学讲"适应"。适应就是说一种东西,能与别种东西并存,必定要去适应他。某种动物适应环境,——就是他能处于此等环境里而生存。死的自然界亦是如此。地球绕日而行,却不受日的吸引而并合。死物的并存就是所谓均势。社会里更有同样的事实。社会亦在自然界里亦"适应"自然,与自然保持均势。社会的各部分之间必有一时的"相持"而得并存,——资本主义的社会里工人与企业家并存而相持。凡此一切,都是说的均势。然而"相持"之时,便是斗争,——斗争又即破坏均势。所以自然界及社会里的均势都不是不动的均势,而是变动的均势。这就是说,均势既成立,随即破坏,重新建立新均势,如此转辗不已。

"均势"之意义:一种"系统"(现象)若不受外力,便不能变更其现状,——就是均势。自然科学之中有所谓"机械的均势""化学的均势""生物均势"。

宇宙间的均势都是一时的,所谓"现象"就是不断的各种均势之破坏过程。平时的所谓"静"仅仅是真正的"斗争"暂时不能觉察而已。相持的各种力量里,有一种力量内部变化渐显,便足以破坏均势;随即成立新的犄角相持的形势,——各种力量便变了一种"相持"的局面,——又是一新均势。所以"斗争",与"矛盾"(趋向不同的各种力量之相对抗),——足以规定变动的历程。

因此,可以略见此种"动"的过程的形式:一、均势状态;二、此均势之破坏;三、均势之恢复,而成新的局面。总起来说,动的历程,便是内部矛盾的发展。

动象里的这种性质,黑智儿以下列的形式规定之:

一、原始均势——"正题"

二、均势之破坏——反题

三、均势之恢复"合题"

这种"三题式"就是所谓"互辩律"。一切动象都含有这种性质。

"互辩律"——在希腊古代本是辩论术之统称。第一人说"中国",第二人说"乙"以驳之(即否定"甲"),最终合"甲""乙"之长处而得真理"丙"。所谓"真理出于辩论"。思想过程都是如此:既有"有"的观念,便有"无"的观念,抽象的"有""无"原是相等的;"有"与"无"统一方能合成一"成"的观念,——"无甲便成有乙"。物质世界的一切动象亦是如此的。

可是这"互辩律"(互变律)的应用,有两种不同的根本观点:一、唯心论派——以为人的思想既是如此,所以物质世界的变易亦是如此(黑智儿),二、唯物论派——以为物质世界的变易既是如此,所以反映于人的思想亦是如此(马克思)。

凡是一个"物"(个体)必定自成"系统",——从许多小部分结合而成的。所以个体之中又有个体。然而一个"物"之外必定有环境。所以总体之外又有总体。地球以太阳系为其总体,而以山川河陆为其成分;——地球自成其为一个体——系统(对太阳系而言),山川河陆又各自成其为一个体——系统(对地球而言)。人之于社会,社会之于自然界亦是如此。

环境与个体之间必定有经常的联系;环境影响于个体,个体亦影响环境。这种影响里便能看得见互变律的作用。所以我们第一便要问:环境与个体之间的关系可以有几种形式?这些关系对于个体有何等价值?

大致我们可以分做三种形式:

一、稳定的均势。环境与个体之间的互动若是不能变更现状,或是均势虽时有破坏而仍能完全恢复旧状,——那时便是稳定的均势。譬如有一种动物生在沙漠之中。沙漠里的食物既不减少,亦不增多;沙漠里的害虫亦是如此;总之,环境绝对不变。那时这种动物亦就不变;有些受害虫的吞噬,有些却仍旧繁殖出来,死生数量大约相当。这是一种停滞状态。为什么呢?因为个体之力绝未减少,环境之力亦绝无增加,——个体与环境之关系没有变更,均势因此得以维系。社会的发展里亦可以设想这种稳定的均势。假使社会有所取于自然界而生产,同时,所耗费的数量与所生产的数量相等,——那时自然界与社会之间的矛盾,虽时有往复变迁而一仍旧状,这亦是一种稳定的均势。稳定的均势不一定是"不动",不过"动"之中所发现的"均势之破坏"有时时恢复旧状的可能罢了。

二、积极的变易的均势(个体之发展)。实际上上述的那种稳定的均势是没有的,这不过是设想之中的一种形式。个体与环境的互相影响而时时变更,决不能永久保持原状;个体势力与环境势力之消长决不会适如其分两相抵消的;必定有畸重畸轻的形势。假使个体的适应力较小,那便要渐渐消灭;假使个体的势力较大,那便能渐渐发达。个体与环境之间的均势,经过一次破坏,再恢复过来的时候,已经另是一种新均势,决不是原来的那一种均势了。譬如说,那一种动物生长在沙漠之中,沙漠里的营养品渐渐增加,而害虫却渐渐减少。那时,这种动物必定渐渐增多——容易繁殖了。人类社会亦是如此。假使社会里的生产力逐渐增高，而社会里的耗费并不加大，或者还在减少，——那时，社会便在发达。所谓新的均势的的确确是新的。社会与自然界之间的矛盾时时刻刻变更形式，社会的适应力逐渐增大，所以社会（亦是一个体）便能发展。这是一种变易的均势，而且是积极的变易。

三、消极的变易的均势（个体之破坏）。可是，均势之恢复亦可以有消极的新局面。假使一种动物生在沙漠之中，沙漠里的害虫日益增加，而营养品日益减少，——那时，这种动物必定□于繁殖，逐渐消灭了（个体为环境所破坏）。人类社会亦是如此。社会里的生产力增加得太慢，或者简直日益低落（农业上土壤荒芜、工业里技术退化等），社会里的耗费却仍旧是这样大，或者更加增多，——那时，社会便要日益退步，以至于灭亡。这样的变化，便是社会与自然界之间的均势，在不断的变易之中，每次破坏之后所恢复过来的新局面，总比前一次的坏，——这亦是一种非稳定的变易的均势，不过是消极的罢了。

个体（生物或社会）与环境之间确有矛盾，然而这种矛盾不是静的而是动的，因为他们互相适应：个体因适应而变化，环境又因各个体之变化而变化。于是每一个体对于环境的关系，因这种繁杂的变化而时时改变，——或者受环境的压迫而退步，或者战胜环境而进步。个体与环境之间的矛盾，因此而不断的变更其形式，成种种不同的均势。

可是每一个体的内部自成其为系统，……每一物质是许多原子所组织成的，每一生物是许多细胞所组成的，每一社会是许多人所组成的。所以除了上述的对外的矛盾之外，还有内部的矛盾。个体之内各种组成的分子之间亦有种种矛盾、冲突。个体与环境之间没有绝对的均势；个体内部各分子之间亦没有绝对的均势。

社会之中常常有许多矛盾，——阶级矛盾和阶级斗争是历史的原动力。各阶级之间，各种职业之间，各种派别之间，各种理想之间，生产与分配之间……——无处不是矛盾。这是个体内部的矛盾，——各分子之间亦必定因此矛盾而相持，以得均势。这种均势亦时时变易：有时因双方互斗两败俱伤即消灭社会；有时亦能因新的阶级战胜而另成一种均势，社会得以发展下去。历史的发展，本是矛盾的发展。

我们既然知道个体的外部矛盾与内部矛盾,我们就要问一问:内部矛盾与外部矛盾之间有无关系?当然是有的。每一个体,内部的结构(内部的均势)之变易,应当跟着这一个体对环境的关系(外部的均势)而定。社会对自然界的均势之性质足以规定社会演化的根本倾向。假使社会对自然界的征服力日益增加,社会结构的内部矛盾却日益增长,——那时就发生了新的矛盾,——内部均势与外部均势之间的矛盾。于是社会结构就要彻底变易,以适应其对外的新关系。所以个体内部均势的变易常常是随着个体对环境之均势的变易而变易的。可以说,内部均势是外部均势的一种功能。

第六节　社会科学中之突变论与渐变论

均势的破坏与恢复,是不断的变易的过程。我们现在应当进而研究变易的性质。

普通的意见总以为"自然界里没有突然跳跃的事"这种守旧的格言,往往用来证明革命之不可能。然而实际上自然界里和社会里处处都有革命的突变的现象。黑智儿说:"大家说自然界里没有跳跃,假使说到发生或消灭。大家就以为是渐生或渐灭。其实所谓'实质之变——不单是甲体变成乙体;并且还有数量变成质量,或质变变成数量;某种新的物体发生,渐进的过程突然中止,与前一实质质量上绝不相同的东西突然发生等等的意思。"

譬如摄氏寒暑表一百度以下的时候,水是液体,——即使热度增加,只要还在一百度以下,水只是滚着。我们只看见温度上数量的增加。可是温度到百度的时候,那水的液体便变成气体;——这时简直是质量上的变更了。所以数量的增加,到一定的限度时:要经过突变而发现质量上的变更。冷水与热水相较,只有温度上数量的不同,水与汽相较,却有性质上的不同:一是液体,一是气体。

这里我们可以两种特性:

一、数量变易到一定的程度,便能发生质量上的变易。

二、数量变成质量时,是一种突然跳跃的现象,——渐进的过程里显露出划分两截的界线。水的变成汽并非渐渐变成"小汽",再由"小汽"变成"大汽":——而是到沸点时突然变成气体的。

数量变成质量的实例,——在日常的事物里随时可以遇着。譬如蒸汽锅若是闭着机门拼命的烧,一定要涨破;可是最初只有压力的增加,一定要增加到适当的时候,他才骤然的爆裂。托尔斯泰有一篇小说,——说一个乡下人吃面包,吃了一个,还是饿,再吃一个,还是饿,又吃一个环形面包,忽然觉得饱了,他便骂自己道,早知道这样,应该先就吃这环形面包的!其实是质量上的突变要数量上的渐变做预备:没有以前的那几个面包,单是一个环形面包,决定不会骤然觉着饱的。

普天下的学者总是怕这种突变论,——就是代表资产阶级怕革命的心理。其实社会之中,因为客观上发展的结果,必定要经过革命。英国的革命,法国大革命,一八四八年的欧洲革命,一九一七年的俄国革命,——都是实际的事实。无论什么人,无论什么圣贤的理论都不能否认他们的。

社会里的革命等于自然界里的突变。突变亦并非是说无因而至的现象。革命的渐渐成熟,亦等于水的渐沸以至于变成气体。社会里的革命是社会结构的改造。社会发展的需要与社会的结构相冲突之时,便不能不发生革命式的突变。

因此:

第一、社会里与自然界里都有突变。

第二、社会里与自然界里的一切渐变都必行向突变,——一切进化必行向革命。

第三、社会里与自然界,每次必须经过一种突变,才能开始一种新方向的渐变,——往往必须经过一次改造方能开始一种新方向的改良。

朴列哈诺夫说:"跳跃在陆续的变之前,陆续的变去行向跳跃。这是一种过程里的两种要素(突变与渐变)。"

第五章
社会

第一节　总和之定义——逻辑的与现实的总和

　　宇宙间的事物，不但有单纯的单位，譬如一棵树，一个人；而且还有复合的单位，譬如许多树便成一树林，许多人便成一阶级或一社会。我们观察这种复合的单位，当他是一个整个儿的东西。许多个人组合而成一个阶级或社会；这种复合的单位便叫做"总和"。

　　可是总和的定义有两种：一，逻辑的总和；二，现实的总和。譬如说，"中国一九二四年男孩的总数"，——这就是逻辑的总和。男孩的总数是我们人自己的抽象的核算。这许多男孩实际上各不相关涉，相互之间并没有影响；他们实际上并不结合而成一总体。这不过是思想里的核算，所以这种总和并不是现实的。这是所谓"逻辑的总和"。

　　至于树林、阶级、社会——那便不同了。这种总和并不是思想里的结合；他不但是逻辑的，而且还是现实的。"树林"的意义包含一块地方上许多树木，——实际上这些树确乎生长在一处，相互之间有影响，其中各分子都在"不断的互动"之中。斫去树林的一部分，亦许因此而湿气不足，以至于其余的树都渐渐枯死；亦许因此而可以多得阳光，树林却茂盛起来。可见树林中的各"分子"之间，实际上确有"互动"的现象，——这种互动纯粹是现实的，并不是设想中的。不但是此，而且这种互动是经常，继续不断的。这样的总和叫做"现实的总和"。

　　　所谓"总和"是——许多单纯的单位合组而成复合的单位：对

树林而言，一棵树是单位。既有树林的概念之后，我们便能数出一座树林，两座树林……树林又成了单位了。可是对一棵树而言，枝枝叶叶都是单位，对一枝或一叶而言，细胞又是单位。如此分去，以至于无穷。所以实在说起来，并没有绝对的"单纯的单位"。这不过是假定的说法，便于我们的研究罢了。实际上全宇宙都是大大小小的总和。每一总和之内有许多个体；这种个体同时又是一个"总和"——又可以分为许多个体。个体在总和之内永久的互相影响，互相动作。这种"互动"因此有直接的，有间接的，有间接而又间接的。

第二节　社会为现实的总和

社会是现实的总和，——因为社会内各分子之间有共同的生活，永久不断的互相动作。某甲在市场上做生意，市场上的物价多少要受他一些影响；市场上的物价，又影响到世界贸易上去；列国里的某乙在市场上买纱布，因为那市场上有世界贸易的影响，他个人的预算便受了限制，——原要买上等货的，却只能买中等货。……这样的举例，可以多得无穷。总之，个人的行动对于社会处处都有影响。社会本来是无数的个人组织成的；许多个人行为凑合起来便成社会现象。

换一方面说，社会现象又能影响到个人。某甲在工厂里当会计，那时正是工业兴盛，因此某甲得着许多分红。忽然战事发生，某甲被征调入军，为资本家去争权争利（他的意志，却想着是"拥护文明"呢），最后，他在战场被杀。社会现象对于他的影响是如此。

人类社会各分子间的相互影响非常之复杂。有些现象出以各个人之间的自生自灭的互动；有些现象却受某一机关的规划，新国家政府起一直到俱乐部止；——种种形式，无穷无尽。这两种"互动"——无组织的互动与有组织的互动，——各有种种形式。个人与个人之间，家族与家族之间，国家与国家之间，阶级与阶级之间有互相现象；个人与家庭、国家、阶级之间又有互动现象。再则，互动有经济的、政治的、宗教的、道德的、思想的各种不同的形式。政治经济……的互动之间又有互动。这些

互动错综交接，异常复杂，——总合起来，便成社会生活。

凡内部有经常互动的性质的东西，凡是所谓现实的总和，——都是一个"系统"。可是应当注意的：所谓现实的总和或是系统，并不一定要这一系统里各分子有意的去组织。这所谓"总和"或"系统"对于生物与非生物、有机体与无机体都可以说的。有些学者否认社会的存在；据他们的说法，以为社会内部有种种"系统"（阶级、团体、党派、公司、会、社等），所以社会仅仅是抽象的概念。其实社会内部的各种系统相互间还有动作，还有影响（阶级之间相互斗争或是协作）；况且一个人在一方面可以属于这一类，在别方面又可以属于别一类（工人受资本家雇用时是生产者，向资本家购买物品时又是消费者）。所以社会生活既是由这些系统相互影响而发生的种种现象之总和，他便自成其为一"系统"。共产主义之前，社会是一种"无组织的结果"（见第三章）。社会内部各"系统"之间的互动是无组织的自生自灭的现象。所以社会并不是人有意组织起来的（卢梭的民约论是一种乌托邦）。人与人之间，资产阶级与无产阶级之间并没有订立章程组织社会；然而社会的结聚确实存在。可见社会之自成其为一种系统，并非有意。世界市场上的价格，世界战争，世界商业，世界文学艺术都是无意之间形成的一种"总的现象"。

总之，只要有经常互动的各种现象的一个范围，——这一范围便是一个现实的总和，一个系统。包含人与人之间的一切经常的互动现象之最广泛的系统——便是社会。

社会是人与人之间一切互动现象的总和。社会学中的有机体派以为社会绝对与有机体相似，——是错误的。孔德说社会是"集合的有机体"。斯宾塞尔说社会虽然没有脑筋，却和人一样，有五官四肢。渥摩斯甚至于以为社会有意识。李廉菲德更以为社会和人的机体绝无差异。当然，社会与机体有共同之点，可是社会与机械亦有共同之点。这是什么原因呢？因为机械、机体、社会三者，都是一种现象的总和，都是一种系统，——其中各部分都能互相影响，互相动作。然而这三者的互相方法及性质各不相同。

社会是一种现实的总和,是一种系统——人与人之间的互动关系之系统。这种互动的形式及数量,非常之多,非常之复杂。然而这些互动的现象虽然错综交接,形成极繁复的社会生活,——他们之间却亦有一定的规律。假使种种互动的力量互相影响而并无丝毫内部的规律性,那时这些力量之间便不能有任何均势,社会便不能存在。所以互动现象虽然复杂,却并不是"不可理的乱丝",——其中自有条理可寻。第三章里我们曾经指出个人行动的规律性。现在我们要进而研究社会现象的规律性,——各种社会力之间的均势及此种均势之变迁的规律性。然而研究这一问题以前,还应当先详细讨论"什么是社会"? 单说社会是人与人之间的各种"互动"之系统,是不够的。单说这些"互动"是经常的亦不够。必须再说明这些"互动"的性质,——说明社会的"系统"与其他的系统有怎样的区别,找出社会的实际基础,明了社会底均势的必要条件。

第三节　社会联系之性质

人与人之间的相互动作组成社会现象,这种"互动"而且是经常不辍的。因此,人与人之间的联系(互动)异常复杂,时间上空间里都是继续不断的。我们应当研究明白:究竟这种联系的经常性之必要条件是什么? 换句话说:这许多互动关系之间究竟那一种是全系统(全社会)之均势的根本条件。——那一种社会联系是其他的社会联系之基础。

社会的基础是人与人之间的"劳动的联系",——这种劳动的联系便是所谓"社会劳动"。社会劳动是什么意思呢? 这就是说,人类无意的或有意的,不自觉的或自觉的"互相为而工作",说句俗话,就是"你替我做事,我替你做事"。何以如此? 我们从反面一想,便可以了然。假使人与人之间的劳动联系忽然消灭,生产品(或商品)不再交易流通或分配,人人所做的事都只及于自己而不及于别人,所谓社会劳动消失社会的性质。那时怎么样? 那时一定没有社会了! 再则,譬如基督教的神甫到"野蛮"民族里去宣传圣经,说神道鬼。这算是文明民族与野蛮民族之间的宗教的高尚的"精神联系"。然而假使火车轮船的交通不便,两民族之间的交易关系没有,假使文明民族与野蛮民族之间没有劳动的(经济的)

联系，——那所谓精神的联系便必定不能巩固。社会里的其他各种联系（家庭的、政治的、法律的、宗教的、思想的等）必定要劳动联系有了之后，才能固定，才能存在。因此，劳动联系是人类社会这种"系统"里所以能有内部均势的根本条件。

亦可以从别一方面讨论。我们已经知道：一切"系统"及人类社会都不是悬在真空里绝对不着边际的，——每一种"系统"（个体）都有环境。个体与环境之间的关系足以影响到这个体内部的一切情状。假使人类社会对自然界是个体，自然界是人类社会的环境，——那么，社会便应当适应自然界。如果社会不能适应环境，社会便要毁灭。然而社会怎样去适应自然界呢？"社会联系"有许多种：政治的、法律的、宗教的及家庭的等。这些联系之中，那一种是与自然界直接接触的呢？当然是劳动联系。因此，社会的适应自然界，全靠社会内有人与人之间的劳动关系：往往因为社会要适应自然界而变更他内部的劳动关系。劳动本来就是社会与自然界相接触的过程。社会经过劳动取得自然界里的资料来维持自己的生存。劳动便是社会对自然界的直接适应。——换句话说，生产过程是社会内一切过程的实际基础。——所以劳动联系是根本的社会联系。马克思说："社会的分析法应当在经济里去寻"——社会结构是劳动的结构（经济的结构）。因此，我们对于社会的定义是：社会乃包含人类之一切经常的互动而且依据于人类的劳动联系上的最广大的"系统"。这是纯粹的唯物论对于社会的定义。社会组织的基础是劳动联系；社会生活的基础是物质的生产过程。

然而对于这一个定义，往往可以怀疑，大致都要发生下列的疑问："好，就算社会是以劳动联系为基础的一个人类组织的系统；然而劳动联系怎样成立的呢？难道劳动过程里人不是互相谈话，各自思想的吗？所谓劳动联系难道不是一种心理的、精神的联系吗？那里来的唯物论！你所谓'劳动'，所谓'劳动联系'假使不是一种心理现象，又是什么呢？"

这些问题，我们要详细研究一下，不然就很容易发生误会。先看简单些的例子。譬如一个工厂。工厂里有许多普通工人，又有许多熟练工人；有些在这部机器上做工，有些在那部机器上做工，此外还有工头、工程师等。马克思描写这种工厂生产道："真正在机器上做工的工人（譬如看管机器动力、料理添减机器燃料的工人）与此等工人的助手（差不多都是童工）或所谓普通工人之间有很重要的区别。所谓普通工人里还包含着所有的Experts（单单添加原料到机器里去的工人）。除这一主要的阶级之外，就有少数的工作者，专管考察修理一切机器的，譬如工程师、机械师、机匠等。"（《资本论》卷一）。这是工厂里人与人之间的劳动关系。这所谓关系是什么意义？——各人只做"自己的"事，可是各人的事只是公共的事之一部分；每一个工作者站在一定的地方，做一定的动作，与物质（原料）及其他工作者相接触，耗费自己一定数量的体力（物质的力）。当然，这些肉体的物质的关系同时引起精神的关系；各自思想，交换意见，互相谈话……然而精神关系受物质关系的束缚，——他们相互之间交换的意见和谈话，无意之中受他们在工厂里分工的方法的影响；各人所管的事和各人心上的思想不能不发生关系的。他们分配在工厂里，分配在机器的各部分，——都是一个肉体；所以他们都在一定的时间里空间里的"物质的关系"中，这就是工厂里的工作者之物质的劳动的组织。工厂是所谓"集体的工人"，是"物质的人"的劳动系统。这一劳动系统正在工作之时便是一种物质劳动的过程：各人耗费精力制造出物质的生产品。这亦是物质的过程，其中的精神关系不过是这物质过程的一方面而已。

　　一个工厂是物质的组织，工厂里的工作是物质的过程。社会亦是如此，不过关系复杂些，范围广大些罢了。因为整个儿的社会不过是自成其为一种的人的劳动机关而已，——每人在社会之中的劳动过程里各自占一地位。以现代社会而论，某一地方出产的大宗是丝和茶，某一地方是米和麦，某一地方是铁器或机器等等。每一地方之内亦是如此：某一工厂制造棉纱，某一工厂制造木器砖瓦。工人、农民、佃工、工程师、机械师等等，分处于五洲各国，实际上他们的工作是交互为用的。英国工人所织的布，亦许是为中国学生而织的，中国农民所种的棉花，亦许是为日本资本家而种的。他们自己不知道罢了。大批的货物从这一国运到那一国，从工厂运到市场，再经过商人而到消费者。这是什么意义？——这就是这些人之间的物质的联系，——这种联系便是这统一的社会生活之物质的基础。假使科学家研究蜜蜂之生活，——他必定先描写蜜蜂之中分成几

类,某一种蜂做某一种工作,各种蜜蜂之间有什么关系,总而言之,先考察"蜂国"里的物质劳动的机关。这并没有丝毫可异的。决没有人以为蜂巢里的一群昆虫是"精神的结合",是一种心理的总体。即使说到蜂的本能,性格和心理生活,——那亦是蜂群之物质生活的结果,——这是科学家所共同承认的。然而说到人的社会,唯心派的玄学鬼却以为"人为万物之灵,岂可与禽兽虫芥同年而语!"

当然,人类社会里的各种心理的互动现象,比起高等猿猴的社会来,尚且要多得好些,何况蜂巢!人类社会的"精神"程度比猿群高得多;一个人的"精神"程度也比一个猿的精神高得多。可是,现代社会里各种各式的心理的互动现象组成极丰富的极复杂的所谓"精神文化",也有他自成其为一种的"肉体",——没有这一肉体,精神是不能存在的。这一肉体,便是社会劳动,劳动过程里人与人之间的物质关系,——就是马克思所谓生产关系。

现在许多社会学家以为社会是一种心理的系统,"心理的机体",——正合他们的唯心论的人生观。心理派的弱点就在于不能统一物质和精神,——精神成了无所隶属的独立的东西。因此,精神便变成了不可解的神谜。譬如说,中国社会有中国社会的精神,美国社会有美国社会的精神;何以不同呢?……他们说,这是民族性的不同。其实这种答复,等于没有答复。俄国在尼古拉第一时代的社会"精神"是警察制度,服从俄皇,守旧性质,如今苏维埃时代便完全不同了。为什么社会心理变更了?心理派的社会学家便不能答复,难道说:因为社会心理变了,——如今俄国人已经不愿意服从俄皇,不愿意守旧?这亦是同样的"没有答复的答复"。心理派与唯物派的差别,便在于:前者以心理互动现象为社会基础,后者则以物质互动现象为社会基础。心理学派的谬误,甚至于唯心派的哲学家冯德都觉察出来了,他说:"……心理的发展之受自然界环境的束缚,差不多使超越物理组织而仅以为是手段的那些心理学定律的假设,都已成必不可通的理想。"(《民族心理问题》,一九一二年)

第四节 社会与个人

　　社会是由个人组织成的，——没有个人便没有社会，这是用不着详细解释的。可是应当切记：社会并不仅只是许多个人加起来的总数。社会是现实的总和而不是逻辑的总和，社会是一种"系统"，——社会之内许多个人之间有极复杂的错综交互的互动关系。凡是一种所谓"系统"，——不论是生物的机体，或是死物的机械，——其内部的各分子之间都有互动的关系。譬如一部机器或是一只表，我们把他一件一件的拆开，便成了一大堆的大大小小的齿轮、轮轴、螺旋钉，——这才是齿轮等的一个总数。可是已经不成其为机器或表。为什么？因为机器或表的各部分（齿轮、轮轴、旋钉）之间已经失去那一定的联系，各部门之间的互动已经消灭，——便不成其为一种机械体了。何以这些齿轮等能成为一部机械的总体的各部分呢？因为其中有一定的配置。社会亦是如此。诚然不错，社会是个人所组成的。然而假使各个人在劳动过程里没有占得一定的地位，假使各个人之间不曾先有劳动的联系，——那时虽然有许多个人，仍旧不成其为社会。

　　其次，还应当注意社会之中的另一种现象：社会不仅是各个人的互动的总和，各个人的互动并不永久是直接的；社会却往往是各种人的团体之互动的总和；这种团体是那一大的现实的总和（社会）内之小的现实的总和；——他立于社会与个人之间。且就现代社会立论。现代社会是非常之大的，——差不多包含全体的人类。因为现代各国的人，虽然相离甚远，却都已有劳动的联系："世界经济"已经成立，而且正在发展。然而这一包含十七万万互动的人，互相之间有根本的（劳动的）联系，又有其他种种的联系的大社会里，还有依其他方法结合而成之小系统：阶级、国家、教会及党派等。总之：社会之内另有许多小团体，当然亦是由个人组成的；这些小团体内各个人的互动格外快些格外多些（德国社会学家齐美尔说得对：互动的范围愈狭，各个人之间的联系愈密切）；同时，这些小团体亦有相当的接触和动作。因此，社会之内个人与个人往往不是直接互相影响，而是经过各种团体，——经过那共同的大系统（社会）里

的小系统。譬如资本主义社会里的各个工人。他和谁最常在一起谈话，讨论种种问题呢？当然，他和工人最能常常相遇，而和手工业者、农民或资本家相遇的机会便少得多。这里便是阶级的联系。这一工人与其他阶级相遇，往往不是直接的，不以个人的资格，而以工人阶级一分子的资格，——或者更以"自觉的组织"（如政党或工会）之一分子的资格。所以工人与社会相接触，是经过自己的阶级或自己的党会的，——并不是完全直接的。阶级之外，还有其他种种团体，如职业、宗教等，——亦是社会与个人之间的媒介：学者与学者，新闻记者与新闻记者，牧师与牧师之相遇的机会，必定比他们与其他职业的人相遇的机会多些；各个人对于社会都有一种资格，这种资格之相同，便是社会内的小"总和"（团体）的形成——使各个人与社会的接触变成间接的。（此节所言"相遇"，当然不是指普通相遇而说，而是指各个人经济上政治上……与社会相接触）

物质方面，我们已经说社会不是许多个人相加的总数；——"人与人相结合并分配于劳动过程里"而成社会，决不止于一种算学上的和数的意义。精神方面或心理方面亦是如此。我们曾经屡次举过价格的例子。市场价格是一种社会现象，社会"结聚"，各人互动的产物。价格是否各个人估价的平均数呢？不是的。因为估价是各个人自己的"私事"，是个人"心上"想着的价钱。市场价格却是违背各个人心愿的定量。他是一种客观的，不受意志拘束而反能转移个人意志的东西；他是社会的，——虽然不是物质的，虽然是人自己"所造出来的"，却已不受各个人的支配了。其余的心理现象，精神现象都是如此：政治组织、语言、文字、科学、艺术、哲学、宗教，——以及较小的精神现象，如时式、风尚、体貌等等，——一切都是社会生活的产物，人的互动的结果，互相影响继续不断的现象。

社会既非简单的人数之总和，社会之精神生活亦非各个人的理想情感所加起来的总数。——而是此等理想情感交互接触的新产物；他是人的互动的结果；社会的某心理现象是各个人理想情感互动之后所生出来的新现象；互动以前所没有的。

冯德说得好："许多同样的个性所组织成的共同生活，及因此共同生活而流露出来的互动关系,应当产生新的现象,成为新发现的条件,他自有他的公律,"——与组织此等共同生活的个性之公律不必尽同。

社会之外决无独立的个人。决不能死板的设想:先有一个个独立的个人,然后渐渐的联合起来,组织成社会。我们知道社会之发展导源于人"群"。难道是:当初有许多个人单独的生活着,忽然有一天大家明白了,以为集合在一处共同生活便利些,开了一个大会,大家都说明白了,然后组织而成社会?"个性既成旧派经济学的出发点,各个人既在社会里经营生产,所以社会生产便以个人的观点而定,……其实独立的不相交通的渔者或渔者完全是十八世纪思想家的空想……社会之外不相关涉各自独立的个人生产……纯粹是幻想,无意识的假设;这种假设,真像说'没有共同居住互相谈话而能有语言发展'一样。"(马克思之《经济学批评》)

> 这种"个人说",最明显的是卢梭的《民约论》(一七六二),——人生来自然就是自由的。个人要保证他的自由出而与别人发生关系,于是根据"社会契约"而组织"社会国家"(卢梭的国家与社会是无区别的)。实际上说,卢梭所说,并不是国家或社会之真正起源、而是依"理智"的观点立论,应当怎样组织一个好社会。谁不遵守"契约",便应当受罚。假使国王滥用权力,便应当推翻他,因为他背了民约。因此,卢梭的学说虽然错误,却能在法国大革命中发生极大的影响。

"社会的人"和人的"社会性"只能在社会里发展。假使说野蛮人并没有见过社会,忽然在理论上想着了社会的利益。——那真是笑话。人是社会的动物,人在最早时期便已经有社会。决不能想:社会是某年某月某日宣告成立的(只有市侩的商人,常常组织股份公司,集股之后,订定章程,"开张大吉"的宣告公司成立,——只有这种市侩才能这样想)。人的"天性"是社会的,——社会变迁,人的"天性"也随之而变迁;人客

观上生长于社会进程之中,而并未按照什么契约。

人既然客观上永久是社会的动物,各个人便永久以社会为其环境。社会既是个人的环境,所以社会便若规定个人的发展。这一社会有这一社会的环境,所以便有这一社会的个人;那一社会有那一社会的环境,所以便有那一社会的个人所谓"近朱者赤、近墨者黑"。

于是我们又遇着了一个重要问题,学术界里屡屡争论的:就是个人在历史里的能力问题。

这一问题的意义是:个人能否影响历史,个人影响历史的能力有多大?中国人所谓究竟是时势造英雄呢,还是英雄造时势?社会是个人所组成的,各个人的动作互相交错冲突而造成的社会现象。随便什么样的个人,一举一动都能影响到社会上去;随便什么样的个人,所念所想都是社会现象的一部分。可见个人对于历史是有影响的,——历史本是我们人所做出来的。

既然如此——各个人确能影响社会。然而各个人的动作是否有原因的呢?当然有的。我们知道人的意志不是自由的,——人的意志受外界环境的规定。所谓外界环境,对于个人就是社会的环境(家庭、团体、职业、阶级、全社会等的客观条件)。因此,社会的环境影响个人的行动,个人行动的动机都受社会生活的暗示。譬如大战中的俄国兵士,他们大半都是农民——看看战争没有完的时候,自己有田地不能耕种……他们心里便能发生要求停止战争推翻政府的动机。可见社会的环境足以规定个人行动的动机。这种社会环境,便能缩小各个人的目的的实行范围。

其次,由个人的发展一方面而说,个人差不多完全是社会的产物。他在家庭里、学校里、街市上受着种种"训育",种种影响。个人所说的话,是社会发展的产物;个人所想的种种观念,是前几辈人所渐渐确定下来的;四围的社会风尚习俗包围着个人;整个儿的社会生活陶养着个人。个人从小到大的生长完全在社会影响之下,——所以各个人的性格习惯完全是社会影响所形成的。既如此,——实际上每一个人都包孕着"社会的内容"。个人自身是社会的小影——各种社会影响所结合成的。

最后,还有一种现象应当注意的。个人对于社会的作用,往往因为他占有特别的地位或执行特别的工作,比较的说,是非常之大的。譬如军队里的参谋部。军队可以有几万人,以至于几百万人;而参谋部却只有几个人。然而这几个人(参谋部)的影响比那几百万人大得多。假使敌军能捕获参谋部,——那便有时竟与全军覆没一样。这几个个人的影响可以说是大极了。然而我们且仔细研究一下看。假使参谋部没有军用电话,没有前哨探子,没有军用地图,没有军队的纪律,没有发命令的可能,——那时参谋部还有甚么价值?丝毫都没有了!从此可见参谋部内几个个人的力量从何而来的了。这几个个人其实并不是三头六臂的。他们的力量是一种特别的社会联系及特别的组织所造成的。当然,他们应当有一定的军事学问。然而他们若脱离了自己的组织,虽有天大的学问,也是枉然。从这一例子看来,可见参谋部内各个人的力量以及他们对于军队的影响,是军队自身所造成的,——军队的组织,军队的秩序,——军队里各种互动关系之总和所表现出来的。

　　社会亦是如此。譬如政治领袖。政治领袖的力量当然比普通的个人或普通的党员大得多。当然,要做一个政治领袖,亦应当有相当的智识学问及经验等。然而假使没有相当的组织(政党、工会、结合群众的机会等等),所谓"领袖"决不能有什么作用。社会联系的力量造成"出色的"个人(英雄)的力量。从别一方面说,譬如发明家、学者,亦是如此。他们亦只能在一定的范围内,一定的环境内开展自己的才能。假使极有天才的技术家,没有求学及研究的可能,没有现代社会的种种工具,他亦只能去卖破布,走江湖,——谁也不知道他。名将不能成就在军队之外;天才的技术家亦不能成就于机器之外。从此可见:社会联系造成个人的力量。

　　　　朴克罗夫斯基说:"历史家自己是智力劳动的人是智识阶级;更狭些说,他们是文学家、著作家。他们以为智力劳动是历史里最重要的成分,而文学的著作,——从诗词小说起到哲学论文为止——是根本的文化;这真是再自然没有的事!不但如此,智识阶级的夸大性也和古代埃及王一样——以为颂扬武功的碑志是历史的本身。他们自以为造成了历史了。"

　　个人是社会的个人,——是社会或阶级的一分子;所以他们的行动

是以某一阶级,或某一社会之一分子的资格而行动的。因此,假使要研究社会的发展,应当先考察社会形状,然后进于个人事迹的研究,——决不能只看见英雄,而不看见"庸众"。从社会关系一方面——社会生活的各种条件、阶级、职业、家庭、学校等的环境,——我们可以解释个人发展的因果;从个人的思想行动方面,我们却不能解释社会的发展。譬如技术家发明一种机器。他首先必定从已经有的技术着手:社会里先有一种旧的技术或科学,科学里已经觉察出某种疑问;再则,社会里先有一种旧的方法,实用上要求新的改良,——那时,技术家才能寻出解释那种疑问的答案,想出那一种新的方法。要知道:旧的技术及科学,是集合几代人,几百年的社会生活的产物而成的。新发明家不过是考察旧的而创造新的罢了,不过是社会的结果罢了。个人的形成是社会的结果:个人行动的动机受社会的暗示;在社会环境里及社会发展的过程里,个人的行动是有一定的范围的。因此,可以说:社会超越个人,或社会统御个人。

第五节　社会之形成

社会固然统御个人,个人永久生长于社会之中,——然而并不因此就可以说:新的社会不能发生或旧的社会不能发展。

假使:地球上在一万年前分散的住着许许多多穴居巢处的人群。这许多人群之间绝对没有联系,中间隔着山川洋海,——文化的发达还没有到那种程度,不能排除这些障碍。即使偶然相遇,也不能结成巩固的联系。这种时候,还没有整个儿的社会:有几个人群便有几个社会。因为社会的基础是劳动的联系,是生产关系,——各人群之间既然还没有生产关系之联系,便没有统一的社会;每一个人群,各有各的历史,各过各的生活。

这些人群,相互之间最初先有战争的接触,随后,便有商业的交易。商业关系渐渐巩固,——于是甲社会渐渐的非有乙社会不能生存:甲社会生产某种货物,乙社会生产别种货物,双方之间非有交易不可,——这种关系已经成为经常的状态。于是渐渐全世界变成整个儿的社会。

上述的过程是由分而合的。然而亦可以有由合而分的过程。社会退化的时候，技术上经济上的关系渐渐的不巩固起来，一个社会可以分成许多小的社会：商业范围（分配范围）缩小，政权范围亦分裂了。

可见社会并不是凝滞不变的。我们可以看见社会形成的过程。譬如十九世纪末和二十世纪初，殖民地战争，资本之输出与输入，民族的迁徙等，使各国之间的相互关系日益密接。各国之间发现了巩固的经常的经济联系——劳动联系。世界经济日益开展，世界的资本主义日益发达，——世界资本主义的各部分互相影响，所谓"互动"。于是商品、资本、工人、商人、工程师、军警等，从这一国流入别一国，——因此，科学、艺术、哲学、宗教、政治等的思想也流通起来。国际的物质的流通引起国际的精神的流通。于是全人类的整个儿的社会方才出现，而世界的历史也就真正的成为世界史了。

社会哲学概论

瞿秋白 著

《社会哲学概论》为瞿秋白在上海大学讲课的讲义。这里根据1927年1月汉口长江书店再版的《社会科学讲义》第一至第四集整理出版。

目 录

绪 言 ··· 75
 一 ··· 75
 二 ··· 77
 三 ··· 78
 四 ··· 79
 五 ··· 81
 六 ··· 84
 七 ··· 86
 八 ··· 87
 九 ··· 88
 十 ··· 89

唯物哲学与社会现象 ··· 93
 总论 ··· 93

第一 哲学 ··· 97
 一 宇宙之源起 ··· 97
 二 生命之发展 ··· 98
 三 细胞学——生命之历程 ······································ 100
 四 实质与意识 ··· 101
 五 永久的真理——善与恶 ······································ 103

  六 平等……………………………………………… 104
  七 自由与必然…………………………………… 106
  八 互变律………………………………………… 107
  九 数与质 否定之否定……………………… 108

 第二 经济…………………………………………………… 110
  一 社会的物质——经济……………………………… 110
  二 原始的共产主义及私产之起源…………………… 113
  三 阶级之发生及发展………………………………… 116
  四 分工………………………………………………… 118
  五 价值的理论………………………………………… 119
  六 简单的与复杂的劳动……………………………… 121
  七 资本及余剩价值…………………………………… 122

绪　言

一

哲学的目的究竟何在？何以古代初民思想之中，已经能有所谓高深玄妙的哲学呢？实际上哲学并没有什么高深，最初不过是一切智识的总称。随后智识渐渐分类，综合，组织而各成系统，就发生种种科学，——从哲学之中分出；至今所剩的仅仅是方法论和认识论。于是初民的常识一变而成"深奥微妙"的玄谈，——这也不过表面上看来是如此。科学分工的结果，使哲学渐渐能成为综合一贯的智识，有统率精神物质各方面的智识而求得一整个儿的宇宙观之倾向；更因科学进步而智识系统日益严密，于是哲学——所谓"求宇宙根底的功夫"愈益得以深入。然而初民哲学和现代哲学仍旧同样是人对宇宙的认识，——譬如樵夫看山景和诗人游山水。一样的要认一认山和水，——是人生当然的对于智识的态度："要知道宇宙的根底，要认识宇宙的总体。"赤列尔说："哲学的职任在于探得'认识'和'实质'的最后根底，依此根底而得一切现实。"这是不错的。然而立刻就发生新问题：能不能当这"认识之根底"是离那"实质之根底"而独立的东西？答复这一问题便是绪言的目的。我们的"我"是与外界"非我"相对待的，然而同时"我"能觉着与"非我"的关系。所以人若想哲学问题，——就是他想组合一更稳固的"宇宙观"——他立刻就遇见难题："我"与"非我"的关系，"认识"与"实质"以及"灵魂"与"自然"的关系。固然不错，有时哲学中并无此等问题发生。那是希腊哲学史的最初一期。譬如泰利史只说水是一切的物的原始，一切物自水出，

一切物复归于水。他并没有问：究竟人的意识对于这一原始物的关系怎样？其他，如以空气为原始物的安纳克西美尼亦没有问。然而后来却已重开一时代，那时的希腊哲学家便无论如何逃不过"我"与"非我"，"意识"与"实质"的问题了。直到如今，这一问题还是哲学中的根本问题。

各种哲学学派对于这一问题当然各有不相同的答案。然后假使细细考察各答案，却可以发见这些答案并不十分差异得复杂而繁多，——那不过是表面上看来罢了。大致这些答案可以分做两方面。

一方面的思想家，都以客观为出发点，或者是所谓实质、自然。此等思想家随后就各自解释：怎样于客观之上加以主观，实质之上加以意识，自然之上加以灵魂。因为他们的解释不相同，所以虽然出发点一致而此派哲学系统不尽相同。

他一方面的思想家，却以主观为出发点，或者是所谓意识、灵魂。当然此等思想家亦应当解释：怎样于主观之上加以客观，意识之上加以实质，灵魂之上加以自然。他们亦各有解释，而各自创造哲学系统。

凡以客观为出发点的，——只要他是一贯的思想家，有这勇气一直推究下去，——他必成唯物论中之一派。而以主观为出发点的，——便是唯心论中之一派。

然而有些人不能有一贯的思想，往往走到半路，而以唯心唯物的调和论自足。这种哲学家就是"折衷派"。

固然不错，此外还有所谓批评派哲学，说是既非唯物又非唯心，而且没有折衷派"宇宙观"的弱点，其实康德的批评哲学有二元论的弊病。二元论总是带折衷派的色彩，所以批评哲学所给的人生观，好一似孔丘的"未知生焉知死"，始终不是一贯到底的。

菲希德就已指出康德哲学"不一贯性"；当初他却并非指康德本身，而是说的康德派哲学家。他说："你们的地球靠上象身上，而象又靠在地球上。你们的'内在之物'（旧译'物如'）本来纯粹是思想而已，当然只在主观上起作用。"菲希德以为康德自己不犯这病，没有这种显然无可讳饰的矛盾，所以他断定"康德之康德主义"是唯心论（菲希德之《论科学》）。然而康德自己不服这种批评，他曾发表文章反对对于他哲学这样的解释。他说菲希德的唯心论有些像鬼："你若想：你已经能够捉到了他,那时你手里实在仍是空无所有,只有你自己;就是这'自己'亦无没甚么,只有捉鬼的手。"菲希德才明白康德既不承认外物,又不承认主观,却承认"一双手"——想着外物的意识,这岂非不一贯。他于是只能说康德自己,他称康德为"ein Dreiviertelskopf"(四分之三的头脑)。

二

现在再往下讲。我们每人对于自己("我")是主观,而对于别人就只能是客观("你"),这是很显然的。人生在于"自然"界限之内,而不在他界限以外,这亦是很明白的。似乎因此那"自然"(实质、客观)就应当作一切哲学思想的出发点。怎么又有以灵魂——就是"非自然"做出发点的哲学系统呢?

答复这个问题,当先从文化史方面下手。

英国人种学家泰禄尔早就说明那与唯物哲学相对待的灵性论的根源,还种在初民的"万物有灵论"里。亦许有人说:"怎么把文明时代的伟大哲学家和野蛮的原人相比拟!人种学者向来不留意哲学史的。"然而德国哲学史大家龚彼尔茨也一部分赞成这个意见。彼著的关于希腊思想家的论文里,承认柏拉图的概念论与几种原人的观点很相同,那些原人确是生长于万物的灵论之中的。其实何必搬出大哲学家来;我们就自己来考察一下。甚么是万物有灵论?这是野蛮人解释"自然"的尝试。此种尝试虽然很幼稚很无成绩,然而在原人生活条件之下,——是不可免的。

原人在生存竞争之中必定有所动作,因此等动作而发生"新"现象,于是他以为自己是这些现象的原因。他又以自己比拟其他各物;他就以为一切现象背后都有一个东西,——有感觉有主意像自己一样——然而他却不能看见这个东西,所以只好假设这是灵魂,——平常时是外部感觉所不能接触的,只有特别时候再直接有所动作。根据于此种万物有灵论而发生宗教,宗教之发展随后也就跟着总的社会发展而进。

"神"——是原人以为待他们好的灵魂,所以他们对他膜拜。灵魂之中选出几个或一个做造化主。固然,初民的猎人还不管维持他生命的野兽究竟是谁造的,只管这些野兽是从那里来。等到生产力量发展,而人的

生产行为扩充和宇宙接触的范围渐广，那时才想到"创世"的问题，久而久之，所谓造化的观念也就习惯了。原人对于造化主行为的想象，和他自己的生产行为必相仿佛，这也是自然的。譬如美洲的土族里有一种神话，说人是泥捏出来的。孟菲斯（古墨西哥）迷信符塔神造世界和石匠造屋一样的。有的地方又以为宇宙是一个女神织出来的。中国古时亦以为宇宙是盘古开天辟地的辟出来的。

宇宙论与技术的关系我们看得清清楚楚的。"刳木为舟，剡木为楫……盖取诸涣（☵）……断木为杵，掘地为臼……盖取诸小过（☷）。"中国虽没有很确定的创世论，然而以生产行为比拟宇宙，虽较为抽象，而实际上仍旧是一样的比附论调。这里暂不评论。且说，既然信仰宇宙为某一神灵所创造，即此便是以主观为出发点的各种哲学系统之基础，而这种信仰本来就不期然而然的引导到"客观（自然）之存在受主观的规定"等类的学说。依这种说法，我们能够并且应当承认灵性论，——以及一切唯心论——凡是与唯物论相对抗的哲学，都是由初民的万物有灵论里出来的。

当然不用说：唯心派的"创造的灵魂"，——譬如塞林或黑智儿的"绝对"，——很少与美国土族捏泥为人的"神"相像的地方。初民的神简直完全像人，就只势力大些罢了。而塞林或黑智儿的"绝对"，并无丝毫人形，除非是有"意识"。"灵魂之概念"，确要经过很久很久的蒸馏，才能化成所谓"绝对精神"。然而"蒸馏"期虽长，实在并未变那万有灵魂论的性质；仍旧是这样长这样大。

三

万物有灵论却是我们所知道的"人的意识对于自然现象之间的原因"之第一次表示。原人以神话解释自然界现象。虽然，此种解释仅仅能满足原人的好奇心，而不能使原人对于自然界的权力有所增加。

野蛮人病了，躺在地上叫名字，希冀他的魂回转来。当然，他对于病的请求呼声，丝毫不能影响到他身体内痛状的过程。要达到这一目的，多多少少要有些科学的智识，以科学的观点来考察自然界。所谓以科学观点考察自然便是不能以"某一现象为某一神灵的动作"来解释，而要以自然界的法则（公律）来解释。人对于自然增进自己的权力，只靠着探悉自然现象的规律，知道是愈多，权力也愈大。每一范围以内既有科学的观点，那万物有灵论的观点便不能再存在。希腊历史家已经就说了：谁已经知道了日绕地球的真正原因，他必定不再说赫黎沃斯神"早晨乘着火轮，升于天路，晚间落于西陲，方才睡觉"。这就可见，知道日绕地珠的原因之后，便不再以主观为出发点，而以客观为出发点了。

希腊哲学中的育尼派（Philosophie ionnienne——育尼岛名，希腊最古时之哲学家泰利斯曾居之，故以称其时学派），就是如此的。以为水是万物之源的哲学家，他的出发点是客观而非主观。希拉克利泰说宇宙并非神或人所创造，"而是永久有的，永久是火的，是活的，——有时火旺些，有时火小些"，这亦是非主观的出发点，决不能说是万物有灵论：万物有灵论是以为宇宙是神所创的。假使以赤列尔所说的哲学目的来论，我们可以说："育尼学派是以实质的最后根底为主，而以认识的最后根底为客，他是依靠这实质根底的。"这可以引狄沃琴来证明。他说空气是万物之主，一切都是空气的变化，这空气且有理智。

科学的观点当然远过于万物有灵论的观点。自然而然，他大占优胜。希腊哲学随后的发展，大概都是以客观的出发点，而不以主观，——是唯物的而不是唯心的。然而我们知道从苏格腊底起，希腊哲学一转而入于唯心派。直到现在唯心论的种种花样真妙极了！

中国古代思想亦是很实际的，纯任自然的哲学居多，孔丘所集古代的初民哲学亦有不少唯物成分。孟轲方才种了些唯心主观的种子，——孔子说仁曰："天何言哉！四时行焉，百物生焉，天何言哉！"孟子却说："良知良能"，佛教宋学之后，中国成了唯心世界，没头没脑浸在主观的孽海里。这不是现在所能详论的，且待以后慢慢说来。

四

唯物论既然是倾向于科学的，而唯心论却是根据于万物有灵论

的，——科学与迷信，优劣显然，为甚么唯心论到处都能如此得意呢？

大体而论，我们只说两个主要的原因。

第一，这许多年代以来，自然界的科学智识进步得非常之慢，还不能面面俱到的夺取万物有灵论的地位。人在这一方面渐渐的惯了，大致用科学眼光去看；同时在那一方面却仍旧是万物有灵的观点，——而且科学少而玄谈多。所以他们的"宇宙观"仍旧是万物有灵式的。社会生活日益复杂，各社会间交通日益繁多，往往骤然发见整个儿的一部分现象，以前向来所没有研究过的，只能暂时归之于神归之于上帝。古代悲剧里往往有几句煞尾说："天老爷的力量自称自夸得很多，天神做的事多是我们愿望之外的，——我们所期待的，却不实现；天神却往往有法子实行那不可能的事呵。"一民族之内的斗争，各民族之间的战争，以及通商事务里，常常发现以前所引为不可能的事，而大家所期望的事反不能实行。这种状况更可巩固对于"天神力量"的信心，而增长依赖天力援助的倾向。此种信心及倾向，甚至对先进的世界古文明国家之伟大思想家尚且脱离不了。育尼学派一样的信仰天神。

第二，虽然万物有灵论的发生及存在，与野蛮人对于其所属社会之义务观念并无何等关系；然而很古的时代这一原始宗教已经和人生观念相沟通。等到后来，万物有灵的观念，渐渐形成有系统的宗教信仰，那时简直与人生的义务观念合流并进。于是看着这些义务是天神的戒律，"皇天后土实鉴临之"等等的口吻，渐渐的固定而成宗教的仪式。自宗教而道德，而一切社会的"契约"来了。

印度古说："造化主口里吐出婆罗门族（僧侣），手做成刹帝利族（王族），腿做成吠舍族（农商），脚做成首陀族（奴隶）。"高等阶级要低等阶级服从他，所以这样解释：社会分成阶级是当然的事，"天地有四时人伦有尊卑"，"天地、男女、君臣、昼夜、四时，无非阴阳之流行"。这亦是东方哲学里的"精采"！

这种宗教式的解释现存社会秩序，生出很大的保守力来。所以保守派总是拥护"宗教、神圣、伦常、礼教"的。假使治者阶级之中居然有人出来研究纯理论，"寻根究底"的追求哲学及科学的结论，而此等科学之规律性的发见，正足以动摇旧信仰的根底，那时这种人必定成为旧社会众矢之的。陆克莱斯（99—55纪元前）称赞伊壁鸠鲁，说他要解除天神的武装：

> 地上的人生，受宗教的严重压迫，——宗教从天上露出头来做着穷凶极恶的样子，拿死来吓人，——希腊一勇夫，居然敢仰天而望，力起反抗；他是无论甚么神庙电光天鸣都不怕的……

这种赞同可以有两种意思：不是赞美的人确实感受现存社会的压迫，对于现存秩序非常仇视；就是他以为现存秩序稳固得很，用不着"精神上的武器"，落得赞美赞美反对派的愚勇。大致而论，治者阶级全体决不会自己反对自己的统治。然而在现代的欧洲治者阶级里却非常之恐慌，他们自己实在没有丝毫根据能信现有秩序是稳固的。所以他不敢轻视"精神上的武器"，而他们的思想家用全力来肃清"破坏"分子。

社会发展的过渡期间，——新阶级稍稍得胜，旧阶级气焰正在消长关头——这种时候因斗争而起的"思潮"还没平息，旧哲学的伪善态度几乎可以变成思想家对于"上等社会"的义务，——"不准多说话，要说话便小心些"——这句话似乎太过度了。那知道竟是事实！可以读一读下面引的一段话；说这话的人其实还不是唯物史观者。他说的是十七世纪末十八世纪初的英国：

> 最初一期"自由思想"要在教会威权之下争得自己发展的地步；然而后来自由思想派之中，却又分裂出一班人来自己反对自由思想之无限的伸张。历史观渐渐远离现实的宗教，甚至于一半因受法国文学的反响，而堕入世俗的怀疑论。至于"公开的学说"却又渐渐重新回到宗教之政治观或所谓"警察观"……此种学风正是英国上层阶级所提倡的。

五

这一种学风的最鲜明的代表，就是白林勃洛克，——这是文德尔朋

德所承认的(上节所引是文氏的话)。文氏并且还说:"白林勃洛克深受批评派的影响,很不信圣经,可以算得很彻底的理智教派,然而他宣言凡是传播此种学说的书籍是革命的,而且称之为社会之鼠疫;他并不讳饰'那所谓自由思想——仅止是治者阶级的权利'……因此用他那社会限制说的利己主义来反对自由思想的通俗化。华美的客厅里,当着王公学者之前,他以为是可以讥笑实际宗教是窄狭蠢笨的;他自己就说尽尖酸刻薄的话,嘲弄宗教。可是在一般社会之中,他却又以为宗教是必要的一种力量;若是动摇这种力量,那就必定危及国家的根本,——所谓'民众之服从心'。"

文德尔朋德以为实际上白林勃洛克"仅仅有勇气说出当时'上等社会'的秘密心理而已,——其实这种秘密,并不限于他那个时代"。这是的确的。既然如此,——阶级社会中之哲学思想史便更能证实唯物论的学说:"并不是思想规定实质,而是实质规定思想。"由此可见,现今各处唯心论的兴盛,并不是唯心论的宇宙念之胜利,反而是一个反对这唯心论的理由。

谁不知道,西欧的阶级斗争确是一天一天的厉害?谁又不明白,因此而西欧(美国)治者阶级的思想,的确默认那对于现存制度的辩护实在一天一天的必要起来?

文德尔朋德骂白林勃洛克"有意的作伪",并且说:"他所持的理由简直是近视眼的错觉,——非常之容易驳倒的。"一点也不错!高等阶级的思想家自己,所讪笑不遑的"真理",偏要输入"群众"。——其实他的真正思想始终要被平民知道的,始终要渐渐传布出去。那时真正要动摇那国家的根本,——所谓"民众"的服从心。从社会秩序方面着想,高等阶级而有自由思想,本来就不相称。社会秩序要有保证,最好是这些思想家自己抛弃自由而和实际宗教订一个诚意的和约。然而能否预先要求他们这样做呢?他们有意作伪的本领无论怎样大,始终不容易勉强他们信仰那他们所不能信仰的东西。于是只能妥协调和,竭力破坏这种自由思想的理论根据,变更这些理论的概念,使不危及社会秩序。原来新的社会思想的发生,必根据于现实的流动的社会现象:一,旧阶级出身的学者可以觉察这中间的隐秘,而完全代替新阶级说话,——因为思想变动是社会的现象,不关于他个人的出身;二,旧阶级的思想家因客观事实太明显,不得不亟亟弃太旧的学说,而改从最温和的新思想以求自存,即以掩匿彻底的真理;三,旧社会崩败,同时兴起的有并进的两阶级,——其中有一阶级所需要的新思想的程度温和,不利于尽行揭穿真理;而别一阶级却需要一最彻底的新思想。所以每每有贵族而为资产阶级的思想先驱;有知识阶级而为无产阶级的思想家。所以宗教改革时代,新兴的高等阶级既不得不从事于自由思想,却又怕自由思想之通俗化;所以一切新思想发生之后,不久内部便起分化而相斗争。

当时英国的自由思想,居然使本来主张这一派的学者自己都认为危险;究竟他的根据是什么? 推究到最后一着,就是:"一切自然界的现象,必定服从他们自己的公律"的学说。换句话说,就是对于自然界的唯物论之观点。只要看自由思想派著名的代表的著作,便可以知道。譬如托兰德(1670—1722),他的学说就确是唯物论(注:托兰德往往自称"We free thinkers",有人说"自由思想家"一名称,就是托兰德第一个用起的)。所以要反对唯物论,首先便应当反对"自由思想",——因为为英国的"社会安宁"起见,为英国的教会起见,自由思想的传布,虽仅在高等阶级之间,亦是有害的。——新兴的高等阶级既借"自由思想"的名义而已有所得,便可以停止进行;不像穷无所告的无产阶级,——还是要有思想家彻底去查究他们的"八字":究竟他们所处的宇宙及社会是甚么样的东西,为什么变来变去还是没有跳出这"穷命"的范围? 此种低等阶级便有"戆气":既说思想自由便要自由到底! 因此,哲学思想和社会思想之中便起争端。自由思想"乘流东下"煞是危险。高等阶级便要用"五马追己出之言",以求镇定那"民众的服从心"。所以继唯物派的自由思想而起的便有唯心派的反动思想。

既有一种需要,对于全社会或某一社会阶级有很大价值的,——就必定有人来满足这种需要。当时新进的哲学家勃尔克莱(1684—1753)便努力的镇压唯物论。勃尔克莱在学生时代便有"大志",他要锻炼出"精神的武器"以保卫世传的信仰。他那时便说:"esse is percipi"(有——即谓有于领悟之中),他的《杂记》里说:"谓'存在'别有异于领悟中之'存在者',实有可骇之结果;盖即霍布士学说(唯物论)之根据是也。"虽

然他勉强以为……"既谓物质存在,则固无人谓神非物质。"然而他要避免可骇的结果,只有一法:不准物质存在,因此他始终断定:"消灭物质便是感觉到精神。"必定如此,他方才能够放心:——因为物质假使仅是我们的概念,那么,我们便不能说"这是神的事,那是自然界的事",——我们当然已经没有这种权利。他说:"一切现象之原因皆为神"。……"若余之哲学能为人明白了解,则一切伊壁鸠鲁、霍布士、斯比诺沙之哲学,——凡为宗教之劲敌者,皆摧败无余矣。"那还用说,你既不承认物质,那里还有唯物论!

六

然而始终说不过去。勃尔克莱以为了解他的哲学,便是承认他的哲学之正确。其实不然,若是明白推究他的哲学,实际上正足以发见他的哲学之不一贯。

假使"esse is percipi",那么,所谓"神"也和物质同一命运:——神亦要在我们概念之中,而非实有。因此不但唯物论摧败,宗教亦同时摧败。勃尔克莱的新方法同等得着那"可骇的结果"。然而勃尔克莱自己竟没有觉察。他的"方寸"已经为希望保卫世传的信仰之成见所乱。

康德亦是如此。康德的批评哲学,实际上是一种尝试:想调和"新教"教义所遗传之观点与真正有批评态度的十八世纪新思想之结论。康德以为这两方面是可以调和的,只要划开信仰界与知识界:——信仰属之于"究竟界",科学知识仅及于"现象界"。他自己也不讳饰,公然说只是"为着要请出一个地方来,位置信仰"(他的《纯粹理性之批评》第二版自序)。

复勒戴尔(旧译福禄特尔)是天主教会的劲敌,他的标语说:"我们扫净耻辱!"然而复勒戴尔亦和康德一样,要留一个地位给信仰。他一方面竭力反对天主教,而同时却创立理智教,——信仰有一个赏善罚恶的神。只要看一看他宣传理智教的理由,便可以知道他的用心。我们可以引一轶事:——马莱杜邦(法革命时之保皇党,一七四九——一八〇〇)有一部《回忆录》上说,——有一次,龚独尔斯(一七四三——一七九四,法国革命时之政治家)和达郎倍尔(一七一八——一七八三"百科全书派"中有名的数学家)两个人在复勒戴尔家里吃晚饭,大谈起宗教来,并且竭力拥护无神论。复勒戴尔赶快叫他的女仆走开,方才说道:"现在,你们可以反对上帝了!我不愿意我的婢仆今天晚上便来杀掠我,我所以不叫他们听你们的谈话。"可见这法国鼎鼎大名的启蒙派复勒戴尔和英国的白林勃洛克是一样的,为社会秩序起见而留一地位给信仰,——自然他也不免于"故意作伪"。

复勒戴尔是法国第三阶级的思想家,反对教会和贵族而自己求解放。以社会学的观点而论,这一事实非常重要。——第三阶级内部之劳资对抗的胚胎,在革命以前已经暴露。那时启蒙派已经想创造一种宇宙观:一方面要求脱离守旧的宗教的谬见,别方面又要求镇定经济上窘迫的群众之服从心。只有极少数的启蒙派能免这偏见和私心。唯物论一直走到底,绝不像"尊贵的家长"回头看看婢仆便停步。法国革命以前,唯物论在启蒙派之中,并不占势力,在法国资产阶级之中只有微弱的影响。革命之后,资产阶级对于唯物论,更是听都不愿意听了。资产阶级那时的情绪,却适宜于温和的折衷派。

唯物论的学说以为"不是意识规定实质而是实质规定意识",并且有哲学史和思想史足以证明。然而当然并不是说哲学家人人都有意的制造自己的哲学系统使成"精神上的武器",以保卫自己阶级的利益。假使如此说,唯物论反而不一贯了。固然像文德尔朋德所说,有时那种"有意的作伪"在哲学思想的命运上大有作用。然而我们却可以谨慎些,且把这种现象当做例外的。哲学家个人决用不着"故意作伪",以调和自己阶级的利益和对于宇宙社会的见解。他只要得一结论,使他能深信这实际上的阶级利益就是全社会的利益。只要有这种信念发生(这种信念在环境影响之下是常常会发生的),那时,人类的最好的本能:如忠于全社会以及自我牺牲等等的精神,便能使他以为那些危害及于自己阶级的可骇的思想是错的;反转来说,他就必定以为能有利于这一阶级的思想是真的。有利于某一社会阶级的思想就算是真理,尤是在那一阶级的眼里看来是如此。当然,若是这一阶级是剥削其他阶级的,那么这种以"利益"与"真实"相同化的心理过程总不免有几分"无意的作伪"。假使这一治

者阶级日就衰落,那么这种作伪性也日益增加,而且于"无意的"之外,又要加上"有意的"。

然而无论怎么样,无论那有意的或无意的作伪对于"以利益与真实相同化之心理过程"有多大作用,——这种心理过程在社会发展之中倒是必不可免的;假使我们不注意这一层,我们就丝毫不能了解思想史和哲学史。

七

康德的二元论,在理论方面看来,确是有缺点,然而在实行方面看来,却对于现代西欧资产阶级思想家非常之方便。一方面在科学之中是唯物论;别方面在"科学"之外,却是唯心论。这种康德的"两面真理",在德国很可以通行。英国学者比较的知道康德不精,便把这"两面真理"和休谟哲学相联结。譬如赫胥黎这一著名的生物学家自然科学家说:"凡是站在现代高等科学的观点上而且能明察事实的人,都已无所疑虑,知道心理学的基础应当到生理上的神经系统里去找。所谓精神动作就是脑筋里的各种作用之总和;意识的材料是脑筋动作的产物。"最彻底的唯物派也从没有比这种说法再进一步的。不但如此,赫胥黎还有一个承认:"现代生理学直接行向唯物主义;唯物主义断定除出有广延性的实质之外,并没有特别的能思想的实质。"这已经是公开的唯物论,而且说得很对,真正是斯比诺沙主义没有他那神学的余迹的。

然而就是这位自然科学家似乎被自己的勇气吓坏了。赶紧接着说:这种纯粹的唯物主义"丝毫没有和纯粹唯心主义冲突的地方"(赫胥黎之《休谟及其哲学》)。

赫胥黎这种论调的证据在于:我们所知道的只是自己的感觉。他说:"脑筋是一种机械,物质世界所必能自己认识全靠有他,——这是可能的事。然而就算承认这种观点是对的,就算世界及世界的各分子与意识之间的关系确是如此,——我们仍旧在'思想'的范围内,并不能根据于此以驳倒纯粹唯心论的理由。我们愈想用唯物论的观点,愈见得唯心论的结论不能驳倒;至少可以说,假使唯心派加入实际科学智识范围,

便是如此。"（这句的意思是：假使以唯心论解释科学之来源，便可以如此说）

这种思想能够使"尊贵的"英国上流社会，容易承认赫胥黎的自然科学理论。这种思想或者亦可以安慰他自己，因为他自己实在还没有脱离万物有灵论的观点。——这些思想，大概看来，在赫胥黎个人方面是很巩固的；本来十九世纪的英国学者，即使思想最自由的，也是如此。然而他还一定要说这种学说不能驳倒，那就有些奇怪了。

勃尔克莱既然否认领悟以外之物质的存在，同时就是否认神的存在，只要他能合于逻辑的去思想必定如此，——这是我们已经讲过的。现在赫胥黎的这种论调就和他有相类的错误。假使赫胥黎能合于逻辑的去想，那么，他既然承认只有"思想"，他便应当否认"领悟"以外有机体的存在，以至于根本否认自然界的存在。

有机体的生活，若是没有外围环境与有机体之间的"物质的交易"，便不可能。笛卡儿说："我思想，因此，我存在。"自然科学家就应当说："我存在，因此，与我的领悟不相关的自然界亦存在。"所以赫胥黎若是承认能思想的脑筋存在，他便不能不承认自然界（物质）的存在。

若是只承认"领悟"或"概念"的存在，那便除"我"之外什么人什么东西都不存在。——这是所谓独在论。独在论是纯粹以个人的意识做出发点的，这是完全主观的唯心论。

八

独在论的谬误是显而易见的，所以近世的唯心派每每不敢自承为独在论者，而声言超个人的意识。我们且就这超个人的意识的观点出发，而假定领悟中之实质，——那么，唯心论和唯物论的争执又应当怎样解决呢？

先问这超个人的意识是什么？他从什么地方来的？假使一切实质等于"领悟"中之实质，那么，我当然没有权利可以说什么超个人的意识；说什么存在于我个人的意识以外的意识。不然呢，又等于勃尔克莱——既然说领悟以外别无存在，又说领悟之外有神存在。

凡是承认"超个人的意识"之存在的唯心派，不论他怎样主张批评之

必要,他自己始终是独断论者。可是我们可以暂时承认这一独断论,再看一看:究竟有什么结果?

超个人的意识之学说,最巩固的就是黑智儿和塞林的学说。他们的"绝对精神"就是一种超个人的意识,——其中似乎能包含主观与客观、精神与自然界。然而塞林的见解以为宇宙只是这一精神的"自念"。黑智儿的哲学系统里所谓"绝对的"逻辑过程很重要,所以宇宙是这一"绝对精神"的"自想"——逻辑的过程。实际上是一样的。这样说来,赫胥黎既然要远避唯物派,求救于绝对的唯心论,那就只能够说:"我以生物学家的资格,自然承认有机体的存在,以及外围环境的存在。可是我以哲学家的资格,却以为物质世界、有机体,以及我这生物学家自己,——一切种种,只是绝对精神的自念或自想而已。"

这种怪事当他是正经话,却实在不能够。塞林和黑智儿的哲学系统有很大的价值,对于人类思想极有贡献。这是他们的弱点。这所谓"客观的"唯心论实在是矛盾百出:"绝对精神的自念自想"毕竟不能解释宇宙或社会,——那是很显然的。这种唯心论的尝试屡次的发现,在我们东方或者还要和着"良知良能"滚他几百遍,——可是并不是因为理论的正确,而是因为有那社会心理的原因,——上面已经讲过了。

然而究竟应当怎样解决这一切哲学上的根本问题呢?

九

唯心派和新康德派往往骂唯物派"把心理现象归入物质现象"。朗治说,对于唯物论始终有一个难题不能解决:就是怎样由物质的动而能发生有意识的感觉。然而朗治是唯物主义史的著者,他应当知道唯物派向来并没有应许给这样的答复。唯物派不过断定:——除有广延性之物质外,并无其他能特别思想的实质、意识与动作等,同是物质的一种作用。这种唯物思想,固然不错,是很雅气的。希腊的狄沃琴就已经说空气是"第一物",有意识而且"知道种种事情"。腊墨德黎,向来算是"最蠢的唯物派",就不肯答复"物质何从而有感觉能力"的问题。他看这种能力,只当是一件事实。他以为物能觉和物能动是同样的事情。腊墨德黎这一种见解和斯比诺沙很相近,——因为他是受笛卡儿的影响,然而他亦和斯比诺沙一样,否认笛卡儿的二元论。他的著作《人即植物》里说:各种生物之中人最有灵魂的,植物是有灵魂最少的。然而亦就指明物的灵魂和人的灵魂绝不相像。植物的"灵魂真好,他没有倾向、愿望、欲念、善意、恶意,不记挂着身体上的缺乏"。他这个话,就是要说明各种不同的物质组织,亦就有相当不同的"灵性化"的程度。

俄国朴列汉诺夫和马克斯主义修正派伯恩思敦的辩论里,指出十八世纪法国唯物论中的别一派。譬如狄德洛他自称为新斯比诺沙派,他的根本原则,亦是:"物质能感觉,而且宇宙间存在的只有物质;物质的存在便足以解释一切现象。"德国唯物派莫列莎德称这种学说为"物质的精神观"。根本上都是相同的。

斯比诺沙主义,现在往往以为是唯心论,其实这是错的。一八四三年德国哲学家福尔罢赫就明白断定,斯比诺沙的哲学是当时唯物的表示。当然斯比诺沙,也不能逃"时代精神"的影响,所以他的唯物论是穿着神学的服装的。然而最重要的乃在于他取消了精神界与自然界对立的二元论。斯比诺沙称自然为神,然而他的神是有广延性的。——这是斯比诺沙主义和唯心论不同的地方。

唯心论亦能取消精神界与自然界对立的二元论。极端的唯心论主张:在"绝对"的内心,那客观与主观是相等的。然而这种"相等",至多说"客观"能存在于"绝对精神的自念,或自想中"。唯物派却不是说主观与客观相等,而是说主观与客观统一。"我"不但是主观,同时亦是客观:——主观是对于自己而说,客观是对于别人而说。一切行动"对于我主观上是纯粹精神上的,非感觉的,非物质的行动,——实在呢,他们在客观上仍旧是物质的行动"(福尔罢赫)。

既然如此,我们便没有丝毫权利可以说客观是不可思议的。

十

那"内在之物"——客观的不可思议说康德批评哲学,实际上很老的了。他是从柏拉图的唯心哲学传下来的;而柏拉图的唯心论又是从原

人时代的万物有灵论来的。

柏拉图的书里记载着苏格拉底的话：他说灵魂的窥察实质乃是经过身体，"好像经过黑暗的墙壁而不是经过自己"，所以"一无所知"。……"我们暂时既有身体，我们的灵魂还沾滞于这'恶物'，我们就决不能完全得到我们所希冀的：——真理。"真理"经过身体"是决不能认识的，——换句话说，就是经过外部的感觉，经过这心灵的黑暗处，是不能认识真理的。这是柏拉图的认识论。批评哲学的创始人竟无批评地承认了柏拉图学说，——其实以前中世纪的现实派和新时代的唯心派也每每继承此等理论的。

认识必定要有两面的对象：一，所知；二，知者。"知者"便是主观。主观若要稍知客观，必定要客观对主观发生动作。"人的身体受着外物的几分动作，他便领略几分外物。"（斯比诺沙）——（我能知，因"所加"之动作影响及我；故"所知"确存在）

外物的动作对于人的身体发生影响，其结果从客观方面说来，是纯粹物质的。从主观方面说来方是心理的。然而两方面说来，他（这人的身体）都是"知客观者"，就是主观。这样说来，一切知识都是主观的。然而他若做"所知"，却又是被他人所认识，——便是客观。所以物质可以"为人而有"，亦可以"为己而有"。然而主观之真正认识客观——并不因此而不可能；亦并不因此而那所谓"为人而有"便不与那"自在而有"（内在之物）相符合。若要反对这样说法，除非承认知者的"我"是自然界以外的非物质的。"我的身体，这整个儿的身体，就是我的'我'——福尔罢赫说——就是我的真正本质。能够想的，并不是另外一个抽象的东西，却就是我这真正的本体，这一身体。"这个身体是宇宙之一部分。赫胥黎说脑筋是宇宙"自知"的机关。然而有这机关的身体正生活在一定的物质环境之中；假使脑筋不能知道外围环境的性质，人类机体便不能存在。人要存在，必须会预见几种现象（这里所谓预见当然不一定是理智的）。然而预见总是力求其远而准；所以要求真正的智识，至少要能知道宇宙"全体"的某几种性质；——而"知者"的主观亦是这一"全体"的一小部分（我存在，我是宇宙的一部分；我应当知道其他部分，否则"我"便不存在，——即活在亦已非生物；故"所知"确为"可知"，——且必为

"可知")。

那些折衷派的"思想家",竭力想联结唯心论和唯物论,都忘了一件极普通的事:——假使客观为主观所不能知,那么,社会不能存在,更不能发展,——社会的存在和发展,必须先有一定数目的"主客观"能相互凑合其行动,就是互相认识。

我们知道自然界我们互相知道,——这种"知道"的材料是我们外部感觉所做成的。这些感觉所得的材料,我们的推理力还能整理出一个秩序来:他综合一些现象,分辨那些现象。康德就根据于此而说"理智给自然界以自己的公律"。福尔罢赫却不同了,他说:"我们综合那自然界里确是综合的现象;并且分辨那自然界里确是有分别的现象。"我们使这一种现象或事物服从那一种,说他们是原因与结果,——正因为他们实际上客观上的相互关系确是如此(我既求知此"可知",便整理此"可知"使成系统——其实是探悉此"可知"所原有的系统)。

既如此,可见哲学中的唯物论并不是否认精神,却是能解释精神。唯心派最高妙的"不可思议论"反而否认人类的智识,以为绝对不能知究竟界。其实假使把"所知"和"知者"统一了,并且承认他们的存在,那时物质和精神就只有先后之别,而不是相对待的了。人类智识固然还不能完全认识客观,然而却能渐渐知道客观,把已知的整顿出系统来,那就得一更利害的武器,再向"所知"进攻——一直到完全认识为止。

总之,人对于宇宙的总概念必须先认明一切现象的根本,然后能明白研究这些现象。若是以唯心论为根本观点,我们的研究便无从校正,——因为"心"既是一切现象之源,而心却仅只是不可捉摸的抽象的"观念"。若是以折衷派为根本观点,我们的研究便只能走到半路上:一半是有系统有因果可寻的,那一半却是绝对自由的;——其结果有因果的现象也都紊乱了。所以必须就我们所能知道的所能感觉的物质去研究,一切结论可以得而校正;以物质基础的考察,实际状况的调查,来与我们的理论相较,是非正误立刻便可以明白。——因为精神现象发生于物质现象,而物质是可以实际去按察的。——这就是<u>唯物主义</u>。研究社会现象的时候,尤其应当细细的考察这唯物主义的,<u>互辩律的哲学</u>,——他是一切社会科学的方法论。

附表：

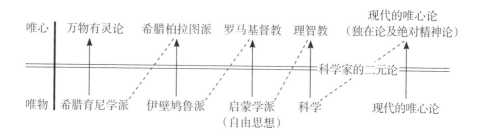

唯物哲学与社会现象

总　　论

现代社会里显然有阶级的矛盾："有者"与"无者"之间，受雇的工人与雇者的资本家之间，阶级利益的矛盾日益激厉，这种倾向是很明显的；再则，现代的生产制度里一切现象都是无政府的。——对于这种现状的考察便造成现代的科学的社会主义。所以社会主义是研究社会现象的结论。然而理论方面，社会主义乃是十八世纪法国启蒙派哲学之更进一步的、更一贯的学说。社会主义的理论，虽然根据于经济的事实，却亦与其他的新理论一样，最初必先渗入当时的思想界。一社会的思想亦是一种社会现象，所以社会理论往往能代表"时代精神"；因此对于社会的新理论必须先彻底重新审定旧时代之"精神"，就是创造新的哲学，新的宇宙观，——如此，方能确立：——根本的观念不变，对于枝节问题的答案，始终出不得旧思想的范围。

法国启蒙学派于思想上是大革命的先声，他们自己便是革命者。他们不承认一切"威信"。宗教、宇宙观、社会观、国家观，——一切都受他们严刻的批评；一切都应当合于所谓理性，不然，便不应当存在。理性因此便成一切的准则。那时，正是黑智儿所谓"全宇宙放在头里"的时代。——这最初的意义本来是说：人的智力及其所发见的理想应当做一切人类事业及社会制度的基础；后来便更进一步说：现实生活若与此等理想相矛盾便应当消灭。从前的一切社会、国家的形式既然是非理性的，便都束之高阁：——以前的都是些谬见。过去的事只值得叹息而已。现

在方才有些光明；从此一切迷信、特权、冤屈、压迫都应当消灭，而代之以永久的真理、永久的正义，根据于自然律的平等，不可侵犯的人权。直到现代（二十世纪），我们才明白那理性世界不过是理想化的资产阶级社会：永久的正义变成了资产阶级的法律；平等只是人人在法律之前的平等；最高贵的人权便是资产阶级的财产权；最理性的国家原来是资产阶级的民主共和国。十八世纪的思想家，也和以前的学者一样，跳不出当时社会的时代范围。

法国大革命之后，实现了那理性的社会，设立了那理性国家里的新机关，无论怎样比以前的好，——却始终还远不及真正的"理性世界"。贫富之间的矛盾，不但不消灭，反而更加厉害了。根据于资本主义而发达的工业，使劳动群众的贫苦变成现代社会制度的常态。商业愈益变成投机垄断的性质。革命时代的"博爱"实际上变成商业竞争里的妒忌欺骗。强暴的压迫代以卑污的贿买。武士的剑代以老班的钱。诸侯的"第一夜权"转移于工业家。娼妓的淫风披靡天下。婚姻制度仍旧是"正式的合法的蓄妓"。一言以蔽之，启蒙学派所预允的人道正义丝毫没有实现，引起社会的大失望。综合这种"社会的失望"的，——便是十九世纪的乌托邦派。

那时资本主义的生产方法及资产与无产两阶级间之矛盾，还没有十分发展。无产阶级刚刚从贫苦群众分出而渐成一新阶级之中心，还没有独立为政治行动之能力。我们既是受压迫的，又是所谓"弱者"，必需有外来的自上而下的辅助。这种历史环境使影响到伟大的社会主义创始家。不成熟的资本主义发展及不成熟的阶级意识便生出那不成熟的理论。那些社会问题，还没有十分明晰，——因为经济关系的不成熟，所以解决的方法便专在理论中去求。于是发明新的社会秩序，要想自外而入，强行之于现实社会，或者用宣传的方法，或者简直设立模范社会。这种新社会理想就是所谓乌托邦主义；乌托邦的社会主义愈细密的计划，愈显得是纯粹的理想。

乌托邦派之所以成其为乌托邦派，正因为当得资本主义的发展还很弱，除理想以外不能见实际行动的可能。欧文、桑西门、傅立叶不得不以自己的主观想象创新社会之说，因为当时旧社会里所能组成新制度的成分还没显现得很明切。乌托邦派既然自己想象新建筑的图样，亦就和启蒙派一样，要确定那永久的正义和理性的世界。然而他们的理想世界比较起启蒙的来，真正不啻天渊之隔……他的意见，以为资产阶级的社会是不正义的，非理性的；与以前的封建制度同样的应当消灭。理性与正义之所以至今不能实现，仅仅因为大家还不曾正确的知道，——正因为没有伟大的贤智，不知道真理；现在乌托邦派便以此自任。社会现象的大变——社会主义之实现，并非历史发展明结果，必不可免的事实，而是人类之幸运的偶然。假使早五百年"生无圣哲"，人类便能免五百年之国争和苦难。既然绝对的真理无关于时间空间及人类的发展，那社会主义的发明岂非全赖时机！乌托邦派否定资产阶级的社会，以为是非理性的不正义的，然而他们不能解释他，不能发见正真的动力足以毁灭社会而创造新制度的。他们只批评旧的而想象新的；那想象的理性虚构一地上的天国，如此而已。

宇宙观及社会观的总概念虽然因社会的突变而移易方向，然而哲学理论之确切与否却是研究社会现象的方法论里的根本问题。启蒙派和乌托邦派固然能彻底摧折旧时代精神，却因不能切实于客观社会生活而失败，——只知道社会"应当"如此，却不知道社会研究"是"怎么样发展的。当然更不知道从"是如此的社会"怎样进于那"应当如彼的社会"。所以不但应当变更社会观，并且应当变更研究此社会的方法。乌托邦之所以仅有空想，正因为他不变社会哲学的方法。

法国哲学之后，有德国的新哲学，——黑智儿集其大成。此种哲学方才认宇宙是永久的动、变、改造、发展之过程，同时竭力研求此动与发展之"内在关系"。于是过去的人类历史已非无意义的强暴现象杂乱堆砌而成，——而现在等绝对的哲学理性来审判罪名，便可立刻置之死地；历史已成人类发展之现实过程，——思想家的责任就在于研究出人类发展的自然途径，而且在貌似的偶然里寻出一切过程的"合律性"。然而黑智儿是唯心论派。"思想"对于他，并非实在事物之反映，却说事物及其过程乃是思想之反映于现实者。他所谓"思想"是先天地而生的。因此，一切因果都是倒置，所得现象间之联系乃不切实际。可是汽机的发明引起进步的新阶级，——受雇的工人阶级；而剧烈的阶级斗争，——欧洲各先进国

里资产阶级和无产阶级之间的斗争实现，——那时对于历史的观念方才得到彻底变更的可能。那些从前的经济学家以为劳资的利益是相同的，劳资之间有谐和的可能，自由竞争可以得全国的共同福利等等观念，都受事实的驳诘，暴露他们的虚妄。大工业使潜存于资本主义生产方法内的阶级矛盾发展到极点，——这种生产方法的破灭已成必不可免的事实。

于是宇宙及社会的变易观便不能不以能"动"能"变"的主体归之于物质：——物质如此流变，所以思想亦反映而流变。历史是阶级斗争的历史；相斗的阶级都是生产和交易之关系的产物。历史的流变有了现实的物质基础。社会的经济关系，经济结构是历史的现实基础，法律、政治、宗教、哲学以及其他思想只是社会的筑物，——他们的变迁是随着经济结构而变迁的。于是唯心论便从他最后的"避地"——社会科学里逐出；并且得着解释"人的意识发源于实质"之方法，不像从前专以意识来解释实质的来源了。

旧时的乌托邦主义，虽然批评资本主义社会，然而不能解释明白他，所以亦没有办法可以颠覆他；他们只能一味的否认资本主义，说他不好。新的宇宙观却给了科学的确定的结论：资本制度与以前的种种经济阶段一样，仅仅是一期间的现象，——生产力的发展及进步的阶级斗争必定能使他败灭。资本制度的秘密发露于剩余价值论，——那是他经济结构里的根基；从此现存制度的"所以不好"，便得有根本上的分析解释。证明了：那"占有不付值之劳动"是资本主义生产的基础，亦就是剥削工人制度的基础；而且剩余价值之最后的归纳地，便是增加积累资本的有产阶级之所谓"社会生产"。如此转辗不已的资本制度生产的过程，已经研究明白，——一切社会现象的枢机本在于此。因有此等伟大的发见：——唯物哲学之历史观与现存资本主义社会的秘密之解析，——所以社会主义，将来社会进展的动象之理论，便能从乌托邦一变而成科学，——此后还当逐步研究证实他呢。

因此，社会哲学——现代的社会之综观及将来的社会之推究，应当：（一）先从哲学上之宇宙根本问题研究起；（二）继之社会现象的秘密之分析；（三）再进行社会主义之解说。

第一 哲学

一 宇宙之源起

旧时开天辟地的宇宙源起说以及基督教的七日创世纪,已经不能满现代人的意。几世纪来人的考察及宇宙的客观事实显然与这旧说相违异。地质的研究,动植物界的考察以及无数星及星云的观探,其结果都证明天下没有不变易的"恒万古"而不坏的东西。全宇宙都在不断的发展中,都在永久的变易中。不论是太阳,是行星,是卫星,是生物,都不是骤然发现的;而是经过无限的变更以进于现在的状态的。

现代科学里的宇宙源起及宇宙发展说,最早还是康德和拉普拉斯(1749—1827)提出来的;这种观点的大概意义可以略述如下:

无限的空间里回旋着巨大的云雾似的大气,那时是最早的宇宙。此等"集体"是物质之最早的形式。现在的物质,还可以回复这种形式;而且这种形式之前或许已经有过其他种种的形式。——然而依自然科学的研究这种形式,——(就是"原始的云雾状态")——却是可以实验的范围内之最早形式。这种"云露集体",因为其中各"尘体"互相吸引,渐渐凑紧,于是日益浓厚;又因"尘体"的动及互相击触而生"熟",——所以那"云露集体"也一天热似一天。如此经过许多时间,而"集体"乃渐放射而成"光"。"云雾"便变成更团聚更热烈动转不已的瓦斯球,能放光。此瓦斯球体动转的力量愈益增大;于是因离心力的作用而抛出许多小球体;小球体亦同样的旋转不已,就变成行星和卫星。现在的太阳是当时瓦斯球的余物。——地球便是所抛出的小球之一。这种学说叫做"星云

说"。

因此,我们的地球,亦和太阳一样,最初是一热"液的集体",从"星云"发展而出,永久动转于冷的宇宙空间里。几百万年以来,地球因无限放射光线于冷的空间里而渐渐凝冻,丧失热度和光力。地球热液的表面一层,既然离冷的宇宙空间最近,便先凝固变成地壳;地心里的热液集体之上便盖了一层硬壳。地球的热液集体仍旧一天一天的冷下去而日益缩小。地壳因此瘪下去,起出皱纹来,于是一面凸起,一面凹入,高低不平。既然地球日就冷缩,地球四围所剩的云汽便凝结成水而落于地面,便有江河海洋。从此之后,便起水陆的斗争:——山瘠渐渐受水的冲刷,水浪可以卷去山角;几百万年来,有时亦因地心热液的膨胀而海底突然变成陆地,陆地上又变成江海;有时则地心热液受压力而反动,攻破地壳的薄处而演成火山。自有地球以来,不知道变了多少次数……

几百万万年之后,地球面上才渐有适宜的条件,可以发生"生物"。当然,最初只有很简单很简单的有机体、单细胞的动植物。又几百万年,有机体的生物愈变愈复杂,栖息生长于水陆各处。有鱼甲,有禽兽,有人。——有生命的世界到此才出现。

二 生命之发展

对于生命发展的正确概念亦是渐渐的造成的。十九世纪初,那叙述的动物学和解剖学积聚了不少材料,——发见了许多新知识——关于生物的结构及发展,以至于种类变更的进化的观念,比较以前已经大变而特变绝对的不同了。

许多新科学中,有一种叫做胚胎学,研究动植物的胚子或胎孕的。照这种科学的研究:各种动物的胚胎大致同样经过一定的发展期,直到将近生产时期,各种动物的种子之结构及形式里才发现各自的特性。人的胚子和鱼、鸟、蛙的胚子,在胎孕期的头几个月,几乎完全相同,不易分辨。再则,人在胎里有鳃、有尾、有胞衣,和其他哺乳动物一样,同样的经过几种变形。

十九世纪初发现的新科学还有一种,就是古生物学,研究地底里的

"化石",——古时生物的骨骼僵凝于矿质里的。研究各地层里的化石的结果,证明动植物之形成不是突然的,而是几百万年来渐渐的先从低等形式进于高等形式。可见动植物的机体能进化变迁;而且旧时能适应环境的生物,假使因环境变而渐渐丧失机能,不及适应,便就灭种;那比较能适应的,却代之而兴,所谓"适者生存"。这些新形式的发生亦是由于旧形式的渐变:处处去适应环境而变更其机体,又遗传之于子孙,如此几万年的过程,方才形成现时的形式;就是人亦是如此由猿猴变成的。

这种"机体发展论"(进化论)是英国学者达尔文的成绩。达尔文的结论,最主要的是:动植物的种类不是一成不变的,而是能变的;他对于家禽家畜的材料搜集得尤其多。人类驯养禽兽或栽培植物,于是使动植物界里分出"家种"和"野种"。譬如,欧洲人豢养种种狗,用来看家、打猎、套车。其余如牛羊豕马鸡鸭鹅鸽等亦是如此;尤其是鸽子,人能把他们养成许多种,种种不同,甚至于认不出是同类来。变种的方法,一方面是择种配偶,一方面是制造特别环境,——渐渐的以人力造成所愿有的种类而除去不愿有的。达尔文的意思以为自然界里亦可以有自然的选择,——所谓"物竞天择"。一切有机体都力求繁殖。每一种动植物往往遗传许多种子,——假使完全能长成,这一种生物便可以占领全地球,而不让其他生物发展。然而无限的发展是不可能的。有许多种子,以至于幼稚的生物往往觅不到营养或者被别种生物所吞噬,于是夭死或竟没有生长。自然界里有不绝的"生存竞争"。弱者死强者生——这种"自然选择"(物竞天择),照达尔文的意思,是如此的:——无论那种动物,虽然同是一种,而各个动物决不完全相同;可见各个动物的适应力决不相等。譬如某地方的气候渐渐干燥起来;于是只有需要湿气较少的动物能够生存,而其余的都死灭。那"适者"便能繁殖而遗传其适应力于子孙,仍旧是各自渐变以适应将来之环境,——谁最善于适应,他的生存亦就最有保证。"不适者"渐渐减杀以至于灭种。既如此,适应是变易的因素(动力),而遗传是适应力之保存。

生物的适应当然并非有意识的行动,然而却往往是很适当的"动作"。譬如暗壑里的盲鱼没有眼睛,草地上的蛙身有绿色(保护色),——并非盲鱼立意不要眼睛,或者蛙立意要穿绿衣,——乃是物理化学的作

用与机体的感觉作用相合而成的。然而他既得保护色或盲目,在此环境恰好生存,——是适当的变更。适应力的强弱便看机体变更之速度而定;那自然的"适当变更"始终要附于生物才行,因此生物所有能力愈大所处环境愈优,他的适应亦愈有效。

人类是从类人猿里进化而来的。类人猿的骨骼、筋肉、神经系的结构大致与人相似;而人与猿的胚子简直完全同样,直到生育前最后几月才发现区别。至今人类与猿类生理的结构还很相近;可见人的发展是经过猿猴而来的。人以前的动物,于进化的过程中,已经消灭了许多机官,可是同时也添了许多新的,——都是为适应新环境与新需要而然的;——从动物进化至于人,发现最复杂的人的脑筋。动物的肢体机官,在这"生命的发展"中,不但渐变其形式,并且渐渐增加其功能;——人的脑筋便是各种哺乳动物中功能最大的生理机官。

三　细胞学——生命之历程

一切有机体都是细胞所组织成的;细胞乃是蛋白质的小球,内有细胞核,非常之小,要用显微体方才能看得见。通常的细胞还能发展"外缘",他的内容就渐渐因此而益流动。最低等的细胞体只有一个细胞,外缘却极薄;大多数的机体却都是多细胞的。低等机体的细胞大致同样的多;假使细胞的分工愈复杂,细胞的组合方式愈繁多,细胞的生理机能愈精巧,那动物也愈高等。譬如人的身体:骨肉筋皮等等都是细胞组成或长成的。细胞,——从单细胞动植物一直到人的细胞的繁殖方法都是"分裂"。细胞的中间渐渐缩紧,两头胀大,如此便分成两个;所谓细胞体亦能如此。新分裂成的细胞体或细胞,自己重新凝聚一个中心点;——新细胞体里四围的细胞都拥向中心,新细胞也是如此团聚"外缘"使围拱新细胞核;——于是原来的一个集体,分成两个。普通胚胎之中,既受"种子"之后,便如此屡次的分裂组合而成熟新生物。已成熟的生物里也有这种过程。生物的组成,完全是细胞的作用;细胞之中最多的成分便是蛋白质;蛋白质体专能吸收外界的营养品加以融化,同时又辗转分裂:一集体吸引凝聚至于极点便自散灭而成新的多数集体。有机体的变化及性质是如此；所以有机体有生死。

可以说："生命是蛋白质体生存之方式"；此种生存之方式，便在自身各部分的永久不断的自新。凡有生命的必有蛋白质体；凡蛋白质体不在溃败的过程中的必发现生命。当然还必须其他的化学成分，才有持久的活的机体；然而单为生命之发现，却并不需其他成分；其他成分的需要，只在于变成蛋白质而继续此生命。最低等的生物实在仅仅是蛋白质体，然而他们却已有生命之表现。此种生命之表现是什么意义呢？

生命之表现首先便在于此蛋白质体吸取外界有益于己的物质，加以融化，同时体中的旧物却因溃败而排泄出去。非生物的体亦是不断的变易，崩坏而又改组成新形式，自然现象之中无不如此；可是非生物体既然崩坏之后，便已非原物。石头可以日益消蚀，消蚀一分便非原石。消蚀崩坏的过程在非生物界是毁灭的过程，在蛋白质体却是生存的基础。蛋白质体内这种一方面溃败一方面营养的过程若是停止，那蛋白质体亦就消灭，就是死。生命是蛋白质体存在之方式，——其主要的特性乃在于每一生物机体有时时"变易自己"的能力："既是自己"又是别物。——时时从外界吸引别的物质而由内部驱出自己的物质。时时有细胞死去，却又时时有细胞生长；所以经过一定的时间，机体的成分里便已绝无旧物。可见生命乃是——物质之变易、改组，以营养与排泄相调剂的过程，这是蛋白质的性质。然而"物质的组合"可以因"交易"而频受刺激，生出趋于"繁复"的倾向。组织方式愈复杂，生命的功能也愈多而愈细。

最简单的生命功能便是……蛋白质体与营养物质之间的击荡，吸取营养品时之收缩，融化营养品时之内动，因营养而增进之生长力。如此适应生长而起光觉温觉，……直到极复杂的脑筋作用。

四 实质与意识

生命的发展既如上述，——人的思想和意识当然就是脑筋的作用；人自己亦是自然界的产物。自然界的发展都是同环境互相适应的。所以人的脑筋，既是自然界的产物，就决不能和自然界相对抗，而必定和他相

适应。

既然如此，"意识"（人的心）灵或社会的思想及心理不是我们研究的起点，而应当是研究的结果。"意识"的正确与否，全在乎他和自然界是否符合，——意识是外界的反映。自然界是一切现象的根本，亦就是人的意识的根本。外界的实质能确定"意识"——这是科学的基础。反乎此的一切学说，——唯心派的观点，决不能合于科学。

意识的根本既然是实质，那么，思想从何而来呢？是否一切实质都有思想？不然的。只有人的脑筋（一种特别组织的物质）能思想。没有这种物质，便没有思想，没有意识。思想和脑筋决不能分开。所以研究意识的时候，决不能承认"宇宙开辟"以前便已经有能认识的心灵，——因为那时还没有人，更没有人的脑筋。

唯物论便以外界或实质为思想的基础。因此，所谓客观的真实一定是外界或自然界，而决不是什么绝对意识或绝对精神。人类的思想能观察外物，能有系统的综合或分析一切事实及现象，——因而日益丰富进步。无论什么样的思想，决不是一个人的创造或想象。我们的一切知识都从外物所给的经验得来的。就是纯粹抽象的算术亦是现实世界的反映。抽象的算术亦是以外界的空间及时间做对象的，——决不是心灵里凭空创造出来的。算术及其他科学都是应人类的需要而发生的。

人在发展的历程里渐渐的增加经验，对于客观的世界渐渐的认识。因此却亦由实际的应用进于抽象的原则；——此等抽象方法本来是思想进步的成绩，然而既有抽象原则之后，若只凭着他们去测量外界一切现象，便能发生笼统不切实际的弊病。所以一切科学及思想都应当时时和具体的现象相较对。

再则，人的智力是相对的。没有一种抽象的系统或方法，能完完全全包括宇宙间现象的一切解释。假使有了这种思想系统——对于宇宙现象及社会现象能完全解释完全符合，——那时人类的思想便不能再有进步了。因此，人仿佛处于一种矛盾的地位：一方面竭力求知，别方面无论如何不能全知。正因有此等求知而不能全知的现象，所以思想能时时适应新环境而进步。

总而言之：实质确定意识，实质时时变易，意识亦时时变易。

五　永久的真理——善与恶

道德上的善恶的意义，或者有人以为是绝对的永久的真理，其实不然。数理科学的正确程度比生物科学的高些，生物科学比社会科学又要高些。这种"正确"根本上是相对的，——数理科学尚且如此，何况伦理学上的善恶观念呢。

实际上各民族各自有善恶的定义，并且因时代而变迁，其结果往往几百年前的"善"恰好成了几百年后的"恶"。

资本主义以前的时代道德观念都有些宗教性：中国的儒道，印度的佛教，欧洲的基督教。这些宗教的道德说各自又有分派。等到资本主义的时代又有资产阶级式的道德说，将来还有无产阶级的道德说。在现代社会里明明有三种阶级（贵族、资产、无产）的道德说。那一种是对的？无论那一种亦不是绝对正当的。只能从人类大多数的劳动群众的观点看来，说那在现时即能含孕将来的社会关系的道德说——无产阶级的道德说，是现时最正确的善恶标准，——因为他是促进社会进化的。据此说来，三个阶级各有各的善恶，可见道德观点的根据在于各阶级的经济地位。

这三种道德说固然亦有许多共同的地方。然而这是因为三种阶级仅仅是一种历史进程里的三个阶段：人类社会的共同生活是这三时期的共同目的，——所不同的仅仅是方法而已。若是共同生活之方式变更到与现代绝不相同的时候，——那便没有同样的善恶观念了。譬如有生产品及生产工具之私有制度存在的社会里，必定有不准偷盗的道德律。假使社会的发展到了绝对不能有偷盗的事实的时候，——那时只有疯子才肯拚命的宣传不偷盗主义。

所以一切绝对永久的道德说都是错误的。道德决不是超时空而独立的，——换句话说，但是没有绝对的预定的"道理""规则""秩序"，没有一成不变的原则。道德学说都是随着社会组织的基础——经济的变迁而变迁的。现代以前的社会都在"阶级社会"的发展历程里，所以一切道德都带有阶级的色彩。阶级矛盾的社会里道德学说或是为统治阶级辩护的

学说,或是代表受压迫阶级反对这种统治的学说。超阶级的道德,只有无阶级的社会里能有。——那时不但阶级的矛盾已经消灭,而且社会的组织已经绝非现在这种样子了。

六　平　等

　　社会思想里最重要的学说,便是所谓人民平等的学说。然而抽象的平等观念已经很旧的了。现代的"平等"意义是说一切人在社会上政治上绝对平等,——只少在一国内一社会内应当平等。这样的"平等"解释决不能在希腊时代说;——那时的平等只在所谓公民之间,而奴隶是绝对不能和公民平等的。罗马时代所谓帝国的公民和帝国的臣属之间亦是没有平等的。假使当时有人说公民与奴隶或臣属之间应当平等,——那么大家一定说他是疯子。直到近代美国的黑奴制度亦是如此。这种经济制度没有根本动摇的时候,社会意识里决没有"法律之前人人平等"的观念。——更不用说人类普通的平等意义:法律上、政治上、经济上、社会上的绝对平等。

　　基督教——最原始的意义——本来是奴隶及受压迫者的宗教。所以基督教的平等观念,在于要求奴隶的人权。再则,在基督教的初期还有所谓"选民"之平等,——财产公有的基督教徒在"公社"之内绝对平等。可是这种财产公有的遗迹,适足以证明当时的"选民"因为受法律的限制,所以不得不求互助公产以维生活,——却并不是基督教高尚的平等理想之效力。况且,后来牧师与常人分开之后,——这种绝对平等制度,也就消灭了。

　　嗣后,日耳曼人占领西欧,社会上政治上的阶级制度就大大的复杂起来,——因此,一二十年内,平等观念绝对不能发展。可是,亦就因为日耳曼人的迁徙,西欧及中欧有各种新民族之形成,发现近代的"民族国家",——这些国家互相竞争互相影响,于是"人民权利""庶民平权"的问题又能发展下去。

　　中世纪的封建社会里渐渐发展出一个新阶级来,做要求平等的先锋,——这就是资产阶级。资产阶级在封建社会里,论起等第来,是所谓第三阶级,——大半是手工业者及商人。十五世纪末,这些新的民族国家里工商业的发展渐大,又加以技术上的新发明,于是资产阶级的地位就大有变更。欧洲的商业扩展到美洲、印度,影响所及,使欧洲内部各国之间的贸易也大大的兴盛起来。美洲的金银输入欧洲,工商业都大受影响。渐渐的手工业的生产方法不能满足当代的需要;先进各国里就发现工厂手工业。

虽然,当时的经济条件固然已经大有进步,而政治制度却还没有变更。政治上还是封建制度,经济上却已一天一天的资产阶级化了。商业的发展差不多已成国际的;然而商业的根本性质,便是要求平等的权利:"有钱买货,不论你是龟鸨娼妓。"再则,行会制度的手工业既然渐渐变成所谓工厂手工业,那就必须先有自由的工人(所谓"自由"的工人,一方面要不受行会的束缚,别方面要没有私有生产工具的"牵缠")。必须如此,工厂主和工人订立雇用契约的时候,才见得双方是平权的。

可是,经济关系虽然要求"自由"及"平等",而政治制度上还是有种种行会规例及特权。譬如"地方的特权",——种种关卡税捐,不但妨碍外国人的商业,而且还阻滞本国商业的发展。"行会的特权"更足以妨碍工厂手工业的发达。因有行会规例,便减少了资产阶级的许多自由竞争的机会。不但如此,农业方面还有大多数的农民,一大半还是农奴,——他们遇着商业市场的开展,也就需要整理自己经济的新方法,——农业品的出场及农具的购买渐渐须与城市相接触。可是他们的法律地位,使他们不得不牺牲自己大部分的劳力供养地主,还要交纳各种租税贡赋,为地主及国家服力役。因此,"平等的要求就从工商业界扩充到农民阶级。封建社会从此根本动摇。"

这种"平等自由"的民权原理,根本上是经济势力膨胀时的资产阶级的要求,并不是什么高尚的理想。势均力敌的商品老班要有一种制度来维持市场的治安,保证企业的开展。——不得不想出所谓民权主义。其实当时的平等观念,纯粹是一种资产阶级的性质,——只要看有史以来第一部规定所谓"人权"的美国宪法,同时仍旧承认黑奴制度,——就可以明白了。

资产阶级的发展,同时就有无产阶级的发展。资产阶级的平等运动,

同时就有无产阶级的平等运动。资产阶级要求取消阶级的特权,无产阶级却要求取消阶级的差别。无产阶级的要求平等,最初带着宗教的色彩,所谓基督教的社会主义;随后却现出政治的标语,就依据于资产阶级的要求平等而争取政权:无产阶级拿着资产阶级自己的话堵他的嘴,"即以其人之道还治其人之身",——既然说平等,便应当在社会上经济上实现平等,而不能仅限于法律条文。法国革命后,资产阶级既然声言公法上的平权,无产阶级便跟着要求社会的经济的平权——劳工革命的标语,至今还是如此。

因此,无产阶级的平等要求,可以有两种意义:一种是广义的,一种是狭义的。广义的平等运动指普通反抗社会不平而言:穷的反抗富的,饿的反抗饱的,奴仆反抗老爷,——这不过是一种革命的本能之表现。狭义的却指反抗资本主义而言,——资本主义的生产方法一日不灭,这种呼声是一日不得息的。总之,无产阶级的最高目的在于消灭社会内的阶级。

由上述的平等观念及其运动之变迁看来,政治上的原理,也和道德上的善恶意义是一样的:绝对没有一成不变的原则,而只有跟着实质变迁而进步的意识。

七 自由与必然

自然界里及社会关系里的种种观念都是经验得来的,——感觉着实质的变迁而随时发生新要求,——有此方能维持生命,发展生命;决不能预定一种理论上的要求,死守着自己头脑里的旧记念来评判事实。宇宙方面——决不是上帝规定物种的形式及多寡,而后任意制造的;道德方面——决不是预定一先天的善恶标准而分划事物之合理与否的;社会方面——亦决不是"天赋人权",先立一个理想社会而按照着他来拨乱反正的。

人类的感觉实质与适应环境,实在依着必然的科学公律而进行,并非由于自由的高尚理想之创造。人在自然界及社会关系里考察得种种事物的因果的联系。这种联系名之曰公律。人类能脱离自然界及社会关系的束缚而日趋自由(自由处置事物),正因为他能渐渐发见此等公律。所谓

"自由"并不在于想象里的不受自然律之支配,而在于深悉这些公律,运用之以达自己的目的。要有自由的意志,必须"通晓物情"能自觉的去解决一切问题;决不在于"昧于事理",不能应付环境,而只靠盲目的无意识的信仰所谓"大道"和"人心",所以自由的意义在于能自治治物。人愈发展,愈能知悉客观的公律,愈能支配自然界,他就愈自由;人类的自由不过是历史发展的必然结果。

原始的人类和其他动物差不多,是极不自由的。最早他们发见摩擦可以生火的公律,于是古代文化开始,——这是人类进于自由之域的第一步;到十九世纪发明汽力可以生动的公律,而开始汽机时期,——这时的自由比起草昧时代来,已经不能"同日而语"了。不但人对自然界的自由,因技术上的公律发明而大有增进;而且阶级社会的自由,亦间接因技术变更生产关系而日益扩大。汽机的发明实在帮助第三阶级的解放不少。所以自然界的必然公律之发见,实在是人类的发达意志之前提。发见社会关关之间的必然公律,当然更是人类解放所必需的条件。科学的责任,便在于发见这些公律。科学的根本观念在于承认宇宙及社会之根本原素是物质探悉;这种原素的发展演化的必然公律之后,人类方能自由的处置宇宙及社会。

确定这种根本观念——综合科学的种种公律,——便是哲学的功用。

八 互 变 律

我们研究一切事物,若是只就单独的现象及静的方面去观察,必定不能发见什么"矛盾"。我们能看见各种事物的属性,一部分是各物相同的,别部分是互相差异的,——如此而已。假使以形而上学(立学)的方法来研究,那么这种考察也许可以满足的了。然而形而上学与现实的事物是不能符合的。宇宙间及社会里一切物质及现象都在动之中。假使我们研究事物于他们的变易及互动之中,我们就是在事物的属性以外,发见许多重要的原理。第一便是事物之矛盾性的概念,——这是现实的宇宙及社会的"根本属性"。

宇宙现象的根本便是"物质的动"。动的本身便是矛盾;极简单的

机械运动便是矛盾的历程：一个"体"同时在甲处又在乙处，——即同时在甲处又不在甲处——这是一个矛盾。这种矛盾之发生又消灭又发生便成就所谓"动"。

简单的机械运动既含有矛盾，则生物机体的动及发展所含有的矛盾更复杂。生命的意义本是一"物"同时是自己又是别物（生物机体的新陈代谢）。既如此，生命便是物体及现象里的时生时灭永久不断的矛盾。此种矛盾若完全消灭，不再发生，便是死。

这些表面上看来违背逻辑的矛盾现象在客观世界里倒确实是有的。社会现象亦是如此。资产阶级剥削无产阶级，而无产阶级却因此而扩大。资本主义与社会主义相反，而资本主义愈发达，社会主义的革命愈容易成功。无产阶级行独裁制，而他的独裁制却正所以取消他自己，——消灭一切阶段。

物的矛盾及事的互变便是最根本的原理，——没有矛盾互变便没有动；没有动便没有生命及一切现象。

九　数与质　否定之否定

宇宙及社会里的一切发展，——就是数量变更的渐渐积累，然而数量的变，到一定的程度，必定要变为质量的变。水在普通气压之下到摄氏寒暑表零度的时候，更从液体变成固体，到一百度的时候，又从液体变成气体，——很简单的温底数量的变竟成了水的质量的变。

数量的变成质量有种种的事例可以证明。化学原则的组合，都是因数量的多寡而变易物体的性质的。譬如蚁酸，他的化学公式是（CH_2O_2）——炭一轻二养二，——若是再加以炭一轻二成为（$C_2H_4O_2$）便成了醋酸，——性质完不同了：蚁酸的沸点是一百，冰点是零，醋酸的沸点却是一百十八度，冰点是十七度。

生物界的现象亦是如此。譬如一粒种子，假使落在适宜的土壤上，那就因为温湿的作用，种子内部必起变化，长成嫩芽；种子本身就此灭消（种子之否定），如此长成稻。稻又尽着生长（数量之增加），等到从新结谷，茎干便就枯死，始终又要消灭（稻之否定），其结果一粒种子变成二三十粒。种子消灭而成稻，稻又消灭而成种子，——这是所谓"否定之否定"，亦就是"数量与质量互变"的原理。昆虫的孵化，哺乳动物的胎孕，都是"否定之否定"，——旧的形式毁灭新的形式构成转辗不已愈演愈复的历程。

社会现象又何尝不是如此的呢。各民族的初期文化，大致都是土地公有的原始共产主义。等到农业的发展到了一定的高度，那土地公有制就足以阻滞生产的发达。这种制度就要否定、消灭，经过种种过度时期而变成土地私有制度。然而私有制度之下，生产的发展亦只有一定的限度，——农产品的贸易方法及农具的制造方法，足以使农业组织逐渐改变而其与工业的关系也大有变革，——于是私有制度又变成生产发达的障碍。——土地的公有制又成了现代的经济要求了。然而土地公有的现代意义，并不是说回到原始时代的公社制度；恰恰相反：现代的公有制应当在农业技术上是较高的较进步的——适宜于应用化学的肥料及电机的动力的制度。

如此看来，自然界、社会关系以及思想都是连环不断的"否定"。这是很重要的很广大的公律。

宇宙的根本是物质的动，动的根本性质是矛盾——是否定之否定，是数量质量的互变。社会现象的根本是经济的（生产关系的）动——亦就是"社会的物质"之互变。所以我们研究社会哲学，应当从经济关系的哲理入手。

第二　经济

一　社会的物质——经济

社会生存在自然界里,他不能不有所取于自然界而维持他的生存。所以物质的生产是社会的基础。社会里的动象——一切变易,都是跟着物质生产的变易而定的。因为社会的组成全在于人与人之间有生产的关系。这种生产的关系是社会的物质,所谓经济现象。所以要研究社会变易的哲理,应当先研究经济,——才能彻底探悉各种政治宗法关系之根本原因。而且可以证实社会经济的变象,亦和自然界里一样,受物质变易之根本公律的支配的。

经济现象,广义的说来,包括人类社会之物质生活里的一切生产和交易。交易与生产是两种性质绝不相同的功能:生产可以不用交易而独立存在;交易却不能离生产而独立,——因为交易是交易各种生产品,所以假使没有生产品,便无从交易。

各地域各时代之生产及交易各有不同的环境(条件)。因此,经济学的原理决不能笼统的一律的应用于各时代各地域。譬如野蛮人民,用着弓箭石斧等生产工具的时代,决不能有交易,——即使有,亦极稀少极简单。现代用着几万马力的机器,有铁路,有公司,交易方法便大大的复杂起来。这两种社会,性质绝不相同的。穷乡僻壤苗黎所居的地方,决没有数量极大的生产,亦没有世界市场的大商业,更没有期票公债等的投机现象。因此,假使要用一种公律包括苗黎和英美的经济现象,那就至多只能得一极肤浅的共同原则。所以经济学根本上是历史的科学。他只有历史的——变迁的——材料。必须研究每一阶段里经济发展的特别公律,然后才能综合起来,得一社会发展的共同倾向。

每一历史阶段的生产种类及生产方法足以规定当时的分配方法。世界各民族,最初都经过宗法社会公有田地的制度,——那时的生产品之分配,往往是很公平的。假使有生产品分配不平均的现象发现,那便是由地公有制度崩败消灭的征兆。不论是大农是小农,只要有私产的痕迹,——分配方法便复杂起来。

大农经济里的分配必定与小农经济里的分配不相同。大农经济里一定有阶级的分化:或是奴隶主与奴隶,或是大田主与服役的农民,或是资本家与雇工。至于小农经济里,阶级的分化却不是必要的现象;——假使小农经济里而发生阶级的分化,那便是小农经济解体的开端。农业社会里的分配,在最初一期往往是物品的交易而不是货币的交易;假使这种"自然经济"的地域里发生货币的交易,那便同时要发生各个人之间的不平等和贫富的悬殊。中世纪时行会制度的小手工农足以阻滞大资本家与雇佣工人的发生;然而这种资产阶级与无产阶级的发生,在现代的资本制度、金融制度和交易制度形成之后,便成了不可免的现象。

可见分配的不平均既然发生,便发生人民之间的阶级差别。人类的社会便分成特权的与受压迫的,统治的与受治的,剥削的与受剥削的阶级。国家的成立亦就因此而来。譬如在东方各国,最初因为人民的共同利益(如灌溉等),而特别分来一班人(政府)来,管理公事,或是捍御外敌,到后来却成了一种特别工具:用来维持剥削阶级存在的各种条件。

虽然,分配并不仅是生产与交易的消极的结果,他还能回过去影响到生产和交易。每一种新的生产方法或交易形式,不但受旧形式或与此旧形式相符合的政治制度的束缚,而且受旧的分配方法的束缚。新的生产方法往往要经过好久的时候,才能得到相当的分配方法。然而生产方法本身的性质愈流动,他便愈容易改造,愈容易发展,——他的分配也愈容易发达到适合的阶段。可是,分配的发展既到适合的阶段之后,便要再发展到与旧生产方法冲突的现象。所以古代的农村公社,能支持到几千年,——直到最近的印度人及斯拉夫之间还有,正因为他的生产方法不流动,虽然遇着外界的接触,也要经过好久才发现内部的财产不平均的现

象。至于近代的资本主义,从最早发生以来,至今不过四百年,若是单算大工业的发达,那就仅仅只有一百年,——分配之中已经露出绝大的矛盾:一方面资本渐渐集中到少数人手里,别方面大多数无产民众集中到大都市里。这种分配上的矛盾便是资本主义败灭的征兆。

一社会的物质生存的条件及其分配之间的联系,必然反映到社会心理上去。某种新的生产方法(如资本主义)正在发生之时,即使必然要受他的累的人们,也存赞颂他。譬如英国工业最初发达的时候,工人阶级都极表同情。这一生产方法既成"全民"的之后,暂时在分配上还都能满意,——那时只有治者阶级之间,偶然发生抗议,如桑西门、傅立叶、沤文等,然而工人之中却还没有反响。可是等到这一生产方法已经有一半成熟、——他的存在已经使分配的不平均大大显著,那时才显得那种生产方法真正的不正义、不公道,于是大家又要想那永久的真理了。这正可见经济科学的研究,并不在于发见永久的公道的经济制度。经济学里不论怎样指示现代制度的不公道,都是枉然的。经济学的职任,却在于指示出现社会的缺点是当代生产方法之必然的结果;并且同时指出这种生产方法必然败灭的征兆。不但如此,还要能发见这种正在败灭过程中之旧经济形式里,含着发展将来的新生产方法及新交易方法的动力在内,——足以消灭那些缺点。

现代的经济学(政治经济学)便是:一、评论资本主义以前的经济,——封建制度之下的生产及交易方法;二、指示出必然要发生资本主义形式的因果;三、研究资本主义的优点,——就是合于社会公益的发展;四、评论资本主义的缺点,——就是阶级冲突的发展。最后一层的意思,逻辑上必定要引导到社会主义为止。资本主义的生产及交易方法自然而然使分配不平均,而发生阶级的矛盾。于是有一种奇怪现象:一方面,大多数雇佣工人物质生活上极没有保障;别方面,市场上"生产过剩",没有人能购买这许多生产品。所以资本主义所开展出来的生产力,虽然大大的增加,而不能合理的应用,——发展到极度,旧的生产方法反而成了生产力的障碍。于是必须有一种有规划的经济,保证社会的发展,使社会中的各分子个个都能得着生存的资料,——那时,人类的需要才能尽量增长,人类的能力才能自由发展(各尽所能、各取所需)。

经济学最早的发生,大约在十七世纪末。可是经济学的成就却在十八世纪,——正与启蒙哲学同时,当时那种时代精神的优点和缺点都有。当时的经济学家以为经济学不仅是当时社会关系和社会需要的表现,而是一种"永久的真理"之发明。实际上,资本主义的生产方法和交易方法之公律,仅仅是一定时代里一定的经济行为之方式;他们却以为这种方式是一种天生的公理,出于人的天性的。仔细的考察起来,那种所谓"天性"并不是一切人的天性,而仅仅是资产阶级的天性:他用工厂的方法生产物品,到市场上去出卖,所以他以为"出钱买货"是天经地义,他以为"受人的钱应当替人做工"是金科玉律。

中世纪时的神秘派,梦想天国的降临,可是他们却不是市侩,早已预言阶级矛盾的罪恶。英法资产阶级革命的时期,也同样有这样反对"买卖制度"的呼声,——要求社会的共和国。可是不久这种风潮就平息下去了。这种反对阶级制度的呼声在一八三〇年以前,早已有人提倡,然而在群众之中绝无反响,究竟是什么缘故呢?何以到后来阶级斗争的思想又大大的发展起来呢?

现代的工业制度,一方面,造成无产阶级,——无产阶级不但要求废止某种阶级的特权,他直接要求消灭一切阶级的差别。别一方面,现代的工业又造成资产阶级,——资产阶级独占一切生产工具及生存资料,可是资产阶级的天性不容有规划的经济,因此一切生产力的分配不得公平。这种事实足以证明:大工业发展之处不能没有阶级的斗争,——亦就是资本主义之生产交易方法与其分配制度处于互相矛盾的地位。这种物质方面的事实不由得不灌输到无产群众的思想里去,——这就是科学的社会主义必然要实现的保证;新社会的理想决不在于几个思想家想出什么正义人道出来,而在于群众明白认识自己的地位。

二 原始的共产主义及私产之起源

草昧时代,人类都是穴居而窠处的。当时的人还没有会制造工具,只能吃草根树皮和野果。这一时期,人类还没有所谓私产,因为他不能有丝毫余剩的生产品。一群人随处得到了一种食品,大家就在一块儿吃完;

那时绝对没有积蓄的可能,——很不容易得到多量的食物。人的生命很没有保障,只能完全"碰运气"。

当时也还没有所谓"家族"。一群人之内的妇女都是这群人之内的男子的妻。而且当时女子的地位在男子之上。因为"知母而不知父",所以形成母系的制度。

原人时代的生存竞争既然如此困难,便渐渐学会打猎:从一根木棍(树枝)渐渐进步到弓箭。并且发明"钻木取火"的方法。这种方法使人类得一大进步。然而一个人的单独生活早已成了不可能的了。于是因血族系统而结合成氏族。生存竞争的困难,使同族的人不得不互助、团结,共同防御外敌。西欧的格言:"爱你的亲人,像爱你自己一样",——就是这种氏族社会遗传下来的道德。固然,当时人爱同族的眼界是很窄的,——只当他是同一氏族的人,并不看见各人可爱的个性,——然而那种诚挚的爱实在可以感动凉薄的现代人。所谓"杀父之仇不共戴天",以及野蛮氏族的种种复仇主义的残忍,在现代欧洲人的眼里看来,都是野蛮的特征,——其实是那时共同防御的必要手段。氏族社会里无所谓怠惰,无所谓寄生;人人都要做工的。男女权利的区别也没有十分发展,大家同样的劳动,享受同等的权利,——不过只限于一族以内。

氏族制度的最初一期:共同的集合劳动,因此而发生家长或族长的管理人;在战时便推举军事指挥者。所谓自由、平等、博爱,虽然没有形式上的规定,实际上却是氏族制度的原则。当时亦无所谓兵士、警察、贵族、皇帝、督军、省长、审判官、监狱。因有争执,都由同族共同解决。偶然有杀戮的复仇主义,然而死刑最初只用在别族的人。穷苦不能谋生的人亦没有;氏族的管理法及共产式的经济自然能保障老弱殖废。

人类在不断的生存竞争之中,渐渐得着各种经验,学会了驯养禽兽,耕种田地,——于是人类的氏族社会里的生产力便大大的增加起来,逐渐能积蓄起余剩的生产品来了。可是,这些"余剩"是对全社会而言,并不是对一阶级而言,所以实际上都是劳苦的工作所得来的,而不是剥削而来的。

原始社会,因生产方法的复杂,渐渐发生男女之间的分工。女的保护家宅,制备食品,看护子女。男的采取食物及制造生产工具。因此,男的渐渐有独占生产品的权利,他的权力亦就增长起来,逐渐破坏母系的制度。人类社会的经济结构既然变更,两性间的关系亦就变更了。一族之中渐以男子为主,——男子因有管理生产的权力得以扼制女子,禁止女子的乱交,形成父系的制度。于是女子的地位就大大跌落。

社会财富的积聚渐多,经济管理便繁杂起来。譬如家畜的增殖,足以使本族的人不够看守用之。于是战争时所得的俘虏已经不尽数杀戮,而强迫他们做工——看守家畜;——因此发生所谓奴隶。

社会的余剩生产品渐渐为较强的家族(如儒牧、军士等)所占有,——于是发生社会的不平等而终至于氏族社会的败坏。最初,一族之中所得的生产品完全是供本族之用的;现在,既然渐渐发生私有者,公产的制度既然渐渐破坏,一族之中的"贵族"占有多余的生产品,因与外界接触便可以发生贸易关系:一族之中的生产品便不单供本族之用,而生产品也渐渐变成商品了。

牺畜变成农业,土地私有制成立,农业与手工业分离,——于是一族之中各人的居住地域也分散了;因此,以前的氏族制度——共同居住的统一管理及统一分配已经不可能了。以前的按族为群的制度自然废除,而划地为界的制度便代之以兴。最初的国家形式因此发生。

社会的不平等既然发生;有产者与无产者、奴隶主与奴隶的区别既然确定,——便有特别的军事组织之必要:即以镇压奴隶。于是军事的目的便不仅是对外的,而变成对内的了。这种军事组织不仅是兵队;还有监狱,刑罚、死刑等。要维持这等组织必须费用,因此又发生各种赋税制度。于是管理军队及监狱,收纳租税,征调力役,维持"秩序"等事都要有人,——官僚制的政府因此形成。社会之中发生利益和冲突的各阶级,——阶级斗争从此开始。这时便必需一种特别权力——以便强纳此等阶级斗争于"秩序"之中。这种特别权力,从社会之中分出,统治社会,——就是国家。

国家是阶级斗争的结果。古代的国家是奴隶主的国家,封建时代的国家是诸侯贵族的国家;现代的国家是资产阶级的国家。所以国家是奴隶主役使奴隶,贵族压迫农奴或是资本家剥削劳动者的工具。只有无产阶级的国家,才能开始社会的规划经济,消灭资产阶级,以至于一切阶级的差别，——根本上铲除国家的基础，——那时才能消灭政府，实现自由、平等和博爱。

三　阶级之发生及发展

奴隶制度的发生要有几种必要的条件的：必需有为奴隶用的生产工具，必需有供给奴隶生活的资料。所以奴隶制度将成立之前，必需社会的生产力已经发达到一定的程度，分配的不平均也要发达到一定的程度。至于要这种奴隶制度变成一社会里很普遍的现象，便应当有生产上及商业上的更大的发达以及社会财富的积聚。

人类在草昧时代本和禽兽差不多。生产力渐渐发达，一方面造成氏族联合的共产社会，别方面促进各族之间的冲突（接触）。因此一族之内便要发生新的分工，——保护公共利益，抵御公共仇敌。于是建设一种新的机关，如酋长、儒牧、神甫、军官之类，高据于一族之上成一种独立的团体：一则因为世袭这些职务，二则因为与别族发生的冲突继续不断，——这些人的权力便一天一天的增大起来。可是这一时期的政府，还可以说完全是为公众服务的，譬如古代的印度、埃及、中国的君主政府，在灌溉治河的一方面，的确是人民的代表。

可是，这一种形成阶级的过程之外，还有别一种的现象。家族内因农业的复杂与进步，自然发生分工。于是一家之外另外要有佃工。这种制定在公产废除之后，更容易发达：农业既然进步，生产方法由粗而细，于是大氏族公有制消灭，而成小家族公有制，——而且当时生产力的发展必已能供给家族以外的工人；同时，当时的生产方法亦必已需要这种分工。"工力"从便有了价值。可是各族（农村公社）或各族之联盟（古代国家）的内部还没有分出自由的"工力"，——各人都是家族经济之一员，不能受雇。只有战争之中的俘虏可以用来当佃工。最古期虽然亦已经有战争和俘虏，然而当时不能利用他，往往只知道杀戮。只有生产方法进步到一定的程度之后，奴隶制度才能实行。军事俘虏对于经济上才有价值：所以饶他们一条命，强逼他们做工。实际上说来，奴隶制度的发生并不是纯粹由于所谓"强暴主义"，——这种强暴主义仅仅是用来达到经济上的目的的手段而已。有了奴隶制度之后,社会里方有分工的可能:社会里有多量的奴隶来做苦工,农业工业之间可以渐渐分化,少数的贵族得以坐享奴隶的劳动而从事于管理商业政治以及科学艺术等。希腊罗马的文明全靠有这奴隶制度。所以奴隶制度其实是社会的进步。甚至对于奴隶本身亦是一种进步,——以前的俘虏总是被杀戮,甚至于受宰割烹调,如今他们至少已能得一生路。

私有财产的制度到奴隶时代已经很确定的了。其实私有制的发源甚早,——在各氏族原始共产时代已经种下私有财产的根。当各部落或农村公社之间发生交易制度之后,便使生产品变成商品;既有商品,不久就形成私产制。生产品的商品化愈甚,——换句话说,就是生产品供给自己消费的愈少而供给交易的愈多,——那时公社的制度也就愈形破坏,内部发生分工的过程也愈速;于是公社中的各分子之间因交易的结果而有财产上的不平等,土地公有制度因此破坏,各人独自生产以便取得交易之利,而耕地遂分属于小私有财产者的农民了。各族之间的交易与战争使社会内部分化成阶级,发生私有财产而变成所谓"商品经济"。

商品经济的发展到一定的程度,必定要变成资本主义。资产阶级在封建制度之下本来是农民或农奴,对于贵族应当服役纳税;可是由经营交易事业渐渐的变成商人,努力与贵族奋斗,一步一步的解放,一直到取得政权,成为治者阶级。资产阶级与贵族阶级的斗争是:城市与乡村,工业与农业,货币经济与自给经济之间的斗争。资产阶级的利器最初便是小手工业的发展,后来变成工厂手工业,以及商业的发达,——纯粹是经济上的手段,这几种经济渐渐变成社会里最重要的生存基础。当时在政治上贵族占全权而资产阶级一钱不值;然而在经济上资产阶级却握全社会的枢纽;——不过贵族虽然已经渐渐失却对于社会的一切职权(所谓"经营公益"等),然而他还能利用未失的政权搜刮民间(资产阶级)的财富。中世纪时资产阶级受贵族的这种压迫很久,当时的各种行会条例和内地关卡足以阻碍手工业及工厂手工业的发展。资产阶级的革命扫除了这些制度,于是造成一种适宜于新式经济的政治环境,新式的经济因此得以尽量的发展。可是发展到极度,资产阶级的自身亦渐渐变成多余的,反而成了社会进化的障碍:因为他渐渐的离开直接的生产行为,渐渐变成

像当初的贵族一样,——只是坐享收入了。纯粹的经济发展,自然而然使资产阶级的地位大变,同时,无产阶级的地位增高。当然,资产阶级决不料自己的经济行为有如此的结果,亦极不愿意他有如此的结果。这是一种事实,反乎资产阶级自己的意志的。于是资产阶级的经济便不能不改造:不是完全破灭,便是彻底变革社会的结构。

四 分 工

凡一社会里,经济是纯任自然的发展的,——他里面的生产者并不能统治生产资料,却是生产资料统治着生产者。在这种社会里(现代社会便是如此),每一种生产的新方法都变成生产资料剥削生产者的新手段。此等所谓新方法之中第一便是分工。第一次最大的分工便是城市与乡村之分立。因城市与乡村的分立而农民受几千年的牵制,手工业者受种种工作的压迫。农民的精神生活因此失所根据(自给经济渐渐消灭),城市居民的体力劳动亦极不自然(商业市场的狭隘)。农民虽得了田地的私产,手工业者亦得私有自己的工具,然而农民及手工业者自己反而变成了田地或工具的奴隶。由全社会的观点看起来,铜匠简直变了制锁的机器,农夫变成制米面的机器……工厂手工业发达之后,分工愈细:纺纱的只知道纺纱,织布的只知道织布,挑花的只知道挑花,——其余一切文化上政治上的生活完全没有。工人变成了半部机器:生产的力法便是一部死机械加上一部活机械。大机器工业发达之后,分工的细密简直使工人又从"活机械"变成"活齿轮",——完全是汽机的附庸了。分工愈细,人的发展愈偏于一方面;要专攻一种技术:其他一切精神上体力上的进步便都牺牲了。甚至于剥削阶级也变成他自己职业的奴隶:资本家是资本及贪欲的奴隶;法律家——法例条文及一切手续法的奴隶;学者、医生、工程师等各人有各人的专门,可是各人只知道自己的职业,此外别无天地。这是全社会的组织,自宗教教育以至于技术渐渐适应当时生产方法的结果:使人类反受生产资料的统治;因为货币经济的无政府状态,一方面生产品多多益善,无产者日增无已,别方面技术上分工的人才愈分愈细,——各人只顾求生谋事,自然而然牺牲全部的发展而偏向一方面的专门,社会不能保证他们的生存,不能规划生产,更不能规划教育方法,于是使他们都变成整个儿的资产阶级经济组织里的机械。

乌托邦派早就指出这种分工的流弊:使劳动者终生终世做一种专门技术的枯燥工作。所以沤文和傅立叶就反对城市和乡村的分立,取消旧式的分工便应当从取消城乡之分立着手。可是工业技术发展到极度,可以使生产量大大的增加,工作时间减少;经济上各业的互相配合也需要城市乡村的联络,——客观上可以定出规划的发展:使一方面技术教育进化到极端的细密程度,又明晰易解,别方面人类劳动时间减少到极度,使有余暇研究讨论各方面的学术的可能。城市得以乡村化,而乡村得以城市化。无产阶级的革命便是建设此等规划经济的第一步。那时,人类方能自觉的统治生产资料,而劳动也就不成其为苦恼的事,反而是娱乐了。

五 价值的理论

经济学里的所谓价值就是商品的价值。什么是商品? 商品是私人生产者的生产品。这种生产品与原始共产时代的社会生产品已经不同:他不但供给生产者自己的用,他还供给别人的用,——换句话说,便是因交易而供给社会的用。因此,凡私人的生产品供给社会的消费者,——便是所谓商品。于是各私人生产者互相发生关系而构成社会。私人的生产品因此便无意之中亦变成社会的生产品。何以此等私人生产品同时又有社会的意义呢? 因为他有两种属性。第一、此等生产品能满足人类之某种需要,所以他有消费价值。第二、此等生产品是人所制造出来的,是人类某种劳动的结果。私人的生产品既然对于别人有消费价值,他就可以交易。再则,私人生产品既然是他的某种劳动的结果,他便可以和别人的生产品比较劳动的数量。

可是劳动的数量自然有一种普通的标准。譬如,社会上普通一个皮匠一天可以做成一双皮鞋,如今某一皮匠要两天才能制成一双皮鞋,——那么,这双皮鞋仍旧只能代表一天的劳动:因为皮鞋的价格在市场上有一定的行情,那多花的一天功夫,只好叫这个皮匠自己认账。所以

个人的劳动必须适合某种生产品之"社会必需的"数量,那时他才能算是"社会劳动"。

既然如此,若说商品有一定的价值,那便是说:(一)商品是对于社会有用的生产品;(二)商品是私人劳动的生产品;(三)同时,商品客观上包含一定数量的社会劳动;(四)依此数量为标准与其他商品相比较,——此种数量并不依实际上私人所耗费之劳动而定,而依相比较之两商品所费的"社会的工作"时间而定。假使我说这一个表和这一匹绸的价值相等,同值五元,——那就是说:表、绸和五元钱各自所包含的社会劳动,数量相等。

以上所说都是所谓简单的商品经济里的价值原则。

至于资本主义之下,工人既脱离生产资料,便没有自己的经济,——不像手工业者一样,已经无从自己独立的运用他的劳动。他只能出卖自己的劳动力于资本家。于是市场之上发生一种新的商品——便是工力。

这一种商品的价值怎样的决定呢?亦和其他的商品一样,——要依制造出"工力"这种商品的"社会"的工作时间的多少而定。工力怎样制造出来?工人的手足头脑并不是机器里可以制造出来的。可是工人所用的精力,所耗费于工厂里的精力必须天天恢复过来,——他天天吃、喝、休息就是恢复他的工作力量的手段。因此,工人的衣食住以及其他的消费品便是这种工力的代价。制造这些衣食住等的"社会劳动"便是工力的减值标准。工人的消费品的价值便是工力的价值。

经济制度的商品形式使社会不得不力求交易方法之简单化。于是有所谓货币。这是许多种商品之中分出来的最便利的一种,足以做其他商品的价值的标准,亦就是直接表示其他商品之社会劳动的数量的商品。本来最早的货币,已经包含着价值的意义,——货币不过是发展中之价值的形式而已。

古代印第安的公社及南斯拉夫族的家族公社里,一切生产品还没有变成商品,所以亦没有货币,因为根本无所谓价值。公社中之各分子共同生产,一切工作依自己的需要而定,行直接分配。这种直接的社会生产与直接的分配制度之下,决不能有商品的交易;商品的交易既然没有,生产品亦就不能变成价值。价值乃是各种商品互相以所含有的社会劳动之量数相比较而得的结果。

假使社会公有了生产资料，运用之于直接的共同生产，——那时各个人的劳动，无论他的种类怎样不同，都自然而然是直接的社会劳动。因此，在这种场合之中，要确定某种生产品究竟包含多少社会劳动，便不必用间接的方法了。日常工作的经验可以算得出来：一部机器总共花掉几点钟的劳动才造成的，一石谷、一尺布包含多少工作时间等。共产主义的社会里，只要直接拿钟点来算生产品的劳动数量，用不着货币。不但如此，社会既然能完全知道这种工作时间的数量，又用不着买卖交易，也就不用去算了。那时一切生产品，都使消费者各取所需，无所用其交易。——价值的意义当然消失。

可是共产主义的社会里，并不是人人都用尽他自己劳动的结果。假使每人的"全生产量"都完全耗费净尽，便不能有"余资"来改良生产方法，社会便不进步了。实际上那时的生产力很高，虽然各取所需，却决取不完各自的"全生产量"，——必定有一部分留下，用到改进生产方法和生产工具上去。

六　简单的与复杂的劳动

商品的价值是这商品内所含之社会必需劳动之物质化的表现，——上面已经说过了。可是，劳动是简单的工力之耗费；这种工作力量，普通的人都有的。劳动的本身绝对不会有价值；——必须用这种劳动到某种工作上去，才成其为工力。

两个工人同样做一点钟的工，可是这两个钟头的工力所产生的生产品，往往价值不能相等。因为要看工人的熟练与苦，勤恳与否，而定价值。劳动因此有简单与复杂之分。一点钟复杂的劳动抵得上几点钟简单的劳动。

然而为计算劳动的价值起见，应当假设简单的劳动为单位。少量的复杂劳动等于多量的简单劳动。某种生产品虽是复杂劳动的结果，然而往往要和简单劳动的生产品和交易，所以实际上他便变成十倍八倍的简

单劳动。社会里分工的生产方法在交易的过程中，不期然而然把各种工作的价值都依简单的劳动来计算。所以一点钟制表的工资等于十点钟八点钟的纺纱的工资。

为什么劳动有简单与复杂之分呢？譬如纺纱，普通的人只要学一两点钟，至多一两天便会了。至于制表却须学两三年。制表的技能应当受两年的教育；——这两年教育的费用是要有报酬的。况且熟练工人的需要往往比普通工人的多，——换句话说，制造熟练工人的精力所费多于制造普通工人的精力。

私人生产制度之下，教育熟练工人的费用由工人自己担任，或由工人的家庭担任。社会主义之下教育熟练工人的费用便由社会担任。所以社会应当取得熟练劳动所造出来价值。所以劳动之价值亦是社会的。

七　资本及余剩价值

商品之社会的性质，上两节已经说明，因此他有消费价值及交易价值。资本主义社会之中消费价值纯依交易价值而定。资本家所注意的有两件事：（一）他要制造出有交易价值之消费价值，就是可以出卖的商品；（二）他想使所制造的商品比制造时所费的生产资料及工力的价值（本钱）高些。他不但想制造出消费价值来，他还制造出余剩价值来。

余剩价值从何而来的呢？余剩价值决不能从商业中来。买者所出的钱比货物的价值低，或是卖者所要的钱比货物的价值高，——都不能生出余剩价值来。因为一个人同时必定既是买者，又是卖者，全社会通算下来，结果仍旧没有余剩价值。余剩价值决不能从欺罔中得来。因为欺罔只能使某甲赚某乙的钱，而不能增加总数。

然而资本阶级的财富，总起来算，确是日有增加，他们永久能买进来便宜而卖出去贵。平常还以为是"出什么价钱买什么货"。这是什么道理呢？

金融流通中的资本，不能平白地增加，亦不能增加于买卖货物之时，——因为货物的价格与应付的价值是相当的；出多少钱买来的还是值这么许多钱的货。必须资本家能在市场上找着一种特别的商品，足以做其他商品之价值的源泉,使这一种商品的应用就是"劳动的变易",能生新的价值。能生新的价值的商品便是工力。工力的发生价值只在他变成商品之时。可是他的价值,以维持他的精力的消费品之价值而定。假使制造一天一人的消费品平均需要六小时,——那么,一人一天的工力便有六小时的价值。假使是手工业者,他每天做了六小时便已经足以维持他的生存,如果他还多做几小时,这多做的功夫,便是他自己挣下余的剩财富,足以改良他自己的生产。至于资本家购买工力的时候,他只出这六小时的价值,就是勉强使工人得以维持生活。工人进了工厂却替他做十小时或十二小时的工作。这样一来,那多余下来的四小时或六小时的余剩劳动所造出来的余剩价值便到资本家的手里去了。大家一定知道的:小手工业者的生业品是属于他自己的,所以多做的工亦是为自己做的;工厂里的生产品却不是属于工人的了,——他属于工厂主,所以多做的工便便宜了资本家。工厂里一天的工力所创造出来的价值,比工力自身的价值往往大好几倍,所以资本家得以积累资本。原料变成生产品之后出卖到市场上去,自然比本来的原料贵好几倍;——然而工业家所赚的钱并不是购买者的,而是工人的;工人得六小时的价值,替资本家造成十二小时的生产品。

资本主义的社会因此必须有一个必要的前提:为积累资本起见,应当在市场上找到"自由的工人";这里所谓"自由"有两方面的意义:(一)自由的个人,有处置自己工力的自由,而不受封建法律的束缚;(二)自由的工手,没有一切生产工具的"牵缠",无从自己独立生产,因此一无所有,除自己的工力以外,别无可卖。没有这一个必要的条件,资本主义必不能成立。这种条件决不是"天生的",他是过去时代历史的发展之结果:渐渐变成阶级的社会——一方面是享有大多数生产工具及金钱的阶级,别方面是只有自己的工力的阶级。

资本主义之开始约在十五世纪末十六世纪初,——当时大多数的"自由工人"发现了,同时世界市场也开辟出来,——于是所谓"动产"渐渐变成"资本",转辗积累,——而榨取余剩价值的生产制度便渐渐推广到全世界了(财富必须用在企业里,能变出余剩价值,方才成为资本)。

现代经济学

安体诚 著

《现代经济学》为安体诚在上海大学讲课的讲义。这里根据1927年1月汉口长江书店再版的《社会科学讲义》第一至第四集整理出版。

安体诚(1896—1927),字存斋,笔名存真,直隶丰润(今属河北唐山)人。1922年加入中国共产党。1924年春任上海大学教授,教授"现代经济学""社会学""科学社会主义"等课程。

目 录

绪　言 129

第一章　经济学总说 131
第一节　经济学之对象及定义 131
第二节　经济学之任务及研究方法 132
第三节　经济学之区分及与各科学之关系 135
第四节　现代经济上有重要关系的两大学派及其趋势 138

第二章　经济关系与富 142
第一节　经济关系 142
第二节　富 144

第三章　生产之概念及要素 149
第一节　生产之意义 149
第二节　生产行为 150
第三节　生产力与生产方法之意义 151
第四节　生产与消费 151
第五节　生产之要素 152

第四章　劳动 154
第一节　劳动之意义 154

  第二节 劳动与生产之关系 …………………………………… 155
  第三节 生产劳动之性质 ………………………………………… 157
  第四节 生产劳动为人生之牺牲之原因 ……………………… 161

第五章 协力及分业 ……………………………………………… 163
  第一节 绪言 ……………………………………………………… 163
  第二节 协力及分业之效果 …………………………………… 164
  第三节 协力及分业之发达与生产关系 ……………………… 167

绪　言

我们人类是有理性的动物；然一方为万物之灵，一方亦是万物之一。换言之，由自然界看来：人是一种生物，人的生命，根本上是受着生物界的自然法则之支配的。社会上"人莫不饮食也""一箪食一豆羹，得之则生，弗得则死"，这类事实，也就是原因于此。我们人类如果无生存欲望，不承认积极的人生，不谋人生幸福，那就一切世事皆空，生活之维持和发展，都说不到，一切学问也无可言，经济学也当然无讲求之必要；这层是不待论的。但是反而言之，却有了重大的意义：就是，我们人类既是有生存欲望，既是承认积极的人生，要求人生幸福，那末，一切世事就都成了有关系的，而生活之维持和发展的基础的物质要件，遂为不得不讲求而应当讲求的了。"人不是为食而生的，人又是废食不能生的"，这句话，是应该算很有道理的。还有一层，自从人类有了共同结合组织以后，人的生活关系，久已不是孤立的而是社会的了。我们人类在这自然法则和人类共同组织之中获得物质的手段而致用于生活之维持和发展的人生行为——即创造人生物质的幸福的关系——就叫作"经济"。简单地跟着说一句：研究这经济总体之种种关系的科学，就叫作"经济学"。

经济的关系，乃是人生不可须臾离的基础；所以有"人是经济的动物"的话，有"经济生活是一切生活的基本条件"的话。经济关系有影响社会进步最大的势力，所以马克思"经济史观"——"唯物史观"——的研究，指出：社会之物质的生产力发展到一定程度以上则社会经济组织不得不变动，经济组织一变动，则法律、政治也必变动，而一切社会关系更必全部变动，而同时的社会思想——哲学、道德、艺术、宗教等——也必跟

着改变。就是社会结构中的变化,归根到底没有一个没有经济的原因。如此看来,经济关系的重大,也就可以知道了。

人类的思想,常受经济环境的左右,就是因为:人的生活虽不只是经济的,而必须全有经济的基础。换言之:人类必须为经济的需要而求经济的供给,社会上必须发生生产分配的关系。人类现在是这样关系的基础上创造一切人生幸福和价值的,所以我们对于经济的供给,不能不有一种关心的要求。我们现在的要求精神,可以三言以蔽之曰:(一)平等生活的自由——共尽所能的生产的目的;(二)自由生活的平等——共得所需的分配的目的;(三)合理的"经济主义"——以最少劳力的共尽所能致最大效用的共得所需。

我们人类受着(一)自然法则;(二)社会法则的支配,这种根本事实,我们已经知道。但是人类的性质,又是有天赋的(一)觉悟性;(二)努力性的。人类能把这两种性质,按照那两种法则,创造地——人为地——求得适应向上的人生和比较合理组织的社会,又是古今事实上足证明是可能的。所以适应的人生合理的社会,不是人所不能求,更不是人所不当求的。不过这种求之之行为,必须从事实可能的一定步骤而前进,不可空想(想是要的)不可瞎走(走是要的)就是了。当为的要以实是的作方针(不是目的)就是了。

人类,既具理性智慧,而能觉悟能努力,所以当能(一)利用自然;(二)发挥人力;(三)用互相方策,以图人生生活之向上,求其最大可能的共同幸福。所以关于经济的人生方面的一切关系一切问题一切困难,有碍人生共同幸福之增进的事,我们人类自己能够而且应当用觉悟力科学的方法从事于研究解决,作我们努力性的发挥之工具;所以我们才有经济学可讲,而且才有讲经济学的必要。

第一章
经济学总说

第一节 经济学之对象及定义

（对象就是目的物，这里就是说被研究的东西。明白了研究的对象，才明白研究的性质和范围，才明白它的内容的定义；学者也有不设定义而以对象之说明代之的）

大凡我们所谓学问所谓科学的，要指一种系统的法则的研究，都不外：以宇宙自然的现象和我们人类彼此动静的事实为母，以我们人类脑海中之思考运用力为父所成的产儿。所以若泛然问我们运用思考所研究的对象是什么？我们的答案，当然说是：不外乎宇宙自然现象的关系和我们人类自身动静的事实关系，——所谓"学究天人"者，近之。普通为研究便利起见，常分科学为二大类：（一）以存于宇宙自然现象的种种关系为研究对象的，把它叫作自然科学，（二）以人类彼此动静事实的关系（社会现象的关系）为研究对象的，把它叫作社会科学；前者，如天文学、地理学、物理学、生物学等等都是，后者，如道德学、政治学、法律学、言语学、宗教学和"经济学"等等都是。如此看来，经济学是一种所谓社会科学，已经可以先知道了。但是，它是社会科学的一种而非其全体，所以经济学之对象的特征，一方要具着人与人的关系的性质，一面这关系还须具着经济的性质。人与人之社会的关系——共同生活关系——乃是自开天辟地以来有了二人以上的人类结合以后直到今日的一种已然的事实，是人类的客观境界和智慧上不能不有不当不有的关系；经济的与非经济的，其区别在乎人生行为中，其性质是否关系于生活之维持和发展所必要的物质手段之获得和使用，换

言之,经济的乃是关于人生幸福之物质的方面即"富"的关系。所以合拢起来说:经济学所研究之对象,乃是调理人生生活上必要之物质——调理富——之时所发生的人与人之间的社会关系。申言之,就是说:只要人与人的社会关系,而非专关于富的性质的,不是经济学之对象,富的本身,它也不能单独为经济学之对象;必须富的本身有社会关系介在里边,乃可称为经济学之对象。所以这对象,要言之,就是社会关系之一的经济关系。

从前——十八世纪末叶——英国经济学者(正统学派)有取物本位的倾向,以为经济学只是关于富的学问,自然是不对的。现在莫不认经济学是以人为本位的了,饶息尔说的:"经济学之出发点和归著点都是人",大体上却还算不错;但不如说是"社会的人生"。

如上所说,经济学研究之对象,已当明白了。至于经济学之定义,百书百样,——也有不下的——莫衷一是;尤以时代不同的人彼此所下的定义,更不一致。我们找一个详细精确一字不必更改的定义,简直地是找不到,我们自己也不能包办这样的定义。所以只好把这上文的意义总起来,下一个解释,暂且算一种定义,"经济学,是一种社会科学,是一方为关于调理富——调理人生生活必要的物质的关系——的学问同时他方又为关于人与人之社会关系的学问,换言之:人类是必因为创造物质的幸福——富——而要互相结合一定的关系的,研究这种社会关系的科学——所谓一种社会科学——就叫作经济学"。再用别的话来说明,还可说:人类为个人的社会的生活之维持发展获得物质的手段而致用之之人生行为——调理富的行为——叫作经济,对于这经济之一切关系——社会关系之一种——加以科学的研究,这种学问就叫作经济学。按照经济关系——经济学之对象——不外生产和分配的关系,又可以说:经济学是研究人类在社会的生活中之生财的和用财的种种活动之关系的学问;其义一也。下二节讲的东西,也有足以作经济学定义之注脚的,可参证着看。

第二节　经济学之任务及研究方法

第一款　经济学之任务

学术之研究,普通概分作两部:(一)探求现象事实之原理法则的,名之为"学",或叫"科学";(二)请求把原理法则施用于实地的,名之为"术",或叫"技术"。原来学之于人和术之于人,都是供人生之用的,是不可偏废的,若从广义的说法,学也可叫作一种应用术,所以社会学的创立者奥格斯题·孔德氏说过:"无论什么科学都应当以指导人生行谊为职志,换言之,就是学生之所有事,在能树立为生之术的根基。"这话很可以表示学之根本任务。但是现在把学术分开,也只是划分讲求之范围以便于担任工作,学不是表示学和术是不相干的;所以仍然可以规定学有学的任务术有术的任务(孔德氏所谓术乃是泛说的)。经济学既是一种学,那末它的任务,除根本上要带着供指导人生之用之性质外,当然是以探求那贯于经济关系上种种现象事实之原理法则为任务了。申言之,它的任务必是在乎观察那些关系于经济的诸现象事实,加以定义加以分类,以发见其间所存在的原理法则,而且又是以此为范围的。至于经济学上所立出来的法则道理应该怎样在实际生活上去适用?怎样设备使它有大的效能?可以说这不是经济学的任务了;因为这是关于实际问题的技术问题,已可归到甚么立法家行政家和作实际经济活动的人们的肩上算他们的任务了。普通所称为"经济原论"——或"纯理经济学"——的任务,固然是如此,就是称为"经济政策"——或"应用经济学"——的,它的学的任务也是在乎原理法则的探求发见。所谓原理法则之发见,就是要:察往观今测来,从事实上把存于个个现象之间的因果关系因果法则找出来。这原理法则,就是足供指导人生之用的东西。

在科学上作为探求之目的的法则,可分为二种:(一)是自然法则;(二)是社会法则。自然法则,即所谓"因果律",凡是受这个法则支配的现象,不论何时何地——无时间空间的限制——始终必按照这法则而发生一定的因果关系,而不或爽;所以一旦立出此种法则来,对于这种现象,就可在远隔之地知其发生的形式,又可以预测将来的发生情形。自然科学中,多有此种法则。但是自然科学中也不是全都有这法则的,而且有时发见的不完全,所看出的未必真是那法则的本身性质。——如牛顿的力学法则,已受安斯坦的相对论的修正之类。但是我们也仍不能把自然科学中这种法则之存在,加以否认。经济学是一种社会科学,它的法则,现在不能有这自然科学中之因果律的性质,只有"准因果律"之性质,

乃是属于社会科学中之"社会法则"的。社会法则,只是社会的倾向之概括的记述,就是记述那在一定条件之下得期待团体员之行为的一定过程的。所以经济学的法则,也不外记述经济关系上之倾向的;普通又把它叫作"经济法则"。这法则之倾向原是由人之意思生出来的,所以与自然法则,自是不同;但是若说经济学上无法则,甚至因而说他不成为科学,也自是不对的。况且经济法则,又不外社会上人事的预测,也可说是一种自然法则——准自然法则——,是必然的法则;因为自然法则乃是表示物与物之间人与人之间自然成立的关系之意思,这个关系,限于具备一定的条件前提的场合,是必然发生的;在这种必然性上说,经济法则与自然法则简直地又可说是"一而二二而一"的样子。人类学术智力愈进步则必愈能探得更较精确的法则;经济学者,当努力探求经济关系之普遍性的法则,以致用于人生社会,这是很重的任务,是很有希望的事。

第二款 经济学之研究方法

当那前世纪社会科学发生以前,人都以为:只有自然现象可以用科学的方法来研究,以为人生行为方面,极其复杂而不规则,本不能用科学的方法来研究,不能找出理法(原理法则)系统来。到了社会科学出世以后,人心就大变了,就知道:人生行为关系虽极复杂而似无规则,也可以分析之辩证之得到一定的理法关系,也可以用科学的方法来研究了。这就是因为(一)社会变化也有它的本质和自然法则在内不专靠人类的愿望——更不能说唯心;(二)人类愿望固有相当的改变社会的力量,而人类愿望及其力量也是自然关系之使然,是特种环境的产物,个人、社会,直接间接总是受着宇宙自然法则的支配,其中都可以找出因果系统之必然的关系来。所以我们对于人与人的经济现象种种关系——所谓经济关系——也要用科学的方法来研究它。

一切科学之共通的研究方法,有两种:(一)是归纳的方法;(二)是演绎的方法,经济学的研究方法,也不出这两种。从前经济学派中有归纳学派演绎学派的名称,就是因为他们所据的研究方法或专属于归纳或专属于演绎的原故。现在已经没有专拘于一种方法的了。这两种方法,固然是必须相助并用反复证明而后可以作有效的真理之探究,但是也要注意:经济学之任务是要观察人生实际的本色,以事实为基础而发见其原理法则的,这事实的观察最为重要。就是必须先以事实为基础,由归纳法得到结果。再以这结果为前提而行演绎法以取出它的精神。倘若不作事实的观察,没有事实的基础,而空想地假定一个抽象的前提以行演绎,那就决不容易有甚么多大价值了。从前个人主义经济学派,以"人是己利的,财产私有自由竞争是可以得到全社会的公平利益的,又贫乏是必要的……"作他们演绎的前提,所以成了辩护资本主义的经济学,直到现今还有许多执迷的经济学者照这样推论,这就是不根据事实的演绎法,尤其是那假定一个所谓"经济人"的抽象的东西,以为推理之基础的荒唐演绎法,更不可用。必定是由归纳而得到的原理法则,乃可以作我们演绎的前提,如社会学、生物学、心理学,以科学方法所证实的原理法则,就有时供我们经济学作某种演绎之用;所以演绎方法也有用,但也必要有归纳的事实观察之基础。

至于归纳的研究方法里边,又可分为(一)历史的研究,(二)统计的研究。历史的研究:就是追溯自古至今人类社会经济现象关系之进步发展之过程顺次而研究之,找出它的变迁之迹,探究它是在什么理由之下受什么法则之支配而致这样的变迁。统计的研究:就是对于经济现象的关系用大量观察法,观察他究竟是为什么实现这样的倾向,因此求到它暗示的支配经济现象之关系的法则是什么。所以一切人类历史一切社会统计,都可供经济学的研究;特别是经济史、经济统计更是经济学上最要紧的研究材料,而历史学、统计学,也自是于经济学之研究上有关重要的了。至于所谓研究方法的三阶段:即(一)先对事实加以精密周到的观察;(二)以种种学识经验的意思作种种的假设;(三)实地检证那假设之是否适合事实。能够证实的才以它为"真"的。这是科学的方法中之要点,也是我们不可不注意的。

第三节　经济学之区分及与各科学之关系

第一款　经济学之区分

关于经济学内部的区分,普通一般学者,多是分为:(一)"纯理经

济学",(二)"应用经济学";或是叫作(一)"经济原论",(二)"经济政策";又或叫作(一)"学的经济学",(二)"术的经济学";这三种说法,用意都是一样。这都不外表示一部分是纯理的,专管经济学的原理法则,一部分是应用的,要把这原理法则施用到实际上边。这种分法,是不妥当的。我们在前节第一款中说过,经济学,既是一个科学,它的目的上的任务必在原理法则的探求而且以此为范围,它指导实际应用,也是以供人生之用的原理法则为指导,虽是在那相当于"经济政策""应用经济学""术的经济学"的部分,也是如此,——以探求理法为己任,不是负实地指挥命令之任务的——所以设了学和术的区别,使经济之术立于学以外去讲;所以说普通一般那三种区分法,是不妥当的,都不值得采用。我们以为:"一般经济学"和"特殊经济学"这样的区分法,倒是比较地好些。前者,可以简单地就叫作"经济学"。后者,是多数部类的总称,分而言之,则又各有各自的名称:如"农业经济学"啦,"工业经济学"啦,"商业经济学"啦,就是属于特殊经济学的。一般经济学之任务,是要对于经济之一般现象的关系而探求适用于一般的原理法则;特殊经济学之任务,是想着把一般的原理法则,运用于经济生活的各种特殊方面——农、工、商……——研究它们发现的状况,同时又探究各方面所发生的特有的法则;法则之探求发见完了,就算尽了各方面之学问上的任务了。总而言之:经济学是一个学,不包含纯技术的部分,分不出理论的部分和应用的部分来,只当区分为一般经济学和特殊经济学。我们现在所讲的这经济学,就是一般经济学,所以单叫"经济学"。

第二款　经济学与各科学之关系

经济学内部之区分,上文已经说过了。那末它对外与别的科学又是怎样区别怎样相关呢?我们前边第一节曾说过,经济学是社会科学的一种;既是社会科学的一种,所以也不是自然科学,也不是别种的社会科学——如法律学、历史学、政治学等等。从前孔德氏曾主张:包括社会所有方面只可全认为一个单独科学,凡把这以人类社会为对象的科学作成各种分科的,都不合理;所以照他这样说,把经济学作成一科之学,也自然是不当的。但是实际上是不能这样说的,因为分科之原因,多半是因为科学内容的发达由简而繁,分开研究乃得精细乃称便利,并非因为否认它们彼此互有关连或本为一体的原故。那末,先说分科之标准,又应该怎样呢?就是怎样才可独立成一科呢?我们回答这个问题,可说:一科学之能够独立不能够独立?要单看它有没有特别研究的对象和特别地独立研究的需要——因繁难而须分工?我们且看看:经济学是怎样?

经济学是社会科学。自是关系人的科学,是研究人的关系的。但是,它不是把人看作一种生物或动物来研究人的肉体上构造机能的;所以它与生物学或动物学不同。它也不是考察人的生理或病理的;所以与生理学病理学又不同(生物学、动物学、生理学、病理学,属自然科学)。经济学研究人的关系,又不是对于人之精神活动的状态研究它的作用之自体的;所以它与那心理学认识论等等也不同。因为所谓"经济学是关于人的",乃是说关于人之行为的。但是又不是涉及人之行为全部的。就研究人之行为关系中说:经济学不是要研究:对个人对社会的关系上规定人自由活动范围和那因管理此关系而发生的问题;所以经济学与法律学也不是一事。它又不是研究对于人之行为立善恶之区别而为价值判断的,所以经济学与道德学又有差别。经济学,乃是要研究关于人在社会上因为人生生活的维持发展而获得必要的物质的手段而利用之的行为关系。所以经济学所研究的,是人生生活上所表现的许多行为中之特定的一部关系,也就是以人生生活各方面之特定的一方面的关系为对象的。那末,经济学是有特别研究的对象,与众不同,已可知道了。而这对象的范围,是人生极重要的一部分,是人生第一步的基础,考之历史,"一切社会关系,都依靠着经济生活的变迁——尤其是依生产方法的变迁——而变迁","古代社会,封建社会,中等阶级社会……都,过是生产复杂关系合成的结果";经济关系之重要和复杂,又是不能否认的。这样关系附在那一科去研究,也是不便的。所以经济学是有特别研究的对象,又有独立研究的需要的。所以它可以成一科之学。反言之:它既成了一科,所以与各科学各有其范围而有区别了。

然而,前边也说过,各科学的区别,本是因为不区别开研究不能专精

不得方便的;若说到它们的目的——任务上的最终目的——可就是没有一个不是"为人类谋"的性质。有此共同目的,所以都有关联,都有"相得益彰"的互助的关系。若说到各种社会科学——经济学以外的——更当与经济学有密切关系;因为经济学所研究的人之行为,决不是孤立的性质,乃是在社会生活之下的行为的意义,乃是一种社会关系,社会关系乃是各种社会科学的共通征表(社会科学这名称是它们的总体概念),各种社会科学是从各方面来研究人的社会关系,它们所研究的各种人生行为关系,是可以从同一个人的身上发生出来的。所以它们彼此的有关联有影响,是当然无疑的事。何况人类的经济生活是一切生活的基础,社会式构中的变化没有一个没有经济的原因,也就是没有一种社会科学的对象不受经济学的对象之影响的。对象上有这影响,则学上也必有这影响;别的社会科学不可不特别注意经济学,是不用说的了。而且这样影响还可说:虽少不了相互影响的性质,而大体上别的社会科学——如政治,法律,道德等——的思想总不外是经济关系的反映;因此研究经济的人,看到别的社会科学,也可以推证它们背影的经济关系。至于历史学,统计学,——有所谓经济统计学——心理学,——有所谓经济心理学——社会学,生物学,以及哲学等等,无一不直接间接有助于经济学的研究,这是当然不待论的。经济学不是因为与别的科学绝交而独立成科的,也当然不能因独立成科而就与别的科学没交涉。它在学问界,好像我们一个人在社会里边一样,不是孤立的存在,而是共同生活的关系。如此说出,经济学与别的科学的区别和相互为理的关系,也就可以知其大体了。

第四节　现代经济上有重要关系的两大学派及其趋势

我们把经济学自从它在十八世纪第七十六年——前清乾隆四十一年——创立以来,按照它全体的性质和本位的变迁,可以分成两大种类,这两种经济学,因为它们的创立者所处的时代不同观察的能力不同,所以虽然他们都有注意历史和社会全体利益的特点,而他们的式果竟大不相同；若就着人类社会的演进学问研究的进步来说，也确是当然的变迁，是第一步、第二步的程度关系，换言之，只是经济学改造进步的结果。这两种经济学，一种是由经济学的始祖亚丹·斯密斯（1723—1790）创立的，所谓个人主义的经济学；一种是由科学的社会主义之始祖可尔·马克思（1818—1883）创立的，所谓社会主义的经济学。这两种经济学，虽然本是新陈代谢的关系，但是人们对于这种关系有以为然的，也有不肯以为然的，所以就分成各是其是的两派，如今也还是这个样子——有个人主义经济学派，有社会主义经济学派。

个人主义经济学派所讲的个人主义经济学，又叫作资本主义经济学，因为他们是承认资本主义经济组织的。所谓资本主义经济组织，就是以资本和资本家之利益为本位的经济的社会组织；资本主义的社会，是把那可以充社会全体利益的资本，不归社会全体公有，而归于社会中资本家阶级那部分人们所私有；所以必有没有资本的无产阶级存在，也就是必有资本家阶级和无产者阶级存在；于是生产而供给社会人人生活上必需品的事业，乃由私人之资本家作为自己的营利事业以收得利润增殖资本为目的而经营起来，资本家以外的那无产阶级的人们——劳动者阶级的人们——就只好把自己的劳动力卖给资本家，换得一些所谓赁银，用它糊口而度命；这种社会，以资本家的利益和资本的利益为主眼，而劳动者的利益和劳动的利益不过是附随的性质，是微乎其微的性质，所以资本的利益和劳动的利益有冲突的时节，劳动的利益当然被牺牲而说不到甚么可以自由竞争，若非在毫不妨碍资本利益的界限内就毫不能有求劳动利益的余地。这样的组织，就是资本主义的经济组织，也就是我们现在这旧社会组织的肖像。个人主义经济学的根本思想，第一就是先承认这样资本主义经济组织而赞美之辩护之，第二是承认这样组织下，各个人之利己的活动而且讲这自由竞争的利己活动是不期然而然要增进社会全体的利益的；所以在政策方面，他们主张自由放任主义，以为公家不必对个人加以保护干涉，个人自知利己最能利己。所以把它叫作个人主义经济学，也叫作资本主义经济学，或自由主义经济学，这种经济学，由亚丹·斯密斯创立，——《富国论》是他的代表著作——由马尔撒斯（1766—1834）——《人口论》是他的代表著作——及芮可度（1772—1823）——《地代论》是

他的代表著作——继续建设完成。后来把这一派的学者,就叫作个人主义经济学派,又叫作古典学派,或正统学派,或英国学派。

到了十九世纪,资本主义经济组织已经熟烂,各方面遂发生种种弊害,其不适于社会经济的进步,已彰明较著,已不像亚丹·斯密斯时代那样在社会上利害参半了;于是个人主义经济学派所讴歌的资本主义经济组织,依历史进行的必然结果,已无异在人类公益报上登了要求改造的广告了;于是有一位对这样广告应募的可尔·马克思遂忠心一意地负起计划研究改造大责任了。他对于初期的社会主义——空想的社会主义——找出科学的基础,对于资本主义经济组织加以纵横解剖;成立了一个具理论系统的科学,这就是社会主义经济学的诞生。这种经济学——经济关系的研究——有两种理论的根据:一是历史观,一是经济论,经济论详于马克思的大著《资本论》中,历史观是他的观察法,他自己并没有一本叫作《唯物史观》——后人研究他的历史观所加的名称——的著作。据他的研究:社会的组织全是按照那社会当中之生产力的程度而定的,——譬如由渔猎时代酋长时代进到农业时代封建时代,进到农业手工业时代,进到机器工业时代(即大工业资本主义时代),这些历史进行的变化,都是因为生产力变化的关系,——社会的生产力增加则富之生产方法必变,不论什么样的社会经济组织,全是一时的历史的,它那经济组织在有利于社会生产力之发展的时代,一定被人维持,一旦成了妨碍社会生产力发展的时代则必至归于崩坏;这全是由过去的历史所证明的。所以按马克思所研究,苟欲求社会进步向上,不管你愿意变化不愿意变化。社会组织是非变化不可的;他证明资本主义——主要是财产私有制度——已到了非妨碍社会生产力不可的趋势,他预言它必崩坏而将代之以社会主义的经济组织,所以他主张社会组织改造论。他看出一切过去的历史都是阶级斗争的历史,所以他指出社会主义实现的手段不能依靠那专待人心自己改造的道德说教,而应当依靠联合立于不利益境遇的人们,组织集中民众实力的政治团体,依权力征服特权阶级;如此把生产的资本归社会公有,财产私有制一变而为财产公有制,消灭那"耕牛无宿草仓鼠有余粮"式的生产分配关系,成立共劳共享以社会全体的利益幸福为本位的经济组织,就是把资本主义的经济组织废除而使社会主义的经济组织成立，才合于历史进行的要求，才能有利于社会生产力的发展而得维持，才可以免除阶级免除斗争，而有人类真历史的第一页可写。这就是社会主义经济学之大概的意思。自从这个学说成立后，有的人们加以研究，心服首肯从而讲求之，有的人们因先入为主或囿于私利关系，闻风怯走而仍保守旧经济学说，所以学者之间，间有两派；所以与个人主义经济学相对而把这些演求社会主义经济学的人们就叫作社会主义经济学派。

原来这两派的创立者——斯密斯和马克思——研究学问的辛苦精神都一样令人佩服，他们所用方法也有相同之点，就是斯密斯氏本是说明资本主义经济组织是历史进化必然的产物，他未见到此种组织的缺陷，所以建立了个人主义经济学，而马克思氏则更证明依历史进化必然的经过，应当由资本主义的经济组织产生社会主义的经济组织，因此而建设了社会主义经济学；他们的观察方法，很像相同，只因时代不同，时势各异，所以结论就不同了；假使斯密斯氏生在马克思那时代，也许作出像马克思一样意思的结论来？这两大派经济学，学理本身，已经是先进后进的关系，个人主义经济学说，根本上已经算得了"经济学史材料"的谥号而作古了。这两种学派，现在固然仍是一时并存的形势，但是旧派的人们已多半成了社会改良主义派而势如强弩之末了。且看实际上各国旧经济组织——资本主义的组织——已改造的或将改造的势力，不是一天一天地膨胀起来了吗？这正是因为承认社会主义经济学学理的人一天一天地增多了的原故。正是时代的要求——实际生活上必要的要求。那末，这两派——及其所代表的制度——必将由事实的指示，学理的日明，进行它们的优胜劣败适者独存的大势，是不容疑的了。

第二章
经济关系与富

第一节 经济关系

第一款 经济关系之性质

前章第一节曾经说过,经济学研究之对象,乃是调理人生生活上必要的物质——调理富——之时所发生的人与人之间的社会关系。这样的关系,为社会关系之一种,这样关系叫作经济关系。这经济关系,可大别之为二:(一)生产关系,(二)分配关系。这因为事实上:(一)社会中的人与人既不能不为生产富而结合于一定联络之下——不能不结富之创造的人与人的关系,——所以此时社会分子之间,自然不得不成立一定的生产关系;而在如此关系下将富生产以后,这些参加于生产关系上的人们,就要大家享用它,大家都是人人有分地要取用生产物——富——的,于是——不能不发生富之分割的人与人的关系——此时社会分子之间,又有了分配的必要;所以就这种场合说来,乃是既有一定的生产关系存在,同时又必有一定的分配关系存在,生产关系与分配关系,可说是同一经济关系之表里的两面,是连带的关系。(二)更有某种富,它的供给,因受自然的限定而为绝对不能以人力增加的;但是纵然生产是不可能,而分配之于社会人人却是有可能的;在这样场合说来,关于这种富之分配关系,可以与其生产关系毫无联络而成立。如此,经济关系遂得分为生产关系和分配关系二种。它们各自都为社会关系之一种。至于马克思所称生产关系,系指人类为生产其生活必要的物资所直接必不可避的社会关系，凡社会的生产实行上所必不得不发生的一切经济关系——普通所谓生产关系(狭义的)及交通、交换及生产用具之分配,各生产种类之社会成员之分配等关系——都包含在内;普通所谓分配关系——生产结果的生产物之分配关系,马克思只认为对于生产关系为"准独立"的地位,大体仍是依靠生产关系而存在的。如此说法,纵使把分配关系作为生产关系之一部,然为说明便利计,也仍得分经济关系为生产关系及分配关系二种。而且无论如何,也都是人与人的社会关系之一部;彼此部分当然具相诳的关系。

第二款　由经济关系而生的经济学上根本问题

经济关系——前曾说过——乃经济学之对象;经济关系既可分生产和分配二种,所以经济学之根本问题,也必要分为二种:社会全体之物质的生产力——即富之社会的生产力——依如何的原因而被左右呢?这个问题,也就是说:我们一切人们就着社会全体关系而营物货的生活,是什么道理?而且这物质的生活之增进的程度——即物质的生产力之发展的程度——因异其社会异其时代而随之不同,又是什么道理呢?以及,这社会之生产力与组织社会的那些人们的生产关系间,究竟有如何的联络呢?再换言之,这问题就是说:在一定的社会的生产力之下,成立如何的生产关系?因而伴随着社会之生产力的发展,在那组织成社会的人们之间,生产关系必然受如何的变化呢?这是第一个问题。研究这样问题,是属于经济学——即经济原论——中所谓生产论之职分的。但是社会的生产所造出的富,在它一旦生产了以后,更要分配于社会各员之间,这是常事,而且它的供给,虽是那种受着自然的限定之富——如土地——在某场合,也有分配于社会各员之间的必要;因此伴着生产问题,必更至于生出分配问题,这就是说:社会之富若分配于社会各员,其结果,这生栖于同一社会的人们之间,有的人们享受到非常地超过社会平均程度以上的物质生活,反之,又有的人们受着低劣于社会平均程度以下的物质生活。这样差异,果为在如何的分配关系上生出来的呢?这是第二个问题。研究这样问题,是属于经济学中所谓分配论之职分的。因此,所以经济学可以说是研究那伴于富之生产和分配所发生的社会关系的学问。因此,要知

道能作成经济学对象上的富——经济学上的富——乃是社会的生产和分配上必要而可能的,纵令人为的生产有所不可能,至少其人为的分配亦必须是可能的。因此,我们就不能不更特别说明这经济学上的富与非经济学上的富的差别;我们改入次节详细去说。

第二节 富

第一款 富之各种意义

"富"这个名词,由广义解释之,可说就是使人类由外部享到的幸福的意思。这些组成富的个个物体,单名之曰"财"。但是,财这物体是什么意味的东西呢? 其说不一,我们可以说:财就是人类以人类的特质而创造人的真实生活所需用的物体;换言之,人类理性道德向上发达乃是人类的真幸福,所以凡帮助人类之身心的健全发育而有直接间接使人类理性道德向上发达之作用的,这种性质的外界物体,就是财。这财的体样有种种,因它们使人类享到一定的幸福,故总名之为富。所以富这东西,实具有三要件,即:(一)须有一定的物体存在,(二)须有一定的人类存在,(三)这物体对人类须具有益作用的关系。如此所说的怎么叫作富,乃是由人生全体着眼而论的,是学者间意见之一而应为我们所赞成的。

至于世人一般所说的怎样是富? 极为泛杂,莫衷一是,很是一个难问题;纵然是在同一的社会同一的时代,人人的意见,也是不免互有差异的。所以我们只好把在一定时代一定社会之大多数观察所称为富的作为那时代那社会的富罢了。再说世人一般所称为富的,不但其说不一范围无定,而且我们在道理上所叫作富的,世间反不认为富;而把那不可叫作富的,世间反倒常常当作富看待:(一) 本来明明可以看作是富而世人却不认为富的;比如自由财就是:这种财,供给丰富,取之不尽,用之不竭,不生所谓贫富的差别;乃因此不论何人却不承认它是富,所以也不把它叫作富。(二) 本来明明不可说是富的本身而世人竟把它当作富的,这是因为人们把"某物"和"某物之作用"和"由某物之作用所生的结果"三项混而为一,分不清楚的原故。自然也是这三项有因果相连的关系,所以不免把这本可个个分别得开的东西弄到相混,相混的结果,于是成了:(一)有的场合就把那对人类的身心上为一定作用而使享到幸福的外界物体叫作富;(二)有的场合就把那由外界使人享到幸福的作用本身叫作富;(三)又有的场合就把这幸福的状态本身叫作富。前曾说过,我们认为叫作富的,乃是使人类由外部享到幸福的,所以富这样东西,原是由人类以外的物体成立的。像上边第二场合,世人竟把不能当作富看待的叫作富,这乃是把物和人相混同了。例如在某时代某社会,有一种人,被他种人所有,在社会上不能享受人的待遇,只当作单纯的所有物看待,因此把那人的本身也看成了一个富,所谓"奴隶"的就是了。又如今日资本主义经济组织之下的劳动者,虽然不是像奴隶那样成为属于他人所有的物体,但是劳动者所提供的劳动,今日仍不外看成一种商品,资本家雇用劳动者的劳力,正和他为自己营利的目的买用水力电力没有两样;所以劳动者本身,在今日虽说不能完全当作人类以外的物体看待,而劳动者苟为既参加资本家的生产关系中的时节,劳动者的劳动和某种物体的作用,可以说是完全受同样看待和支配;换句话说:资本家对那些人们的劳动,只是看作单纯的一个富罢了。

如此说来,可知:泛由人生立脚地的观察上所叫作富的和世间一般所叫作富的,是怎样大有差别了。我们为避免这两种富说法的混同,可把前者通称为"富"或"财",把后者特叫作"经济上的富"或"经济财"。这以上,说了:(一)泛由人生立脚地而观察时所应叫作富的是怎样?(二)世间一般所叫作富的是怎样?既知道这些意思,我们就可以说:一切经济财,不能全成经济学上的财,关于经济财虽是必发生一定的经济问题,而一切经济问题并非都是经济学上的问题。所以要知道:"富"不但与"经济上的富"有区别,它们又是与"经济学上的富"不可不明白区别的。下款续为说明。

第二款　经济学上的富

在前节说明经济关系的煞尾,曾经说到:能作经济学对象上的富,乃是社会的生产和分配上必要而可能的,纵令人为的生产有所不可能,至少其人为的分配亦必须是可能的。这就已是经济学上的富之性质的简单说

明。拿这样性质和前款所述非经济学上的富来比较观察，大体就可以判定经济学上的富之范围，是比那泛由人生立脚地的观察上所叫作富的，其范围极狭；而且比那世间一般所叫作富的，其范围也稍狭。

现在为详细明了这种关系，更可以用我们生活上离不了的水作个例子来说说：水是我们生活上不可缺的，这是谁都晓得的，它不但供我们洗濯治食，而且人的身体本身也必须有水才能把营养物送于体内，把废物排泄于体外，所以我们不能不说它是很重要的一种富。但是可以说它是富而不能说它一定是经济学上的富。因为在那人口稀少泉水河水供人们自由利用的场合，这种水正与我们由天空吸收的空气一样，乃是一种自由财；这种自由财的富，没有特别去生产它分配它的必要，所以不在经济学研究范围之内，它不能叫作经济学上的富。

申言之，自由财之特征，是它的供给纵然再增加也不能再增加人类的幸福，所以人类也不企图它的生产，因而它就不能成为经济学对象上的富。这里所说，自由财再增加也不能再增加人类的幸福意思：（一）是说已成自由财的财之分量再增加亦无益于人类；至于未成自由财的财能变为自由财而使自由财之种类增加，虽然可以增加人类幸福——如食粮之有限的供给一变而为如空气之无限的供给，则争食忧食上的不幸福可除，——但这个增加关系，只是由非自由财之增加而变为自由财，不是已成自由财的财之增加；（二）并不是说自由财的存在与人类幸福无关系；因为自由财虽不是经济学上的富，若由人生的立脚地来说，乃是最有益有用的财；人生必要的富，极力由自然予以丰富之供给，因此使那有待人为的生产和分配之必要的富范围缩小，这自然是人生关系上最可喜的事了。不得已而求其次，人生必要的富不能很丰富地——像空气一样——由自然与以供给，倘因此而在人为的生产分配之必要范围内能使经济学上之富多多存在，这也算是人类中可喜的事呢。

照上边所说，我们知道水这个富，是曾在某种场合，全是一种自由财。但是人类从早就因为用适当的方法以取得适当的水，费了若干劳动而作出一定的设备了，如凿井、设闸等就是。如此得到的水，已经与吸得的空气不同了；就是，这样水已经不是自由财性质而是叫作"经济财"的了。关于这经济财，是必生有经济问题的，就是说为得到这经济财要费多少劳力呢？但是这层若在个人或一家族以自己劳力生产水而自己用它的场合,水虽有了人为的生产之必要,但这生产是个人的是孤立的,尚没有社会的生产之价值,所以就使发生经济问题,也不成为社会问题,当然不是今日经济学上所过问的复杂问题。所以在这样场合的水,严密说来,已经不是自由财,而成了经济财,但是尚不成其为经济学上的富呢。倘若是各家族在自己家庭以内有不能得到适当的水的困难,或是有不能得到适于特别需要——如用特种水酿酒,用温泉水疗病——的水的困难场合；往往是水就成了买卖的目的物,既成了买卖物的时节,自然那人与人之间,就必发生一定的社会关系,有了这样关系就成了经济学上的问题；此所以在这时的水就明明是经济学上的富了。有的场合水的供给,虽是由于社会的生产方法,而它的分配却不是由于买卖交换的；如意大利的某部分,属于部落或都市公有的泉水,原是自古遗留下的,住民可自由取用那水,这种场合,因为泉水的设备是在从前已经费过人的劳力的,所以决不能说那水是自由财,但是现在对于那水的设备,毫无修理之必要,所以只要它能供给,不论谁都可以自由使用,另外没有甚么复杂问题可以发生。这种场合的水,也自然是不能成为经济学对象上的富。但是,若说到近世都市中自来水的设备,不但蓄水池、铁管等等设备,需要很大的费用,就是对于时常的修理,也不断地需要一定的费用；所以虽是供水事业作为都市公共市业经营的场合,究竟这些必要的经费之分担,是应该怎样办呢？此事可就不免惹起复杂的经济问题来了。在这场合的水,也就明明成为经济学上的富了。

  由上边所说的看来,水这东西,固然是人生不可缺的,是极要紧的一种富,但是必定限于我们感到它的社会的生产和分配之必要的场合,它才能成为经济学上的富,纵使它的人为的生产是不可能的时节,但仍不免发生分配问题,至少须发生此分配问题的,才能成为经济学上的富；不然则否。例如古董品,虽是由一定的人费劳过力而生产的,而它已是现在不能为复生产的了,只因其分配为可能,所以也算是经济学上的富；但这种富——古董——并不是对人生最重要的,最重要的实例,就是土地。不用说,我们现在所利用的地基和农地等等,都是费过人类的一定的劳动,由开辟那荒芜原野而生产出来的,而且就是在今日,也不只是用一定的劳力

去化森林地为农地,化农地为住宅地;并得因海面之冲积等等关系而使土地之面积增加。如此严格地说来,我们今日为一定的目的而使用的特殊土地,似乎也不是必定不得生产的呢。但是由大体上说来,却是自然不可不说土地的复生产是不可能的。所以土地这种富被我们看作一种重要的经济学上的富,这重大理由,还是关系于它的分配问题。就是因为它的分配是可能且必要。照上文严格地论来,经济学上的富当然是有像土地这类情形的。但是这是很少数的例外罢了。现在我们把这少数的例外除外,我们可以说经济学上的富,都是限于有社会的生产和分配之必要且可能的富。

要而言之,某种东西,若成为经济学上的富,至少要有三特征:(一)必须它的供给比较着我们所要求的少,这就是说稀少性是经济学的富之第一特征;(二)在物的供给比我们要求稀少的场合,我们因为尽其可能的程度来增加供给,必是要费一定的劳动的,除去很少很少的例外,我们可以说一切的富都是可以因人类费劳动到某程度而增加其供给的;这就是说由人类的劳动能够使它复生产,这是经济学上的富的第二特征;(三)虽然已能够拿人的劳动作某种富的复生产,倘若不因此而发生人人相互间一定的社会关系,那也仍然成不了经济学上的问题;这就是说除了少数例外,原则上要人类拿社会的劳动作富的复生产,这是经济学上的富的第三特征。

总上所述,经济学上的富之范围和性质,也当可以明白了。由它的特征上又可知经济学上的富,特是与劳动极有密切关系的了。换言之,经济学上的富之生产,要点在人,在人之劳动(虽说一切的富不是以劳动为唯一的源泉)。这层,后边劳动章中可以再说。

第三章
生产之概念及要素

第一节 生产之意义

经济学上所谓生产的,是说创造富的物体功用,是人类为主动自然物为被动地造出适于人生需要的物质的供给的意思。因为富这东西,既是指有用的适于人生需要的东西,那"物质不减不增"说永远不变也好,现在是可变的也好,反正自然存在之物,不是天生就都直接适于我们生活需要——动物的人性上必然的欲望,——因此必须由人设法变动,才可以化无用物为有用,使有用为更有用;使不合适的成为合适的东西。这样人为地利用种种的法则,而变化既存在的物体之形状、色彩、性质、位置等等,使人生有用之物增加出来,使某种物生出对人生的新效用的事,就叫作生产。所谓效用,就指那物体能满足——合于——人类生活需要——特种欲望——上的功用。

普通在经济学书中,常说这效用有四:(一)从素质的效用,(二)从形状的效用,(三)从场所的效用,(四)从时间的效用。又把生产种类,也分而为四:(一)获取自然存在之物体的,如采矿、渔、猎之类;(二)利用自然力以使一定种类的动植物生长繁殖的,如牲畜、农林之类;(三)用上二种生产出的原料而变化之结合之的,如各种工业制造之类;(四)使以上三种生产事业的生产品接近于适当的消费者的,如交通运输业之类(一般谓商业为生产的就是假此理由)。

于此有一问题,即马克思经济学说中所谓"生产"的,究指何意呢?是否如严格尔思(1820—1895)所说包含人类生命之复生产——即子

孙之生殖——呢？本来，马克思曾有时把生产二字用作极广的意义，如《共产党宣言》中有"精神的生产伴物质的生产而变化"的文字，而且《资本论》中也有"人类是在彼等的'人的生命之复生产'上互相结成的关系"的文字，这很与严格尔思所说"实的生命之复生产"的话相似。但是看他——马克思——在《经济学批判》的序文中，用有"人类是……结合在彼等物质的生产力之一定发展阶段所适应的生产关系中的"这样文字；这所谓物质的生产之中决不包含人类自身的生产（人口之繁殖），已无可疑。在马克思最后著作即《资本论》的全体思想上看来，由他以生产力为历史之一元的动力的唯物史观看来，马克思经济学说中的生产意义，按照他学说全体关系，可知道确是"单指这人类生活所必要的货物之生产"的意味。（参考河上肇《唯物史观研究》页六〇以下）

第二节　生　产　行　为

生产结果所造出的效用，所创造出来的富，不待说是限于物质方面的——经济的——；所以生产行为也就是关于物质效用之创造的人生行为。既为关于物质效用之创造的，所以如教育家、音乐家、诊断师、文学家等等的专务行为，固然也能表现出于人生上有必要的效果，然而这决不是生产行为；因为这些行为于人之身体精神有直接关系，而不是对于离开人身以外那物质上增加效用的。但是，所谓"不是生产的"这句话的意思，和"于经济无关系"的意思，不可相混。教育家等等的行为，虽不是生产的，若就其于经济有关系之点看来，只要是那业务之执行是为了获得生活之维持和发展所必要的物质的手段的，就一定是经济行为而无疑。其所以不为生产的行为，只是因为这经济行为由其目的上或实际上表现出的结果看来，它不是为直接产出或增加经济上的效用而行的；所以"不是生产的行为"，决不以"不是经济的行为"为前提，所以虽不是生产行为，自然照样可以是经济行为。换言之，经济行为，不一定都是生产行为，经济行为不限于生产行为。倘若以为是经济行为必定是生产行为，不是生产行为必也就不是经济行为，这就错了。

第三节　生产力与生产方法之意义

依马克思唯物史观上所谓生产力的意思,是指物质的生产力,且常常以物质的生产力一语代生产力一语。他因与精神的生产对称,特用物质的生产这名词,就是造出我们生活必要的物资之意;得为这样生产的可能性就把它叫作生产力,又叫作物质的生产力。这样纯技术的概念,不属于经济的、社会的种类;所以可知生产有技术上为可能而社会上不能实现的场合,有社会的生产关系束缚生产力的场合。

再者,"自然"对于这生产力,是有怎样的关系呢?可以说,马克思是把它与人类的劳动一并作为生产力之第一次条件的。他对于劳动之生产力,分为(一)自然的生产力和(二)社会的生产力。自然的条件——若人种若土地之地理的状态,——对于生产的好处,常是只能助以可能性,而不能与以现实性;自然的生产力,虽不能否认,但它只能说明社会与社会间之差异,而不能说明一社会之变动,所以不成问题;只有社会的生产力,乃特成问题,因为社会上的生产力之发展是社会组织变动的根本原因。所以生产力及物质生产力二语,马克思又以社会的生产力一语代之。

至于所谓生产方法,即获得生活资料之方法——如渔猎、牲畜、农、工、商。这正是社会的生产力要靠着它的进步以图发展的。若问生产方法又怎样能进步呢?这可说是要依照劳动手段(劳动具)及劳动方法两者的变化而行的。这两者的变化有因果相互的关系,若不伴着劳动手段的变化,劳动方法是不得单独变化的。因此若说"劳动手段不只是劳动之生产力的尺度,而且是生产方法以及生产关系的指示器",正无不可。

第四节　生产与消费

生产的意思,是凭自然界之"有物有则"以人工创造物质的效用以满足人生物质的需要——满足衣食住等等物质的欲望——的,不是把宇宙原无的物质本身能以凭空创造出来的。所谓消费,也与此有同样情形;就是消费并不是把物质本身消耗、毁伤、灭却的意味,乃是使物之效用灭

却或减少的意味罢了。其行为之形式，与生产也是一样，或在物的方面或在人的需要——欲望——方面，只要是由一种变化使物的效用减少或消灭，这就是消费。如此看，所谓生产所谓消费，实在不过就着由同一的人和物的关系所生的效用上面区别其积极方面的发生增加和消费方面的消灭减少，因而称前者为生产称后者为消费罢了。所以消费又有消极的生产的称呼。特别是在把某物作为材料而变化其形状性质等以使效用增加时，有两种情形：（一）为行那生产，先把那物的材料上固有的效用失掉以发生新效用；（二）不把那材料上固有的效用失掉，只是增加它的效用的。前者如以米造酒，后者如嵌金刚石于指环，就是例子。前者的场合，是为生产而须先消费的，所以又有生产的消费的称呼。但是也不能严格这样说，因为有时一种消费，可以同时供生产的一部分和不生产的一部分共用而不能分出生产的和消费的部分来；而且一般为生产的目的而消费的，一旦生产失败，终成不产的消费的场合也不少。所以不但究竟应由目的或结果以定其区别这层不能一定，纵使单就目的或单就结果说也不能定生产不生产的区别。所以我们不能问目的结果，只当由效用的增减生灭来看：凡是生的增的就叫作生产，凡是灭的减的就叫作消费；况且，生产的行为是为消费而为的，消费是为能生产而消费的，这样互为目的和结果的关系，总是不能不有的；又怎能以目的或结果作出它们的区别？总之，生产消费的关系，不外对物之效用—关系之积极的和消费两方面而已。

第五节　生产之要素

生产，是人为主动而物为被动地造出适于人生需要的（欲望的）物质的供给的意思；说到生产，当然非有人和物的存在不可。所以我们首先必能知道一切生产行为非靠人的身体的精神的活动力不可，就是非有劳动不可，非有劳动简直是不能想象到生产的。而所生出的效用是附存于物质的效用，当然又非有一定的物质存在不可。此所以自古讲生产论的，也早就是常常这样说到：劳动和其客体要件的物质，为生产要素；必此二要素相结合才有生产之可言。把生产之要素指为劳动及其物质的要件二者,这也可以说是不错的了。但(一)关于所谓物质的要件,又有二种说法:(1)有的说是把所谓物质要件的东西总括起来,加以所谓资本或资本财这样名称,这名称下不再设甚么本质的区别;(2)有的说是所谓物质的要件之间,有天然存在的和由人为而成的二种,不可不加以区别。这后者为最古之说,即生产三要素说;指要素为(A)劳动;(B)天然力(主为土地);(C)资本。前者则说生产要素只是(A)劳动;(B)资本二种:此说较为后起。(二)此外:(1)马克思更说到,生产用具之分配和生产的各种类之下社会成员之分配——决定生产编制的——又是构成生产之一要素的。(2)学者或谓只有劳动是生产的根本牺牲,是生产富的真要件,以为生产论即是劳动论;这是因为看出自然生产力在经济学上是不成问题的,成问题的只有社会的劳动的原故。要之,这两种说法,都很注意到经济关系是社会关系的了。

第四章
劳动

第一节　劳 动 之 意 义

劳动,就是人类为达一定目的而为筋肉和精神之活动应用的意思。故它是一种有目的的手段;人类以外的活动,不叫劳动;人类之一切的活动,不能统名之为劳动。如牛马之力作活动,不可谓之劳动,人类之无意识无目的的活动,也不得说是劳动。劳动以人的身体筋肉活动为主,因为是有意识的,当然不能不也有精神心思的运用参在中间。普通一说劳动,总不免联想到"努力"、"注意"、"忍耐"以及"苦痛"的观念,知道它与自由跳舞、自由欢歌、畅谈、游戏不同;这不仅是因为劳动有目的的限制,而且是因已往的人类劳动多是迫于外界关系而牺牲其自由太甚的;后边第三节,还有详论。

从广义言之,甚么政治家的政治劳动,甚么教育家的教育劳动等,即非所谓经济劳动的,也都是劳动或教育劳动之一种。但这名为政治劳动而目的实系专在求经济生活的,仍然算是经济劳动。经济劳动,可分为:(一)生产的劳动;如工人之制造货物,农人之耕种田地,就是。(二)不生产的劳动;如理发师、医生、优娼、司法官等的服务,就是。二者的区别,就在那种活动是不是直接为创造富之物体效用的,是不是创造实物之使用价值的。若从狭义言之,不生产的劳动,可叫作"劳动",只有生产的劳动才叫作"劳动"。生讲的劳动,就是指这狭义的劳动。

劳动之有神圣的价值,在经济关系上说就在它能创造富之物体效用,能创造实物之使用价值,而为生产的要素而为人类日常不可缺的要件。这样劳动,有三个要素:(一)人类的目的行动,(二)劳动对象物,(三)劳动器具。人类的目的的行动,就是人类把自然物变成可以满足人类望欲之物质的需要的关系,这种客体的自然物或原料——加过人工的自然物如制造桌椅时所用的木材——就是劳动对象物,劳动时所用的一种补助机关如木匠之锯斧等,就是劳动器具。劳动对象物和劳动器具,总称为"生产机关"。

劳动的意义,再用别的话说,也就是劳动力之使用的行为。所以"劳动"与"劳动力",是有密切关系的,但并不是一物,不可混同。劳动力,是劳动的能力,依马克思的说明,就是"人类心身能力的总括,存在于人的肉体人的活人格里边,人每当要生产何等使用价值的时候就把它运转起来的东西"。在资本主义生产组织之下,劳动力是劳动者卖给资本家的一种商品,但劳动则虽是一切商品价值的根源尺度而不是商品;劳动是依劳动力这样商品的消费而生出的,好像由于香宾酒这样商品的消费而生出醉意一样,资本家买劳动力而不买劳动,正如资本家买香槟酒而不买醉意。

从事于劳动的男女自然人,叫作"劳动者";但资本主义经济组织中所谓劳动者,是指劳动力之所有者而以卖掉劳动力于资本家才得生活的人们。劳动者是一个阶级,是与资本家阶级对立而被掠夺的;劳动者因为资本家阶级把生产及供给机关——工厂、土地、矿山、铁路、生产物品的机械——都占为私有了,所以在打破这私有制度以前,除了死以外,只有向资本家——买劳动力以赚钱擅福的阶级——卖掉劳动力以得一点生活资料的工钱(赁钱),所以又叫作"工钱劳动者"或赁银劳动者:又因只有附属于资本家阶级找一个自己的主人以卖劳动力,此外甚么东西都没有,所以劳动者也叫作"无产阶级者"。

第二节 劳动与生产之关系

我们照以前各种说明来讲,可以说除了自由财——即其供给虽再增加而人类幸福亦不因之增加的那种富——外,凡在人生上算作富的,都是由人类的劳动而生产的,而且除了少数例外以外,对于经济学上的富,人

类是不断地以劳动而使它复生产着的。亚丹·斯密斯在他的名著《富国论》里开卷就说:"各国民之年年所消费的一切必要的及便宜的物品,这供给的本源全在各国民年年的劳动;它们常是劳动的直接生产物,否则也是用那劳动的生产物由别的国民购买的。"这很表示了劳动与生产之关系重大。

不待言,唯一地单靠劳动而生产,是不可能的;因为富是于人类有益的物质的东西,决非由人类的劳动可以把宇宙中原无的物质本身创造出来,决非能把无形的劳动化为有形的物体,不过是创造那富的物体的变相的效用创造物体的使用价值之程度而已,不过是把既存的物质加以劳动使它们的位置、形式对人类的关系等等生了变化,以致化无用为有用,化有用为更有用而已;要之,人类必须使人类的劳动与自然的物质结婚,才能有适于人类欲望的富的人为的生产。所以,米尔(1806—1873)说到生产之要素为劳动及自然二种;威廉·裴提(1623—1687)也说:劳动是富之父而土地是富之母;而马克思也说:劳动决不是富之唯一源泉。这是不能否认的。

但是,所谓自然,乃是存在于人类社会以外的,自然无论费如何之力而为种种的自然的生产,与人类社会上的某人负担劳动,完全不同;我们可以向着自然不用提供何等的报酬而无偿地掠夺自然力。所以自然这个东西,虽是对人类社会供给种种材料又可供给动力以助人容易生产富,然而它的动作为无意识的关系,它对生产毫不负责,决非有目的地按人之所要求而供给物品而创造富的价值作用。所以在这样意味上说来为人类所要求之富之生产的,也却可以说:只是人类,只是人类的劳动。又可知:亚丹·斯密斯以劳动为一切富之本源,又以为一切东西的真代价就是在乎它们里边不得不有人的劳作和困难的关系;这样说法,也是很有道理的。

再看,德国柯祖基氏在所著《马克思经济学说》中说:"所谓劳动,原来可说一方面是一般人类劳动力之生产的消费,他方面又是为达一定目的取一定形体的人类行为;前者是构成人类一切生产行为的共通要素,后者是因人类生产的行为之不同而不同的。"这也是表明一切生产非消费劳动力不可。如是,我们可知:人类劳动,既是"使用价值的创造者",

就也——总可说——是人类为生产富的根本的牺牲！也正如马克思所说："不拘社会之形态怎样，劳动对于人类种类之生存，乃是一个必要的条件；这乃是一个永久的自然所课的必要；没有劳动，人类和自然之间，就没有甚么物质的交换，因之就不能有甚么生活。"那么，（一）怎样可以使这牺牲减少呢？（二）这样牺牲的负担怎样分配在社会各员之间呢？（三）怎样按那负担的相当分配程度以决定人与人之间的关系呢？这些实是的和当为的问题，乃是在生产论中占最重要地位的，非由劳动上与生产上连带解决是不行的。照这样说来，生产论与劳动论，差不多就可以看作是一而二二而一的样子。

以前已把劳动之意义和它与生产的根本关系，说了一个大概了。然这生产富的劳动即生产的劳动，究竟是具有如何性质的人类活动？还有单独解说的必要；而这劳动具如何性质才真成为人生之牺牲呢？这也要跟着说明。

第三节　生产劳动之性质

第一款　生产劳动为人类之意识的活动为筋肉的劳动

一　大凡人类的活动，可以分成意识的活动和无意识的活动二种。例如心脏的鼓动，血脉的循环，是基于生理的本然作用的，及其他只是由于本能、习惯等等的发作自然而起的活动，都是无意识的活动；反之，基于一定的意识乃实现出来的活动，就是意识的活动。所谓劳动，所谓生产劳动，是有目的的努力，当然是一种意识的活动。

二　人类意识的活动，又可分为精神的活动和筋肉的活动，所以人类的劳动也可分为精神的劳动和筋肉的劳动。不待言：许多的场合因为精神的活动，同时须劳其筋肉，因为筋肉的活动同时须劳其精神，单纯精神的劳动或单纯筋肉的劳动，简直是不可能的事；但是我们所谓精神的和筋肉的区别，不是说它们不相关涉，不过认为凡是以精神劳动为主目的的时节——同时虽也劳及筋肉——我们就把它叫作精神劳动，凡是以筋肉劳动为主目的的时节——同时虽也劳及精神——就把它叫作筋肉劳动。

照这样说，所谓生产劳动，当然是筋肉劳动而不是精神劳动：这因为如前所述，富的生产，在根本上是人类对物质加以变动才可生产，而普通的场合，人类若只作精神的活动是不能变动外界的物质的，惹起外界物质的何等运动的，必定要有筋肉之力的活动，除了筋肉的劳动，本是不能设想到生产这回事的。而生产的人不可不为筋肉的劳动，这也就是它对于人生不得不属于重大事体的一个原因了。

第二款　生产劳动为可以目的在内可以目的在外之活动

人类的意识活动，若就着目的所在关系而分类，又可以分成目的在外活动和目的在内活动二种：（一）所谓目的在外活动，就是说活动的目的成就，不在活动本身，而在活动本身以外，换言之，不是为那活动而活动，是为活动以外的目的而活动；（二）所谓目的在内活动，就是说活动目的之成就就在活动的本身，换言之，就是为那活动而活动的。详言之，前者乃是为达另外一种目的之手段的活动，从事于活动的目的，既存在那活动以外，所以必到了结果而活动完了时节以后，那目的才能实现；后者乃是那从事于活动之目的就在那活动的刹那当时而实现，所以说目的之成就就在那活动的本身之内，也可说活动本身就是目的，另外没有目的。再说，这两种活动，目的在外活动既是为达某种目的之一种手段的活动，所以它对于为活动本质的人类，本来是无益的活动，在这个活动的当中，不是实现人类之人生目的的，即不是创造人类之真生命的，而人类从事于这样活动之时，乃正是被人生目的以外的事夺去其生命牺牲其生命罢了！那么，现在我们试看：为生产富所必要的劳动——生产的劳动——是一种什么性质的活动呢？我们就事实说，至少在今日资本主义经济组织之下，工钱劳动者（赁银劳动者）向资本家所提供而卖掉的劳动，只是为得工钱而不得已所取的手段，而且那工钱（赁银）是由资本家的资本所支付的，而不是由劳动者生产的生产物之一部所支付的，劳动者所提供的劳动与其所受的工钱，二者全无何等关系；这种劳动是目的在外的活动，已是定不可疑的了。（参考广州人民出版社出版的马克思全书第二种《工钱劳动与资本》页六）

如上所述，生产富所必要的劳动，在现在资本主义组织的社会，是依人类的生命之牺牲而活动的,这在人生上,不能不说是一种可悲的现象!所以这种关系,也就是劳动时间之缩短问题在现在的旧社会上有重要的地位之一大理由。但这生产的劳动之目的在外的性质,是绝对的必然不可变的吗?一定不是的!因为:若能把一切劳动者由劳动而生产物品之事,使人认为是对于人类的贡献,而且把那对人类的职分认为是人们的生存之主义与目的的时节,那么,凡人从事于劳动的事。劳动本身也就是得以实现为人的目的的。因此,一切生产的劳动,也就可以说是都能成为目的在内的活动了。不过这样的劳动,在人类社会上确是"当为的"关系上的主张,而在今之资本主义经济组织之下则是"实是的"关系上所决不能实现的罢了!

第三款　生产劳动之苦痛性

一　如前所说,依我们的观察,生产的劳动,固然不是不得为目的在内的活动的,但在资本主义组织社会中,则几乎没有不是目的在外的活动的;同时也没有不带苦痛的。所以有的学者——如法国季德——就想到:生产劳动之所以伴有苦痛性质,就是因为是目的在外活动的原故;且以为不论如何种类的活动,苟若是以它作为实现某种目的之手段的时节,就都不免有苦痛随之而生。这种说法,一见很像极有道理,其实细考察起来,并不甚妥。这因为一定的活动之快不快,并非专靠那从事活动者之主观关系而决定,那活动的本身也本来就有快不快的区别。例如:最幼稚的野蛮人,对于获得生活资料的事,极其怠惰而不活动,但是一方面如此而同时他方面对于跳舞的事却有超我们想象以上的那样非常热心的活动;这种天实,乃是学者旅行者观察上所一致的。但是我们要问,同一的肉体的运动,为什么为获得生活资料所要的劳动,极其被嫌恶,而跳舞的活动却极端地受欢迎呢?作这个答案,若像前面的说法,说是只因为当作某种目的的手段而活动所以伴生苦痛;这样主观的说明,到底是常识所不许,是不能得到六十分的答案;所以我们必不可不进而就着活动的本身发见出它的如何如何的差异;然则我们先就跳舞的特征来考究罢。它的特征,大体有二种:(一)具有简单平易的若干单位,规则整齐而反复行之,(二)这样反复的活动在一定调子韵律之下。我们试把人类之意识

的和无意识的活动通盘地观察一下，就可见凡具备这样特征的东西都是能作长时间之继续的，而且所伴随的苦痛程度较少。若说到劳动在许多场合都是不免伴随苦痛的原故，也就是因为那活动之性质上都缺少像跳舞这样的特征。所以为使一定的劳动亘于长时间而苦痛得减少，必定要尽力把人之肉体的活动使它与跳舞之形式相近，就是要把劳动由人为它分析为简单平易的肉体劳动之单位，在一定调子韵律之下，规则整齐而反复活动。这种方法，古时人类也曾实行过，所谓"劳动之跳舞化"的就是。比如"劳动歌"——劳动时"唱以忘劳"的歌——"劳动乐"一类的东西，毕竟也不外本此要求而发生的。照以上这样说来，人类之活动，它本身本来就是有快不快之分别的，这就是说某种活动，不论它是目的在内活动或目的在外活动，都能使人觉到一种快感或觉到苦痛的。而这种使人觉到快感的活动，虽别无目的，只是追求伴着这活动而生的快感，竟早已成为一种游戏而盛行了；但是——与这个大不相同的——那为生产人类生活必需的物质的活动，不幸而不能成为这种形式，因此才多半是不免伴随着一定的生理的苦痛了。从此可知道，生产的劳动并非因为是目的在外活动才伴随了苦痛，乃是因为是一种伴随着苦痛的活动，所以限于为达一种另外的目的而必要不得已的场合，才成了目的在外活动而活动了。

二 在人类活动之性质上，还有一层也要注意：即活动之本身虽已有快不快之区别，但是否论具有什么愉快性质的活动，倘若继续活动到了某种程度以上的时节，必又要渐有苦痛伴随而至的，而且这种苦痛又是随这种活动的继续时间之愈长而愈增大其程度的。所以不论何种活动，虽是照着跳舞游戏那样活动的场合，若到了一定继续时间以上，那随着活动所发生的快感也必至减少渐至于有苦痛之增加，总其全体结局来看，终是成了苦痛之感。所以人们的一种游戏活动，若是除了由那活动而生的快感以外，另无别的目的的时节，本来人们是既无所贪恋以忍其苦痛，当然必至在生苦痛前早把那刹那的活动停止了。这实在是纯然的游戏所以不得为苦痛的原因。换句话说，游戏的活动，是出于喜悦的兴趣而有适可而止的自由的，所以无苦痛可言。倘不是这样的关系，而是一种为达一定目的而不得不作一定程度的活动，则必至那活动虽是如何苦痛也不可不按照某种目的所必要的程度而继续着作下去，这样一来，纵使那活动之性质上最初是愉快的,而因为必要把它继续到某程度以上的关系——超过适可程度而不止——,结果,大多数的场合究不得不成了一种苦痛的活动。

要之,(一)活动本身性质上,本是有快不快(苦痛不苦痛)之区别的,(二)虽是伴有快感的动动,若其继续时间延长到一定程度以上的时节,也全可以成为苦痛的活动。而所谓生产劳动的活动:(1)本来是一种不快性质的活动,而(2)又加以一定程度以上的继续关系,那当然是不免为不快的活动性质,而不得不为苦痛的性质了。

第四节 生产劳动为人生之牺牲之原因

前节已经把生产劳动的性质说过了。我们已可知道劳动这种活动,性质上是不拘从事劳动者之主观如何,本来是伴着苦痛的东西,不论目的在内活动(如游戏)或目的在外活动(如为换工钱而劳动),全是可以生苦痛的;所以劳动的苦痛不能说是全发生于目的在外这一种关系的。但是这并不能就说目的在内或在外与劳动之快不快是没有关系。要知道:虽是同一的活动,若是作为目的在外而活动的时节,比较那作为目的在内活动的场合也总是苦痛多而快乐少(于心不平意思不自由)的。这因为:以前所说,乃是专指由生理的原因而生的肉体的快感或苦痛;然而人是有理性的动物,其活动是有意识的,所以人类在为一定的活动时节,不但能觉到感觉上直接发生的快不快,而且能感觉到:因对于目的之成就上有所意识而生的精神上的快乐。而且:(一)这活动之目的愈高尚则这精神上的快乐愈大,(二)这活动与从事活动者之目的愈有密接的联络则精神上的快乐也愈大;不然者反之。所以,现今资本主义组织之下的劳动者,单当作换工钱的手段而活动,这就是目的在外活动的劳动(心不平意思不自由),所以当然不能伴有精神的快乐,所以对于伴有肉体的苦痛的劳动,更不得不嫌恶了。我们知道,避苦痛而求快乐(肉体的及精神的),是人类天赋的性情,生产的劳动既伴有肉体的痛苦,所以它确是人生的一大负担。但是人类既不是单求感觉的肉体的快乐而生存的,而是另有创造人生价值的目的的,所以人们纵然不免因从事于生产的劳动而负担一定的肉体的苦痛,倘若专是因为必如此才能实现人生真生活的目的,

这也劳而无怨,不成甚么牺牲的问题。那么,生产的劳动所以然真正成为人生之牺牲的原故,实在是因为它终不能有意识于人类本来目的之实现以生出精神上的快乐罢了!换言之,就是生产劳动在它成了目的在外活动的状态之下,这才是生产劳动对人生成为一大牺牲的负担之根本原因。"目的在外活动"这一点,不是劳动苦痛发生的唯一原因——目的在内活动到一定活动程度也发生生理上的苦痛——但它却是苦痛劳动成为人生之牺牲——简直是人类生命之牺牲——的根本原因。此又所以:为减少人生无意识的苦痛之牺牲,不可不着眼于使人人在自己劳动自体之内具有自己真生活的人生目的,确是劳动上的根本问题。然则,打算使人人在自己劳动自体之内具有自己真生活的人生目的,又将如何才行呢?要言之:(一)唯心地讲求"一切劳动之道德化",资本主义组织下的爱民式的"社会政策",这类的说法和办法,都是无意味而不彻底不中用的!(二)必须按历史进化必然律的指示,按社会革命成功的先哲先觉们的研究和经验,把不合人类理性的社会组织一切制度根本改造才行!必须依科学把解决这问题的物质条件设法造成才行!

第五章
协力及分业

第一节 绪　　言

　　生产是靠劳动而行的,前章已经说过。但是使劳动之生产力发展的原因是什么呢? 第一,自然要具备劳动能力之一般的基础条件:本来劳动能率,是因民族而异,因时代而异,因居住之处所而异,因人人先天的个性和人人各自所爱的教养——尤其是因技术练习之如何——而异,又因劳动之时间长短而不同……然而这劳动能力,统统是要以个人之肉体和精神的状态为基础的! 这个基础——个人的身心健康状态——,一方受种族之遗传、地方之气候等等自然关系的支配,一方受当时文化的政治的经济的等等社会关系的影响,而有最切要的直接的影响的,更是个人的生活状况! 食不饱则力不足而才美不外见,乃当然之事;从事劳动的人们之衣食住休养时间……种种关系,不只是劳动者人生发展上的重要问题,乃又是与劳动能率最有直接关系的问题。所以,在以合理的社会人生为前提而研究劳动问题的人,固然主张由每日八小时每周四十八小时的工作时间制进而改成每日六小时每周三十六小时制;就是以在赚剩余价值为目的的资本家,也有因为生产能率可增而赞成六小时制的了。所以资本主义社会里边,在法律上习惯上还容许劳动者有最低生活费的,不是一种报恩——劳动恩——的善意,而是一种为利用劳动力而不得不忍耐(若一文钱不出也可以照样使用劳动力,这一定更是资本家所大欲)。总而言之,劳动者必有能使身体精神得以健全的生活,才能有劳动生产力的发展基础;在适当的自然环境和社会环境之中,才有一定的劳动能率之增加;这就是劳动能

力之一般的基础条件。第二，进一步，依劳动组织而使生产力发展的重要办法，就是协力及分业。本来，协力就是二人以上的人互相合其劳力以作一事，以生产物品的意思。广义言之，它可以分成二种：（1）单纯的协力（狭义的协力），就是全然同一的业务而由二人以上的人协力作它；（2）复杂的协力，这是二个以上的人分担业务，各人作各人的，因有连属的关系，终可以意识或无意识地合其力而收协同的效果。而所谓分业又叫分劳，不外就是这复杂协力的别名。普通所说分业之观念，包含三种：（1）社会的分业——属于农工商等生产事业的各种职业之分担——（2）地方的分业——因地制宜的分作业务，国内各地方的分业和国际的分业皆是——（3）技术的分业——一职业内生产技术的分掌，如工厂中把制造之全过程分若干部使多人分别担任——；这是广义的说法。若就狭义的来说，分业乃是指同时同一经济单位内生产全过程的一部——一阶段——之分掌关系，换言之，即所谓劳动者间之"劳动的分业"。

第二节　协力及分业之效果

第一款　共同组织上之作用

总括言之：协力的生产力，比组成协力分子在不协力时个个生产力的总和更大而迥然不同；就是比个人单独力作，可以较小的牺牲而得更大的效果。凡少数人个别的劳力到底不能作成的业务，或困难而作不完善的业务，多是可由协力作成功作得完善，至少可由协力增加其成功的可能性而减少其困难程度。例如：一人或十人移不动的石柱，若四五十人一齐移动它就可以不觉苦而且迅速的移开它；又如由轮船向岸上卸砖的时节，劳动者排成一列由甲传递乙由乙而丙而丁……只以手递不必动身，可比那个个劳动者往来运搬，速度非常增进。何况人是社会的动物；共同劳动，可以互助鼓励竞作而生兴趣的刺激，苟不是时间太长或使人不堪的事，人当乐为，当然比个人的劳动进行速而效程大。亚丹·斯密斯在他著的《富国论》第一编第一章题——为"劳动之分业"——里边，曾举制造留针的有名的例，以明分业之作用，他说："一人拉铜丝，又有一人把它拉长,第三人把它切断,第四人把它镶头那端磨光;而制造那头的工作又有两三种;把造成的头镶起来,也是一种分业;把针洗白,又是一种特别分业;而所造成的一根留针,把它插在纸片上,又是一个分业。所以制造一根留针,要用十八种的工作;而这十八种的工作,在几个工厂,还是要经过十八种劳动者之手。""若以劳动者十人分担之,在一小工厂(一人有兼二三业的)一日可制出四万八千根以上,平均一人一日制四千八百根以上;若此劳动者十人各事其业务之全部,按此十八种手续一一顺次为之,则一日连二十根也作不出,甚至连一根也怕作不好,换言之,比起分业共同制造结果来,自然够不上二百四十分之一的效果,甚至连四千八百分之一的效果也没有。"(现在劳动者一人一日可制一千五百万根)再看自亚丹·斯密斯以后,历代学者差不多都是像他这样传说;没有人不承认分业在生产力发展上有极有力的效果。

第二款　分业实行上之利益

由分业而生的利益,主要的可分为二种;就是:(1)伴于实行分业的原因事项而生的利益,(2)伴于实行分业的结果关系而生的利益:

第一、伴于实行分业的原因事项而生的利益:所谓伴于实行分业的原因事项,就是关系自然和关系人类而先天存在的性质上的差异。前边说过,物品之生产,乃是自然和人类相待而行,互不可缺的;其中自然的状态,因地而很有不同,而人类的性质,也是因人而很有差异。地方不同,人不同,那末,它们对于一定的生产物之生产,当然是有适宜不适宜的差别了。而所谓分业的意思,就是为使物品的生产限定在适宜的地方由适宜的人担任它,以得到这样适宜的利益。由此可知:土地及人类之先天的性质有种种的差异,这一层,一方就是所以行分业的原因,同时他方就可说分业是为使这样差异得为增加全体的效果而为有利的利用。这不可不说是人类由分业所得的第一种利益。平常所谓地方分业、国际分业,由地理的分业所得的利益,就是由于土地之自然的差异而生的;这是因为土地之自然的性质有差异的结果,于是有的地方,就很容易生产某种物品,有的地方就简直是绝对不可能,或则可能而比较地困难。例如金刚石的生产,差不多只是限于南非肯勃来矿山地方,在这地方的生产,约占全世界生产量十分之九五；像金刚石这东西，若想在别的一切场所自由生产，简直是不可能的事；此外，金银铜铁煤矿等物，都不过是在某地方比较地丰富而生产就容易，在某地方比较地稀少而生产就困难些而已。又如咖啡、砂糖、香蕉、棉花等物，在热带地方，极容易生产；而在寒带地方虽说不是绝对不可能，但是如同专设温室多用人工等等，都要有莫大的费用，比较地总是困难。如此看来，地质、地味、气候等等所谓土地之自然的性质，是因地方而不同的，因此对于一定的物品之生产上适宜不适宜，也就因地方不同而显然很有差异。因此：使各种物品之生产，集中在各处最适宜的地方，各得其所；这就是因为实行地理上的分业而生的利益了。在土地，有自然的性质上之差异，同样，在人类的天分禀赋上也有若干的差异，这是极显而易见的事。而因人分类的意思——如社会的分业、技术的分业——，也就是使适材置于适所，因此各尽所能，人人得以把许多的不可免的差异作成有利的利用。所以分业乃是因为于人有利益。不用说，在从来的有阶级的社会，通于社会全体的事务之分担，并不是以人人的能不能为标准而决定的；但是在那同阶级同职业的人人之间，也自然是按人人的天分性质能力而实行一定程度的分业了。以上是分业的第一种利益。

　　第二、伴于实行分业的结果关系所生的利益：（1）先就着人的关系来说；因分业之实行，而一定的人不断地从事于一定的业务，其结果，使人人之熟练精巧的程度因而增加，这是一种最主要的利益。这因为，如前所述，人类的天分禀赋有一定的差异，是定不可疑的事实，这层在一方固然确是实行一定分业的原因，但是在他方既实行分业以后，结果使人人特殊的能力，后天地得以发达起来，这也是很显然的关系。试想一想，今日存在于人人之间的能力的差异，又恐怕是基于这后天的——分业的——关系的要占大部分呢！在这样意味上，亚丹·斯密斯曾说："分业，与其说是能力特化的结果，不能说是为其原因的场合更多。"可知分业的结果是成为增加人类熟练精巧程度发展人人特殊能力之原因的；所以亚丹·斯密斯又曾在《富国论》第一编第一章劈头便说："关于劳动之生产力上有最大的改善和关于劳动之指导应用上有最大的熟练、巧妙及判断力，这都是分业的结果。"（分业是这些结果的原因）（2）其次，就着地方来说；凡是以相当理由而实行分业的地方，既是把一定的事业集中的时节，那事业本身必将更成为使那地方同种类的事业得以集中的原因,就是当某地方专门地行起一定的分业的时节,必有与这事实相关连的事业兴起;因为或是求得原料或是贩卖制造品或是雇用劳动者或是此外的关系,这些关系对于经营那关连兴起的事业,都是特别地可以比在别的地方多有便利的。这是由地理的分业结果关系上所生的一种利益。以上两层,就是分业的第二种利益。

第三节　协力及分业之发达与生产关系

第一款　总说

如前所述,协力及分业是劳动之生产力发展上有力的原因,已可知道。这样对于协力及分业的观察,是自从个人主义经济学的创立者亚丹·斯密斯在《富国论》中说过以后,历代学者大多数都是这样传说的。但是,协力及分业的成立发达,对于人与人之间的关系究竟有如何的联络呢?这层,就只是由社会主义经济学的创立者马克思在他所著的《资本论》上始有了有力的说明。我们为了解马克思关于协力及分业的理论,不可不先明白:他所说协力及分业的意义是怎样?第一,马克思所谓协力,与普通所谓协力,是意味很不同的,就是说多数的劳动者同一时集合于同一场所,合力而作同一业务又凡从事于有一定联络的相异的业务的场合,这就叫做协力。而实行协力者在从事于同一业务的场合,叫作单纯的协力,在从事于相异的业务的场合,就叫作以分业为基础的协力,第二,马克思所说分业的场合,固然也曾认有广义的分业:如在《资本论》中某场合,他就曾把分业分成三种如左:

分业 {
一、一般的分业……如农、工、渔……
二、种别的分业(同事异时的分业)……如春种夏耘秋收。
三、个别的分业如在同工厂中各执一事。
}

但是马克思单单说分业的场合,就只是指那行于一个工厂以内的分业而言的,也就是指以分业为基础的协力而言。依他的意思,所谓个别的

分业——在一工厂之内部所行的分业——它与别的分业还不只是程度之不同,并且是种类的相异;何故呢?因为在资本主义社会组织下,从事于个别的分业的人们所造出的生产物,都是作成各个商品而行买卖的;而在一般的分业及种别的分业,那些从事于分业的个个的部分劳动者决不是生产商品的。所以在社会里边的分业,是由从事于种种事业者之间为生产物的买卖而成立的;在一个工厂内的分业,是由多数劳动者把那多数劳力(个别的)卖给一个资本家、资本家用资本把那多数的劳动力结合在一定关系之下而成立的;因此,前者就是对于多数的独立生产者的生产手段之分散的意味,后者反之,乃是以那些生产手段集中于一资本家之手为前提。照此看来,在一工厂内所行的分业和在社会内部所行的分业,岂不是大异其性质的么?而在马克思成为研究的题目的,主为关于在一工厂内所行的分业,所以他在《资本论》和其他著述中,单单说分业或协力的时节,总是指着在一个工厂里边所行的分业或协力而言。那么,马克思对于此等协力及分业在如何之点成为问题呢?为主的问题,就是:此等劳动组织,它与人与人之间的生产关系是有如何的关系?此所以:亚丹·斯密斯虽是主由所谓分业的立场而观察此等现象,而马克思却与他正相反,为主的是由协力的方面而观察了。

原来人类的协力及分业的活动,自从人类的原始时代就已实行了;但是与我们现在所论的却不相同。换言之,如人类学家莫尔干在所著《古代社会》中所指示:人类在蒙昧时代,已由生物的特质即性质的区别,成了男女间最初经济的分业的基础;这固然与现在所说的分业,有不同;而在古昔行土地共有制度的时代和行奴隶半奴隶制度的时代,这两时代的协力及分业,也正是与现代资本主义之下所行的协力及分业大异其性质。这因为资本主义的社会之一时征:就是社会分成资本家和工钱劳动者(赁雇劳动者)二阶级,劳动者把自己的劳动力当作商品卖给资本家,资本家用资本买入这些劳动力。所以现在必定有了一个资本家同时雇入多数劳动者,使这些劳动者在同一工厂里边从事于劳动,然后这有资本主义特征的分业——以分业为基础的协力——才能成立;而且这样种类的劳动者的分业又即协力,又是资本主义的生产上第一出发点。阐明这一层的,当然是马克思的功劳。

由资本主义的生产方法而经营的工业,它最初的形态,就是手工的工厂工业。这种工厂工业,是在那由同业组合支配的工主制度的手工业崩坏之后而继起的,是一种最初的资本主义的工业。故在工主制度存在适用之时及以前,当然是没有资本家的生产的;但是这工主制度的生产方法,为什么就崩坏了呢?这自然是要让在经济史上去研究的问题;但是,简单言之,依唯物史观来说:凡一种社会制度到了它变成束缚社会生产力之发展的时节,早晚必然地要崩坏;而工主制度的生产方法所以崩坏而一变为资本家本位的工业制度,当然也不外是受这种法则之支配的原故。

第二款　工主制度时代

欧洲中世纪所兴起的工业,是手工业;是由工主制度的生产方法而行的。那时候的工主,是一个独立的工业之经营者,而其经营所要的资本又是很少的数目;工主自身也常是从事于肉体劳动。在工主下,有所谓职工和徒弟等并在;这类人一步一步地都可成为工主,所以工主和职人及徒弟之间,虽是有一定的支配关系存在,也并在至于发生永续的冲突。不用说,这种状态,若想伴随工业的发达而永久维持得住,这自然是困难的;然而支配当时工业的同业组合,随着从事工业者之增加,发挥其资本上独占之性质,设种种规则以限制劳动者,其结果:永可妨碍资本主义的生产方法之成立,因而妨碍资本家及劳动者二阶级之对立。由同业组合对于工业上所加的限制:一方是使从新不易成为工主,他方是对于一个工主所使用的职工及徒弟之人数设极严的限制。所以:一方呢,那存在于组合以外的商人中有相当资本的人,便不得成为工业经营者了,这些人们,以商人的性质虽然可以买得无论甚么种类的商品,但是若以工业经营者的性质把劳动力作为商品而买入,却是不可能的;他方呢,一个工主所得使用的职工及徒弟人数既有了限制,所以多数的劳动者在一个工主之下在同一工厂而为互相协力的机会已是没有,自然也没有行分业之余地了。倘若实际发生分业之必要的时节,也不过把现有的组合设法分成若干组合,或是进而于原旧组合之外增设新的组合就是了。因此,在同业组合支配范围内的工业,在一个工主之下,既没有事集中的情形,又没有在同一工厂的多数劳动者同时从事于劳动的情形;此时从事于劳动的与从

事于劳动所必要的生产手段,是常常密结着而不相分离的。而那为资本主义的生产方法之前提的:所谓劳动者和其生产手段的分离以及伴随这个而起的一资本家购买多数劳动者之劳动力的现象,在行工主制度的时代,乃是决看不见的,是没有的。总之,工主制度时代,只有单纯的协力(狭义的协力)而没有大多数劳动者在同一工厂以分业为基础的协力。

第三款 手工的工厂工业时代

依工主制度而行的手工业,到了不能适应一定社会的生产力时节,遂遭崩坏;起而代之的,就是所谓手工的工厂工业(或叫工厂手工业)。马克思所谓"不是近代的大机械工业,又不是中世工业,更不是家内工业,这种工业",就是它。它大体从十六世纪中叶到十八世纪末叶,曾支配了全欧洲的产业。按它起源而分类,可有二种:(一)第一种是由那从事于同一业务的多数劳动者被一个资本家集合于同一工厂而成立。这一种工业,在最初的情形,若比较起那工主制度底下的手工业来,它不过是由一个资本家同时使用的劳动者的数目比较增多罢了。此外事实上并不算有甚么大差异的:如个个的劳动者,也是像前时代用一样的方法(用手工)作加工于原料以作成制品,作成以后,把各个的东西全部归各自取得。所以在资本家的生产的最初的形态所行的协力,也仍不过是单纯协力而已。但是,一旦多数劳动者集中在一处而劳动于一个工厂之后,不久就在这些劳动者之间成立了分业,而且各个劳动者把全体的劳动工程取一部分,专门地分担起来;于是这工厂的生产物已不是各个劳动者个人的生产物,而成了一群劳动者之"社会的生产物"了。如前述亚丹·斯密斯所举制留针之例,就是如此。(二)至手工的工厂工业之第二种,则是:由一个生产物之完成上所必要的许多个个不同的业务——就是在从前个个独立的手工业——被一个资本家合并起来而使属于这些业务的手工劳动者们集中于同一工厂而成立的。这就是说在生产物完成之前不可不经种种手工者之手:例如造一张书桌,要经过木匠、雕刻匠、刷色匠、油漆匠等等工人之手,有了资本家,就可以把这些个个工匠用工钱一齐雇来,组织一个劳动厂支配他们劳动而共同完成这书桌。可见:这一种类的手工的工厂工业乃是自成立之初在一个工厂内就行了分业,加之,那分业又是在这工厂成立前已各自独立的手工业者相互间所行的分业；所以与前一种的场合有所不同。但它的分业虽已早行于它成立以前，而自它成立后，把那些属于社会内的分业一变而为工厂内的分业，于是实际上使劳动者业务范围比从前更加专门了，这也是极显然的。

　　手工的工厂工业，它的两种起源，已大体说过。它与工主制度的手工业相同之点，是以手工为根柢；而其差异之点，除了它这工业劳动者的工作单纯划一不似手工业时代那样复杂多样外，重要的点，乃在：它——手工的工厂工业——是由于一个资本家同时雇入多数的劳动者，使这些多数的劳动者在同一工厂从事劳动，才得成立的。所以它成立的前提，必须是有某程度以上之资本的资本家存在。申言之，因为若一时雇入多数的劳动者，不得不支给工钱（赁银），所以不得不要一定的资本。于此我们要知道：第一，得集合于一个工厂的劳动者的人数，就是由于资本家充作工钱所支出的资本额之多少而决定；第二，为使多数劳动者集中于一个工厂而劳动，必不可不对建筑物、原料、器具等也放下多量的资本——就是说用资本把相当程度的生产手段集中在某人之手，也是不可少的前提——，依照这集中的程度，就可以决定劳动者协力的范围。这种资本家，已有了一定程度以上的资本已使用某程度以上的劳动者的时节，资本家因此就得到某程度以上的"不劳所得"，而自己何等肉体的劳动也不作就可以得那相当身份的生活；到了如此状态，才得作成了一个资本家。这是与同业组合时代工主的性质，大大地不同的了。

第四款　资本家的生产之成立

　　知上所述，在生产组织上，一方成立了资本家，同时他方必然也有与此对立的多数工钱劳动者成立；而且这些劳动者是全隶属于资本家为谋资本的利益而被支配的。然则，劳动者所受资本家的支配关系是怎么发生的呢？这发生的事情，约有二种：（一）是基于一切协力的生产方法有共通技术上的要求，（二）是伴于资本家的生产方法的特种要求。

　　（一）多数的劳动者当协力而从事生产的时节，不论如何的社会如何的时代，常是必要有一个支配者统一劳动而支配之；在一个资本家之下多数劳动者协力作业的时节，这业务当然是专属于资本家权力的支配，而

劳动者当然已无力保持自己的创意以计划自己的业务,而成为资本的隶属物了,尤其是在这些劳动者间行了分业后,更是必至一个工厂的劳动者,个人成为无目的意识的生产者,全体相合而成为一个机械的样子;个个劳动者的劳动,若离开资本的支配则全然是不能有所用的。像这样,在隶属于资本更甚的机械工业以前,手工的工厂工业的多数劳动者由活的人类组成一个机械的动作,才能生产;就是所谓基于一切协力的生产方法有共通技术上的要求而生的关系了。

(二)到了事业之经营属于资本家权力之内时,其结果,自然那事业的经营就是以尽力替资本家多生利益为唯一的目的。但是既成了资本家的利益为本位而经营那事业的时节,那成为资本家之利益的和劳动者的利益,二者必至有决不能调和的关系;于是为拥护资本利益计,就发生了对劳动者作特种指挥监督的必要。这因为:受资本家支配的劳动者,除上述情形外更有如下的三大特征:(1)劳动者由资本家受取一定的工钱,因此对于自己的劳动所生产的生产物,全部失掉了所有权。所以劳动者只觉得以务必得到多些的工钱为利益,而对于务必多费劳动力务必生出多量的生产物一层,自然底是不肯到用十分的热心的,反之,资本家所认为利益的,一方是对劳动者务必少给工钱,他方又是使劳动者务必多贵时间从事于劳动,务必多多地生产生产物;这一点,二者的利益乃是正正相反地。(2)受资本家支配的劳动者之第二特征,就是劳动者失掉了对于生产手段(即原料、器具、机械……)的所有权。劳动者所使用着的生产手段,已不似手工业时代属于劳动者自己所有,而是统统地属于资本家所有的了;这就是,在资本家的生产之下,生产手段之所有者和它的使用者全然是各别存在的,因此在所有者方面,不待说,是愿意把它用得经济用得有利益,反之,在使用者方面可是毫不作这样利害的顾忌;这一点,资本家和劳动者的利益也是决不能一致的。如此说来,资本家的生产方法,是在本质上横着一个不可避的对抗的,是资本家使用的与自己利害关系正相反的劳动者,使之为谋资本家的最大利益而劳动的;因此资本家才当要对劳动者加以指挥监督:一方防止劳动者流于怠惰,同时他方又要防止劳动者对生产手段的滥用浪费之损失。像这样的劳动者被资本家支配的情形,就是所谓伴于资本家的生产方法的特种要求而生的关系了。

这样资本家对劳动者的支配,是随着一个资本家同时所使用的劳动者人数的增加——生产规模的扩张——而愈复加重的,结果,资本家自己不胜其烦,于是连对劳动者的指挥监督这些事也都委任于一定的劳动者去作了。这就是,当初因有一定资本而使用多数劳动者而曾把自己肉体的劳动免除的那样资本家,到了更进一步收集资本而使用更多的劳动者时节,就把指挥监督之劳也得免去,结果:也不从事于肉体劳动,也不从事于精神劳动,只是专靠这资本所有者的资格以资本获得极大的不劳所得而已!照此看来,有人说资本家之所得,是对于资本家因为作劳动者的指挥监督而提供的劳力所给的报酬,这种说明,除了故意欺人外,不能不说这是对于:(一)那指挥监督主要的是为的什么而指挥监督?(二)到底是怎样去指挥监督的?这两层太不注意了。

　　多数劳动者,在一个资本家之下而为协力的时节,这些劳动者自然不得不全成为隶属于资本家的,这已可知;但同时有应该注意的:就是这些劳动者在工厂里边而为协力及分业的劳动,其结果所生的劳动生产力之伟大的增加,这利益统统是归属于资本家的。这因为,劳动者们所有的劳动力,是个人的孤立的劳动力,把这劳动力当作商品由多数劳动者各别地一个人一个人地卖给资本家,虽是数千数万的劳动者把劳动力卖给同一资本家的场合,资本家也是把这些劳动力作为孤立的劳动力,按数千单位数万单位而买入的,不是把这些劳动力互相协合成为一体的东西而买入的;换言之,就是劳动者在劳动关系上是各自独立而与一个资本家结成关系的,劳动者与劳动者之间是没有何等联络的。至于这些劳动者为物品的生产而互相联络而为一定的协力时,这已经是在劳动者把各自的劳动力卖给资本家以后的事了,到此时,这劳动力早已不是劳动者的劳动力而是资本家的东西了。因此,一方劳动者作协力分业的事,不要特别的费用,一方就把这必然生出的劳动者之生产力的伟大增加,统统看作资本的生产力而统统无代价地归于资本家之所得了。这就是资本家生产下协力及分业的情形。

　　总之,到了在一个资本家之下有多数的劳动者同时被使用而相互之间成为协力关系的时节,才成立了与中世的手工工业全然性质两样的一种生产方法;而且同时,一方有今日所谓资本家的这东西出现,他方有工

钱劳动者发生,而成立了劳动者全然隶属于资本家的这一类生产关系。这样生产方法及与此有自然联络的一定的生产关系,它统统是以资本家之利益为本位的,在事实上也确是极其于资本家有利益了的;所以可把它叫作资本家的生产方法或资本家的生产关系。这样方法及关系之下所行的生产关系,总而言之,就叫作资本家的生产。所以马克思说:"比较地多数的劳动者在同一的资本家支配之下,同时同处(或在同一劳动范围)而一齐从事于同种类的商品生产,这样的劳动事情,由历史的意味上说或由论理的意味上说,都可说是资本家的生产方法之出发点。"

社会进化史

蔡和森 著

《社会进化史》为蔡和森在上海大学讲课的讲义。这里根据1929年8月民智书局第五版《社会进化史》整理出版。

蔡和森(1895—1931),字润寰,祖籍湖南湘乡永丰镇(今属双峰),出生于上海。1921年12月加入中国共产党。1923年秋进入上海大学任教授,主讲"社会进化史"。本书即为蔡和森为该课程自编的讲义。这本讲义于1924年8月作为"上海大学丛书"之一由民智书局出版。上海的《申报》《民国日报》《学生杂志》等报刊都为本书的出版刊发过宣传广告。蔡和森的《社会进化史》是我国运用马克思列宁主义阐述社会发展的奠基之作,也是中国共产党早期领导人给上海大学留下的宝贵遗产之一。

目　录

绪　论　有史以前人类演进之程序 ……………………………… 179
　A　野蛮时代 ………………………………………………… 180
　B　半开化时代 ……………………………………………… 181

第一篇　家族之起源与进化 ……………………………………… 185
　第一章　原始家族史之概要 ……………………………… 185
　第二章　家族发生之理由 ………………………………… 188
　第三章　家族形式与亲族制度 …………………………… 190
　第四章　血统家族 ………………………………………… 193
　第五章　伙伴家族 ………………………………………… 193
　第六章　对偶家族 ………………………………………… 197
　第七章　一夫一妻的家族 ………………………………… 200
　第八章　宗法家族 ………………………………………… 204
　第九章　三大时代之三大婚制 …………………………… 206
　第十章　母权与父权之争斗 ……………………………… 208
　第十一章　一夫一妻之实质 ……………………………… 212

第二篇　财产之起源与进化 ……………………………………… 216
　第一章　个人财产之起源 ………………………………… 216
　第二章　氏族共产制 ……………………………………… 218
　第三章　共产社会之风俗 ………………………………… 223

第四章	土地财产最初之形态	225
第五章	村落集产制	227
第六章	秘鲁及印度之村落社会	231
第七章	村落社会在中国之遗迹	233
第八章	宗法家族与集合财产之性质	235
第九章	土地私有财产之起源	237
第十章	集合财产之分裂	238
第十一章	动产之发达	241
第十二章	封建财产之起源及其性质	243
第十三章	商业之起源及小工商业之发展	246
第十四章	近世资产阶级财产之发达	249

第三篇　国家之起源与进化 …………… 252

第一章	伊洛葛人之氏族社会	252
第二章	希腊人之氏族	263
第三章	雅典之国家	268
第四章	罗马之氏族与国家	277
第五章	克尔特与日耳曼的氏族	284
第六章	日耳曼国家之形成	290
第七章	由封建制到近世代议制的国家	297
第八章	氏族与国家之兴替	301
第九章	各种政治状态与经济状态之关系	312
第十章	近世社会之必然崩溃	317

绪　论
有史以前人类演进之程序

自生物学昌明以来，吾人始知人类不过为哺乳动物之一种，和猿类同出于一个共同的祖先。人类达到现今这样的程度，也如其他各种动物一样，完全由于过去无虑亿兆年载之历史的演进，原始人类自从前二足演进为两手和脑力逐渐发达而能制造工具之后，才与动物时代完全分离，并且优胜于其他一切动物，而建立人类的社会。

自发生学、化石学和比较解剖学渐渐发达，各种生物演进的程序略已彰明于世。然而有史以前人类演进之程序怎样？这个问题，直到十九世纪下半叶摩尔根的著作出世才有确定的解答。所以十九世纪学术界空前的大杰作：于达尔文的种源论和马克斯的《资本论》之外，还有摩尔根的《太古社会》。

摩尔根真是发明原始人类演进程序的第一人；他身居美洲土人印第安民族中，前后考察凡数十年；他从"群""家族"以至"国家"的形成，挨次追溯社会的进化。他不知道马克斯，也不知道唯物史观的学说；然而他于不知不觉中，竟在美洲从新发明并且系统的应用了这种真理（马克斯是在他的前四十年发明的），他所研得的主要结果，大致与马克斯是一样的。

摩尔根的著作初发表时，欧洲研究有史以前的原史学家或人类学家，始而惊讶，继而攻击争论四十年之久，最后才默认而剽窃其次要的发见以为己有；至于《太古社会》中之重要的部分，他们故意含默不宣。至恩格斯著《家族私产与国家之起源》，将摩尔根和马克斯两人的意见联合一致，至此摩氏不朽之业才发扬光大于世，而历史学亦因此完全建立真实的

科学基础。

现在首述摩尔根所划分之历史的理论时代,以为本书全部之纲领。摩尔根分人类历史为三大时代:

(一) 野蛮时代

(二) 半开化时代

(三) 文明时代

而野蛮时代和半开化时代之中,随其生存方法之进步,又各分为:初期,中期,与高期。

A 野蛮时代

野蛮时代的初期——这是人类的幼稚时期,人们分部生活于树上,以果子胡桃树根为食品。所以热带森林为人类最原始的住居。这个时期重要的产物仅为简单的语言。我们所知道的一切历史时代的各民族莫不经过这样的幼稚时期。纵然这个时期经过几千年之久,我们现今已得不到直接的证明了;然而跳出动物时代而成为人类,我们不能不承认必须经过这个过渡。

野蛮时代的中期——这个时期开始发明用火;人们取鱼类(如虾蟹介壳之类及其他水生动物)以为食。鱼与火是同时发明使用的,因为鱼非煮熟不能食。由这类新食品与火的发明,人们遂能渐渐离气候与地方独立起来,沿江沿河的去寻生活。于是人类才散布于广大的地面之上。

这个时期重要的产物还有粗糙的石器。制造石器的方法,大约是利用石头去打碎石头,拿那锐利的大石片作刀斧,小的用以打禽鸟或小兽。原始的武器(石斧与石棒)就是这样发明的;并且石头打石头而生火,火也是由此发明的。所谓石器时代,大部分或全部分,即属于这个时期。

由此人们更散布于各大陆,他们既时常占领新地带,而发见的本能也更加敏捷。他们有了烤火石,随时随地可以造新食品,树根与淀粉质的块茎常可煨煮于火灰及地灶之中。随着原始武器的发明,禽兽又为人们食品中不时添加之美味。从这个时期起,人们渐渐知道打猎;所谓渔猎时代,便是这个时期形成的。然猎的产物不一定很多,有时也许一无所获。食品的来源常不确定,因而发生食人的习惯。这样的情形,有为时很暂的,也有为时很久的。如非洲与澳洲的土人,至十九世纪还停滞于这个时期。

野蛮时代的高期——这个时期开始发明弓箭。因此禽兽成为定规的食品,打猎成为通常的劳动;并且脱离前此的江河漂泊生活而入居于广大森林地带之中。人们既能造弓、箭、弦这样复杂的工具,技术程度已属不低;这种发明,足以显明这个时期人文演进的特征。然而这不是偶然的事,必须积聚长期间的经验始能成功。

这个时期的人们虽然知道制造弓箭,但还不知道制造陶器。石器则更为进步,能制造精致文雅之石器而形成新石器时代。木工亦渐渐发明而能制造独木舟及木器用具,并且渐知用树干树枝建造简陋的房屋脱离以前巢居穴处的生活;而村落的建设也在这个时期开始。纺织工亦初发明,如用手纺树皮纤维,及用树皮或灯草编织篮篓。

由此:火、石斧、弓箭、木具、手织物、独木舟、木屋、村落等生存方法日益演进,生产权威日渐确定,而人们生活亦渐复杂而丰富。这个时期演进的程序,摩尔根曾举美洲西北部印第安人为例证:这些地方的印第安人已经知道造弓箭而不知道造陶器。

B 半开化时代

半开化时代的初期——这个时期始发明陶器。依照摩尔根的研究,陶器的发明为由野蛮时代到半开化时代的过渡。陶器发明之初步,不过就木制器皿或树皮织物之外部涂以黏土,使其能煮食品耐火而不燃化;然后才渐知不需此等内部里物而纯用黏土烧铸成器。

陶器不过为使用工具的进步;而这个时期生产上的重大进步则为家畜的发明。家畜的发明,实为这个时期主要的特征。因为家畜的饲养,而某几种植物的种植也随着开始。畜乳与畜肉为主要的生产品;而皮、毛、角又可制为各种用具。

半开化时代的中期——这个时期东半球已经具有各种适宜的家畜及饲养家畜的各种植物与谷类——只缺少玉蜀黍一种;西半球的家畜除骆

驼外,其余各种哺乳动物都还未得驯养,谷类在起初的时候,亦只珍珠米之一种——不过这是一种最好的。农业初步的园圃亦已发明,并且知道用人工灌溉法以种园蔬。建筑术也随时进步,人们已知利用泥土与太阳以作干砖或应用石头以建筑房屋。

家畜繁殖成为大群之后,最先进的民族遂远离其祖先居住的森林地带向水草平原散布而入于游牧生活。所谓游牧时代,便是由此形成的。

因为人们与牲畜需要的食品渐渐增加,播种麦子的要求也逐渐扩大。此时牲畜既丰富,五谷的种植又因牲畜与人口的需要而扩大,由此食人的习惯遂致消失。

铜器的发明,大约也在这个时期。不过因为铜的硬度很低,所以石器还有作用,石器时代还没有完全终止。

半开化时代的高期——这个时期始发明铸铁与简单的文字。铸铁与文字为人类进于文明的渡桥。借着铁器的发明,耕种地面才有扩大之可能,人类生产才向农业时代演进;山林荒野,日被开垦而成为耕地与牧场;实际生存方法无限增加,活动能力亦异常激进,人类生活至此遂别开生面。

酿酒与制油之业至此亦已大备。因为铁器的发明,建筑,造船,及多轮车各种技术亦跟着精进;五金工作更成为熟练的技艺,武器方面的进步与完成自然更不待说。

吾人单就武器一端,亦足表明各大历史时代之特征:即弓箭为野蛮时代的武器;铁剑为半开化时代的武器;枪炮为文明时代的武器。

由此城市繁兴,而其周围环以铳眼之城墙;文明降临,而有神话或歌谣之记述。先进的民族遂向极繁盛的新时代进发。这个程序在东半球特别显著:埃及、巴比伦、希伯来、腓尼基、波斯、希腊、罗马,以及日耳曼和诺尔曼各民族遂接续跃登了文明舞台。

以上所述人类发展的大概,经过野蛮时代和半开化时代以至文明时代的发端,每个时代的变化有每个时代的新特征,而这些新特征即直接为生产方法的变迁所引起。今再就摩尔根的分类,简括以明之:

野蛮时代——这是人们只知攫取自然的生产(自果食树根以至禽兽),而人为的生产(如弓箭等)不过为辅助这种攫取之用的时代。

半开化时代——这是人们从事于畜牧耕种，对于自然生产（牲畜与土地等）加以劳动而获得积极的创造方法的时代。

文明时代——这是人们借着工业与技术，把自然的生产（如各种原料）制造为人为的生产的时代。

注一——以上所述每一时代或每一等级的进化，具有普遍世界一切民族之通性；只在时间上有演进迟早之距离，决不因各民族所在地之不同而发生根本异趣之特殊途径。即如半开化时代，东大陆与西大陆因自然条件之不同，以致两地所具家畜植物显然歧异；这种生产上的歧异，在一定时期内虽足影响于该地民族的生活及其演进的程度，然决不能根本破坏人类进化的普遍步趋。

注二——欧人征服美洲时，东部印第安人刚入半开化时代。他们耕作一定地亩的园圃，所种的是玉蜀黍、南瓜、甜瓜，及其他园蔬；他们重要的食品即取给于此。他们住的是木屋，一些木屋形成一个村落，村落的周围环以篱笆。西北部印第安人则还在野蛮时代的高期，他们既不知道制陶器，又不知道耕种任何植物。反之，墨西哥、新墨西哥、秘鲁和亚美利加中部的印第安人，在被征服时已达到半开化的中期。他们住的是砖与石砌成的屋子；他们的村落中筑有堡垒。他们耕种玉蜀黍及其他各种随地带而不同的植物；他们用人工灌溉的园圃，就是食品的主要来源。他们已驯养了几种家畜：墨西哥土人所驯养的是白露鸡及其他鸟类；秘鲁土人所驯养的是骆驼。他们已知开采各金属，但还不知道铸铁；所以他们的武器还不能不用石器。他们正在演进中；然而横被西班牙征服，以后自动的发展便打断了。

注三——上古史主要的民族有三：一为哈密的族，一为闪密的族，一为亚利安族。自埃及（属哈密的族）、巴比伦、腓尼基、希伯来（属闪密的族），以至希腊、罗马、日耳曼（属亚利安族）之文明，皆为三族所演成。而使他们能成为历史的主要民族之枢纽，则在半开化时代家畜之发明。家畜与众多畜群形成之后，遂使闪密的族与亚利安族从其余各未开化的种族中分离出去，远徙于欧亚各地：于是幼发拉底河与底格里河流域成为闪密的游牧民族的牧场；印度阿克苏、雅克萨底、顿河以及腾尼河流域成为亚利安游牧民族的牧场。前此他们的老宗祖——野蛮时代与半开化初期的人们——所不居住并且不能居住的水草平原，至此成为人类的新摇床。反之，要这些新后裔脱离平原绿野而复反于老祖宗所居的森林地方，那是决不可能的事了。闪密的族与亚利安族因为兽肉兽乳之丰富，故其儿童之发育异常优良，从此两民族遂成为天

之骄子而发达到最高的文明。此处我们可取美洲新墨西哥的印第安人来比较:此处的印第安人几乎专限于蔬食,不容易获得兽肉与鱼类,故其头脑比较半开化初期的人还更小。

第一篇
家族之起源与进化

第一章　原始家族史之概要

人类进化的主要动因有二：一是生产，一是生殖。前者为一切生活手段的生产，如衣食住等目的物及一切必要的工具皆是；后者为人类自身的生产，简言之即为传种。人们生活于一定时期与一定地域的各种社会组织，莫不为这两种生产所规定所限制。这两种生产在历史上的演进：一面为劳动发达的程序；别面为家族发达的程序。

原始家族史，在社会进化史中，居一个重要地位。然而这门科学在一八六〇年前，还未萌芽；历史家关于这个领域，尚全在摩西五部古书的影响之下。书中详细描写的为宗法式的家族形态，除掉一夫多妻制以外，几乎与近世的家庭同条共贯。这样一来，仿佛一般的家庭没有什么历史的演进可说了。然而人们不能不承认在近世的一夫一妻制之外，东方还有一夫多妻制存在，西藏还有一妻多夫制存在；这三种家族形式，照一般的历史家看来，在历史的排列秩序中似乎是不相联属的。

原始家族的历史，至一八六一年，才有巴学风的《母权》出世。书中重要之点有四：

（一）原始的人类，两性生活为乱交。

（二）这类性交，不容父性之确立，子女只知有母而不知有父，因而发生母系制，换过说，即母权制。上古一切民族，莫不由此起源。

（三）这样的结果，妇女与母性成为后嗣惟一确认之尊亲，其享受尊敬之程度，照巴学风的想象，遂达到母性统治权。

（四）后来转变到一夫一妻制，妇女才专属于一个男人。然这种转变违犯原始的宗教律（即实际上违犯别的男子在这个妇人身上的传种权利）；妇女只有用暂时或定期卖淫的方法，才得赎此破坏旧习惯之罪，而获单一结婚的权利。

巴学风在家族历史上，要算是第一个开荒的功人。他的书中，有许多论证虽未免落于空想的神秘的窠臼。然而有两点功绩是决不可磨灭的：第一，他极力从古籍中搜集许多证据，证明原始的两性关系完全为乱交，不仅一个男子可与几个女子发生性的关系，一个女子也可与几个男子发生性的关系，并且全无遮盖的习惯。第二，就是他所证明的母权和女系地位在原始社会之重要，简直为世人梦想不到的惊奇。他这些发见，在历史科学中，等于作了一个大革命。

继巴学风而起的为麦克林兰。麦克林兰以冷酷的法律家的面貌，代替巴学风诗人的天性。麦克林兰从上古与近代的许多野蛮民族半开化民族及开化民族中，发见一种掠夺婚姻的形式，即一个种族的男子，全靠用腕力掠夺别个种族的女子。这种掠夺婚姻怎样发生的呢？照麦克林兰的意见，一是因为族内女子不够；一是因为族内禁止结婚；然亦有按照习惯，务必使男子与自己族内女子结婚之种族。麦克林兰叫前者为族外婚姻，后者为族内婚姻；因而建立族外婚和族内婚的种族之对偶法则。族外婚的种族只能取别种族的女子为妻，由此种族与种族之间发生永远战争的状态。然而这种状态适合于野蛮时代；掠夺婚姻也就从此开始。

族外婚姻的习惯从哪里来的呢？麦克林兰也以为血统与乱伦婚姻的观念，在当时是绝对没有的；这些观念不过在很迟才发生。惟当时杀女的习惯（女生后即杀之）很普遍于各野蛮民族，由此各孤立的种族遂致男子过剩。男子过剩的结果：第一，发生一妻多夫制，几个男子共一妻；第二，发生母系而排斥父系，子女只知认母而不知认父；第三，妇女之缺乏并不因一妻多夫制而解决，遂只有野蛮的或组织的掠夺外族的妇女，于是遂成族外婚姻之习惯。所以麦克林兰在他的《原始婚姻》里面说："族外婚姻与一妻多夫，是由两性人口不均之惟一原因而产生的，我们应视一切族外婚的种族即为原始一妻多夫的种族。"

麦克林兰第一个功绩在指明他所称的族外婚姻之普遍的通行及其意义；第二个功绩在承认原始的嗣续制度从母系而不从父系。这一点，巴学风前已发明了，不过再经麦克林兰重新肯定。

麦克林兰只承认婚姻有三种形式：一夫多妻，一妻多夫与一夫一妻。但是在未开化各民族中，还有一团男子和一团女子共同结婚的某几种形式之存在，并且发现的证据一天一天繁多。一八七〇年，刘博克在他的《文明之起源》中开始承认群体婚姻为历史的事实。

一八七〇年，摩尔根带了许多新材料和决定的见解跃登舞台。摩尔根以他在美洲各种红色印第安人中之考察，建立一种特异的"伊洛葛的亲族体系"。伊洛葛为美洲一切土人——即一切印第安人之通称，而这种亲族体系即通行于全大陆的印第安人。一八七一年，摩尔根发表《血统与亲族之体系》后，在原始人类历史中辟了一个新天地；因为群体婚姻之确认，而麦克林兰内婚外婚对偶学说的根基遂不免为之动摇。

麦克林兰要辩护他的学说，遂指群体婚姻为人为的捏造。其实，外婚与内婚的对偶设定，本身便发生矛盾而不能说明。比如有两个独立自主的种族：一个绝对禁止和外族通婚，一个务必取外族妇女为妻，两者显然互相排斥，如何能成对偶呢？

照摩尔根的研究，外婚与内婚并无何等对立的形成；所谓族外婚的"种族"，实不存在。族外婚的真意义，为在群体婚姻还盛行的时代，一个种族随着母系分成为几个氏族，氏族之间严格禁止通婚，这个氏族的男子只能与别个氏族的女子结婚。然而一个种族包括几个氏族，即一个氏族的男子可与同种族的女子结婚。故在氏族为严格的族外结婚，而在种族则为严格的族内结婚。由这种证明，便把麦克林兰对偶的学说打得粉碎了。

但摩尔根并不以此自满，他更以美洲印第安人的氏族为自己开拓的领域而建立第二种决定的进步。他发明原始氏族的形式是按照母权组织的，这样原始的母权氏族为后来父权氏族——如上古希腊罗马各开化民族的氏族——之所从出。希腊罗马的氏族，直到十九世纪下半叶，还为一切历史家莫可猜测之谜子，至此才为摩尔根所发见的"尹洛葛的氏族"所说明；原始历史，至此陡然获得新基础而辟一新

纪元。

原始母权氏族,为后来各开化民族父权氏族之前站的新发明,在原史学中异常重要。换过说,即原始历史的全体,以母权氏族为枢轴。自母权氏族发明,原史学家才知怎样研究怎样汇类。所以自《太古社会》出版后,原史学遂特别长足的进步。

注一——母权之名,摩尔根和恩格斯著书皆沿用之;然而这个名词,恩格斯指明是不正确的,因为原始社会还没有发生权利问题,并且没有法律的字义。

注二——氏族:拉丁文为Gens,与Clan同义;摩尔根与恩格斯用以指明由种族滋乳之血族团体;在希腊叫作Genas,罗马叫作Gentes,亚利安叫作Gan。Gens这个字,在原始历史上异常重要,国家未产生以前,Gens为人类社会组织之主要模型。这样的社会,原史学家又叫作图腾社会,实际就是氏族社会。

第二章 家族发生之理由

家族和两性的组织,为一切民族发展之基础,然而此处有一种不同的意见存在。西宾兰斯在一八七七年出版之《动物社会》里面说道:"据我们在各种动物中所观察,群——是最高的社会团体。群——好似是由各家族组成的,但在源头上说,家族与群是相敌对的,他们彼此为一种反比例的发展。"照西宾兰斯的意见,群与家族,在各种高等动物中,不是互相完成的,但是互相抵抗的。西宾兰斯极力论证当春情发动时期,由雄性间的竞争,怎样将群的社会关系暂时弛缓或取消。所以他又说:"自有紧密团结的家族,我们便看不见群之形成,除掉很稀少的例外。反之,乱交或一夫多妻制盛行,群便自然的成立。只有使家族关系弛缓至于几微,群体才得发生,个体才得恢复自由。所以有组织的群在鸟类中是很少的;反之,我们在哺乳动物中发见微有组织的社会,正是因为其个体不全为家族所吸收。所以群的集合意识常为其最大敌人——家族的集合意识所阻而不能发生。故吾人敢断言:建立在家族高层的社会,开始不过是将一些受了根本变化的家族编织而成,除开更迟一回在他的内部荫庇一些无限的顺利条件才能容许他重新构造。"

要在动物社会中别其谁为家族的集合或谁为群体的集合，本为极不容易之事；但西宾兰斯之所说，于动物社会至少有一部分是真理。动物社会在交尾时期，因为雄性的嫉妒，确有群体涣散或不能发展的事实。然而这样的事实，只足证明动物家族与人类的原始社会是两桩不可比拟的事；因为原始人类，在他们初超出动物的时代，还没有家族的意识；人类在此初形成的时代，不过是一些没有武器（如锐利之爪牙）而异常软弱的动物，他们的数目是很少的，个体是很孤立的；当着他们寻求一异性做配偶的时候，已经是他们社交心发达的最初形式。人们要使自己超出动物界而实践自然所提供的最大进步，便需要一种新要素来填补其孤立而无防御能力的缺憾，这样的新要素就是联合的势力和共同的行动之所从出的一群。而两性与家族的结合，实为群之起点。但是男性间相互的宽恕与嫉妒心之轻减，在动物时代进化到人类时代的过渡中，确为形成坚固而广大的人群之先决条件，没有这种先决条件是决不能完成这样的进化的。然则男性间的嫉妒，怎样得轻减呢？这个问题显然与家族的形式发生关系，以下各章当详述之。

  生存竞争，一切生物都不能逃过这种原则。然上面已经说过，由动物时代初入人类时代的人们，不过是一些软弱无力的动物，他们既没有天赋的强有力的爪牙，又没有后来逐渐发明的各种工具；周围四境晦蒙否塞的自然界，无处不给他们以困难，环居邻处的毒蛇猛兽，无时不予他们以恐怖。然则他们怎样生存怎样竞争呢？惟一的方法，只有团结成群之一途。这种群的成立，最初自然是由于两性的结合；然亦可说最初还没有后起的家族之意识。群的本身——也可说家族的本身，就是一种生存的元素或经济的元素。具有这种元素之后，人们才能以群体去采取食品，和以群体与其他动物或其他群行其竞争；至于人们的个体，此时既不能单独竞争，也不能单独采取食品。

  人类进步的大时代，是直接和食品来源的扩充相适应的。而家庭的团结，便是直接适应这种需要。由自然的逼迫，范围人们于这种经济生活的集团后，低弱程度的共同劳动与共产生活遂横贯有史以前的时代之全部；而其演进所呈之定律，则为：生产程度愈益低弱，则社会秩序愈益凝固于血族关系之下。

第三章　家族形式与亲族制度

　　由摩尔根发见的原始人类的家族形式为群体婚姻，即一群男子和一群女子互为所有，而使嫉妒心理不甚发生，因而人群之团结得以巩固。其后，群体婚姻发达到一定程度，又发生一种后起的例外形式——就是一妻多夫，这也是排除嫉妒的方法之一。然而这种方法在其他各种动物是不知道的。比如各种哺乳动物的性的生活已经具有：乱交，群交，一雄多雌，一雄一雌之四种形式；而独缺少一妻多夫，好似一妻多夫只有人类才有。

　　但是在群体婚姻之上是否还有更古的性交生活呢？吾人试研究群体婚姻的各种形式，其演进的程度已属不低，而其伴随同来之各种条件实甚复杂。由此可知群体婚姻之前，必定还有更原始更简单的性交生活存在，——这就是乱交时代。乱交的作用恰好适合于由动物时代到人类时代的过渡。

　　追溯过去家族历史的构成，自巴学风以下，大部分原史家都承认原始时代——尤其是野蛮时代的初期，各种族内部莫不盛行无限制的性交：即每个男子属于每个女子，每个女子属于每个男子。一切男子尽是多妻之夫，一切女子尽是多夫之妻，这就是真实而普遍的乱交。不仅平辈男女实行普遍的性交，即亲子间亦实行普遍的性交。这样无限制的性交，在后人看来乃是一种很奇怪而不道德的乱伦婚姻。然而在原始时代是不奇怪的。两性人口的发展若不平均，没有这样的乱交是不可能的。

　　然而一般囿于现代道德观念的学究先生和原史学家，盛唱一种否认原始时代无限制性交的高调，他们不认此为人为的捏造，便认此为玷辱人类的尊严，他们以为只有劣等动物才有这样乱交的事实。其实现代的性的观念以一夫一妻为道德之极致；然而单是这一点并不足以证明人类高过其他动物。比如动物学家在鸟类中所发见的一夫一妻之忠实，实非现代名实不符的文明人所能比拟；又如槟榔叶上面的条虫，每一条具有五十至二百个体节，每个体节具有一副雌雄两性的完全机关，每个体节各自营其一夫一妻的性的生活，这样岂不更值得现代道德学家的赞叹？

人类发展的各历程，各有其自己的生产条件；因而每个时代亦各有其特殊的道德律。适合于一定时期的风俗为道德；质言之，道德乃是对准一个确定时期的社会需要。所以无限制的性交在后代人视为不道德，而在原始时代的人则适成其为道德。不仅原始时代兄弟姊妹是天然的夫妇，即至今日亲子间的性交尚盛行于许多野蛮民族中。据斯悦纳博的报告，阿拉伯土人常与其母亲及姊妹过性的生活；潘克洛亦证明北美洲中部加爹克人、天尼斯人也是过这样性的生活。即厌恶无限制性交的黎笃诺也在智璧威斯的印第安人中，智利的古石人中，低印度的加朗人中，汇集一些同类的事实。

摩尔根大部分的生活是在伊洛葛里经过的，他并加入其中之一族，这一族叫西尼加斯。他在伊洛葛中发现一种亲族制度，这种亲族制度与他所目见的伊洛葛人之实际的家族关系相矛盾。摩尔根在伊洛葛时，伊洛葛人正盛行一种彼此容易分离的一夫一妻制，摩尔根叫这种婚制为"对偶家族"。只有这样夫妇生出的子女，社会公认为合法。但是父、母、儿、女、兄弟、姊妹等名称之使用，显然与一夫一妻的家族相矛盾：伊洛葛的男人不仅呼自己的孩子为儿女，而且呼兄弟的孩子为儿女，兄弟的孩子都呼他为父；至于姊妹的孩子则呼他为舅，他呼姊妹的孩子为甥儿甥女。反之，伊洛葛的女人不仅呼他自己的孩子为儿女，而且呼姊妹的孩子为儿女，姊妹的孩子都呼她为母；至于她的兄弟的孩子则呼她为姑母，她呼兄弟的孩子为侄儿侄女。因而兄弟们的孩子和姊妹们的孩子显然分成为两个阶级：一面兄弟的孩子互相呼为兄弟姊妹；别面姊妹们的孩子互相呼为兄弟姊妹；而兄弟们的孩子与姊妹们的孩子之间则互相呼为表兄弟表姊妹。这不单纯是名称问题，这些名称里面包含血族亲疏与同等不同等的实际意义。伊洛葛人用这些名称建立一种充分完备的亲族制度之基础，由此每一个人可表现几百种不同的亲族关系。这样的亲族制度不独遍行于美洲各种印第安人之中，而且遍行于印度各种土人之中。南印度达米尔族与伊洛葛、西尼加斯族，亲族间各种不同的称呼多至两百多种。在印度各民族也如在美洲印第安各民族一样，他们的亲族关系也显然与现行的家族形式相矛盾。

然则怎样说明这种矛盾呢？血族在一切野蛮民族和半开化民族的社

会秩序中占主要的地位,要想费辞否认这些散布极广的亲族制度之重要,乃是不可能的。这样的亲族制度,据巴学风在原始各民族中的研究,摩尔根在美洲的研究,以及居诺甫在澳洲黑人中的研究,不仅普遍实行于一时一地,而且普遍实行于美洲亚洲非洲澳洲及全地球各民族(其形式当然不无多少变更),全地球各民族的发展莫不以家族和两性的组织为基础。父、母、儿、女、兄、弟、姊、妹……不单是一些名称,并包含一些严格实践的相互间之确定的义务。这些名称就是各民族社会组织的总体中之一部分极主要的形式。这样亲族制度与伊洛葛及其他民族现行的家族形式有不相符合之处,至摩尔根才找得解释之理由。

据摩尔根的研究,海洋洲夏威夷群岛的土人,在十九世纪上半纪,他们的家族形式恰好与伊洛葛的亲族制度相符合,父母兄弟姊妹儿女伯舅姑婶甥侄……的实际都与伊洛葛的亲族制度为一致。但是很奇怪的:在夏威夷存在的亲族制度又不与夏威夷现行的家族形式相符合。换过说,按照夏威夷的亲族制度,兄弟和姊妹的儿童一律互呼为姊妹兄弟而视为共同的儿女,不仅他们的母亲与其姊妹辈或父亲与其兄弟辈的儿童没有区别,就是全族的兄弟姊妹的儿童也没有区别。由此看来,可知伊洛葛存留的亲族制度原来建立在一种比对偶家族更古的家庭形式之上,这样的家族形式在美洲已不存在了,而在夏威夷却还存在。别方面,夏威夷存留的亲族制度比伊洛葛存留的亲族制度还更古,他原来所根据之更原始的家族形式不仅在夏威夷不存在了,即在全世界也不存在。然而这样更原始的家族形式,在从前必然是存在的,因为没有这样更原始的家族形式存在决不能发生与之适应的亲族制度——即现在不适合夏威夷家族关系之实际的亲族制度。于是摩尔根对于家族与亲族制度下了一个定义:

> 家族是能动的(积极的)要素,它决不是停滞不进的,社会由低的程度向高的程度发达,它也随着由低的形式到高的形式。反之,各种亲族制度是受动的(消极的),它们不过是在一长距离的时间记录一些由家族在多年的进程中所造出的进步。只有当着家族起了根本变化的时候,它们才起根本的变化。

摩尔根这个定义是很显明的。马克斯又加着说道："亲族制度同各种政治，法律，宗教及哲学的体系是一样的。"家族营永续的生活，亲族制度即于其中脱胎而由习惯的势力以维持其存续，然家族总是超过亲族制度的范围而发展的。据摩尔根的研究，人类从无限制性交的原始时代出来之后，次第演进到下列四种家庭形式：

A. 血统家族
B. 伙伴家族
C. 对偶家族
D. 一夫一妻家族

第四章　血　统　家　族

无限制性交发展到恰当的时候，形成一种比较高等的性交形式，摩尔根叫作血统家族。血统家族之中，实行按照代辈而分配的群体配合：一切祖父与祖母辈，在家族界线以内，他们之间成为夫妻，这是第一个共同配合的阶级；祖父祖母的儿女，换过说，即一切父母辈，为第二个共同配合的阶级；父母的儿女辈——即第一阶级之孙辈，为共同配合之第三阶级；第一阶级之曾孙辈为共同配合之第四阶级。在这样的家族形式里面，与无限制的初期性交完全相反，大辈与小辈的性交是被排除的。换过说，父母与儿女，祖辈与孙辈之间不得有结婚的权利与义务；性交的范围限于兄弟姊妹，表兄弟表姊妹，或其他疏远的兄弟姊妹辈之间。他们一面互为兄弟姊妹，一面又互为共同的夫妇。年龄平等，为这个性交时代的主要理由。

血统家族虽早已绝迹，然而我们不能不承认它从前确曾存在。例如夏威夷名存实亡的亲族制度，从前即建立在这样的血统家族之上。我们不能不承认这样的血统家族一面为乱婚的进步，一面又为后来家族发展之必要的预备阶级。

第五章　伙　伴　家　族

每个原始的家族—即血统家族—发达到几代之后，分裂为几个原始

的共产家庭。这样的家庭一直统御到半开化时代的中期以前,它所散布的幅员很广大,并且限定于每个一定的地域。

血统家族何以凋谢呢?因为人们发生血统性交不适宜的经验与观念,于是旧家族之间起了一种有力的分裂作用,而形成一些新的共产家庭;而一个或几个姊妹成为一个新家庭的中心。用这类方法,由血统家族产出的新家族形式,摩尔根叫作伙伴家族。

按照夏威夷的习惯,一定数目的同母姊妹或疏远姊妹为她们的共同丈夫之共同的妇人,但是她们的兄弟不得为她们的丈夫。做了他们丈夫的男子们虽属兄弟,再也不得互呼为兄弟,只得互呼为碧兰侣。同样,在她们自己之间虽属姊妹,再也不得互呼为姊妹,也只得互呼为碧兰侣。碧兰侣的意义犹云伙伴。这样的家族形式虽有些连续的变化,但其主要的特性总是:在确定的家庭范围以内,男女互相共有,起初排除妇女之同母兄弟,复次又排除她的一切疏远兄弟。所以伙伴家族的进步,不仅排斥亲子间的性交,而且排斥一切兄弟姊妹间的性交。这样的进步,比较年龄平等的理由更为重要,而且更为困难。所以这样的家族不是骤然完成的,乃是经过长期的天演,渐渐完成的:开始不过在某几种特殊情境中,按照母系,排斥同母异父的兄弟姊妹间的性交,其次渐渐成为规律,最后乃禁及旁系兄弟姊妹间的结婚。

在伙伴家族中,建立下列的亲族关系:母亲姊妹的儿女即为母亲的儿女,因为母亲姊妹的丈夫常为母亲的丈夫;父亲兄弟的儿女即父亲的儿女,因为父亲兄弟的妻子常为父亲的妻子;但母亲兄弟的儿女则为母亲的侄儿侄女,父亲姊妹的儿女则为父亲的甥儿甥女,而均为我之表兄弟表姊妹。兄弟姊妹间的性交为社会所不许,故将兄弟的儿女与姊妹的儿女划为两个阶级;从此兄弟的儿女与姊妹的儿女不得互为兄弟姊妹,不能有共同的两亲,他们只能互为表兄弟表姊妹。侄儿侄女表兄弟表姊妹等名称,在从前血统家族里面虽也使用,但是至此才合实际,才有意义,而成为必要。这样的亲族形式,十九世纪还存留于夏威夷;这样的亲族关系,十九世纪还存留于伊洛葛。

伙伴家族所以成立的主要原因,大约是因为血统婚姻生殖不繁,不足以应付生产上(畜牧及其他)人力的需要。所以摩尔根说,这是自然淘汰的原则具有何等作用之显明的图解。伙伴家族发展的结果，乃超出于它的目的以外而产出以后一切民族之社会基础的"氏族"组织。氏族发展的主要原因，大概由于婚制改良，人口增加，有分成众多小群以便谋生的需要。

在最大部分的情境，氏族的组织是直接由伙伴家族产出的；而氏族的基础总是建立在母权之上。无论在任何群体婚姻的家族形式中，儿女总不能确认其父而只能确认其母。所以共同家族的全体儿女，各个母亲皆呼之为儿女，对于他们有同样的母的义务，而没有自己的儿女与别人的儿女的区别。然则这是很显明的，群体婚姻既到处存在，后嗣只能确系于母，由此母权遂成为惟一公认的事实。母系不仅盛行于野蛮时代各民族中，而且一直统御到半开化时代的高期。

现在可于伙伴家族中举一个具体的形态来说明：在这样的家族中，有一列同母的姊妹们或疏远的姊妹们，同着她们的儿女以及她们母方的亲兄弟，这一个范围的个体，不久即属"氏族"的组成分子；他们全体有一个共同的主母，大约以姊妹们中之年长者为之。这样主母，在姊妹们的几代之后即为女性后嗣的始祖。但是姊妹们的丈夫决不是她们自己的兄弟，所以她们的兄弟决不能在这个家族中传后。并且她们兄弟的儿女不属于这个在后成为"氏族"的血统团体；只有姊妹们的儿女属于这个血族团体，因为惟有母系的后嗣是明确的。一切兄弟姊妹（包括旁系兄弟姊妹）间的性交，在这样的血族团体中严格禁止。这样的血族团体不久即变成为"氏族"，就是由一群相互间不得通婚的母系血族分子组成的。这样的团体渐渐由社会的宗教的各种共同制度而益巩固，遂与同一种族内其他"氏族"各自区别：每个氏族取一禽兽之名以为图腾（即标识之意），而规定蛇氏族只能与犬氏族通婚，或熊氏族只能与狼氏族通婚。由此群体婚姻成为非血统的氏族间的婚姻。这样婚姻的结果，产生极合天演的种族，体力精神皆比血族婚姻的产儿为优。

当摩尔根著书的时候，世人关于群体婚姻的知识极其有限，其时优秀的原史学家只知道些澳洲土人群体婚姻的事实，至一八七一年摩尔根才将他所具有的关于夏威夷伙伴家族的各种报告发表出来。一方面正在伊洛葛盛行的亲族制度完全足以说明伙伴家族，摩尔根即以此为他一切研

究之起点；别方面，摩尔根又认定伙伴家族为母权氏族之起源；最后，摩尔根又以澳洲的阶级婚配显明伙伴家族为较高的发展阶段。

英国传教师费森在澳洲研究土人的家族形式多年，关于群体婚姻的报告是很丰富的。他在南澳洲的冈比爷山中发见澳洲黑人极低程度的婚姻配合。一个种族分成为两大阶级，一个叫克洛基，一个叫居米德。每个阶级的内部严禁通婚；克洛基一切男子为居米德一切女子的丈夫，居米德一切女子为克洛基一切男子的妇人。这不是个体的婚配，而是两个阶级的群体婚配。除掉两个外婚阶级的区分以外，其中绝无年龄差异或特别血统的限制。一个克洛基的男子可以与一切居米德女子结婚；但是他与居米德妇人所生的女，在习惯上为克洛基一切男子的妻，也可说就是她的父亲的妻。然则按照这样的组织，对于本能的冲动虽业已加以限制而不许其在自己的族内传种，但是对于亲子间的性交则还未发见特别的嫌忌。所以这样的阶级婚配或者是由无限制的性交状态直接产生的；或者当两阶级分化时，亲子间的性交即已由风俗禁止，而现在的状态已回溯到血统家族而又做成超出血统家族之第一步，亦未可知。后者的推测大约较为近真，因为在澳洲土人中既未发见亲子间群体配合的例证，而于后起的外婚形式之外又发见建筑在母权之上的氏族。克洛基和居米德二族皆为母权所统御；并且已有母权氏族而尚无伙伴家族。此乃家族历史中极耐寻究之一问题；照摩尔根的推究，则以此种阶级婚配为发展程度低于伙伴家族之组织。

两阶级制不仅发见于南澳冈比爷，而且发见于大林河以东及坎斯兰的东北各地，可见这种制度是散布很广的。在这些地方，母方兄弟与姊妹之间，兄弟的儿女之间，及姊妹的儿女之间禁止结婚，因为这都是属于同一阶级；反之，兄弟的儿女与姊妹的儿女之间可以结婚，因为他们不是属于同一阶级。

在大林河沿岸及新加尔南部的加米拉洛人中，又起了一种新进步，限制血族通婚；于是原来的两阶级分裂为四阶级。四阶级中的各个阶级只能与别个限定的阶级群体通婚。第一阶级和第二阶级的男女，彼此为生成的夫妇。但是母亲属于第一阶级或第二阶级，则其儿女属于第三阶级的或第四阶级；第三阶级和第四阶级的儿女（他们之间又同样的结婚）又从新属于第一阶级和第二阶级。由此,第一第二阶级的后代和第三第四阶级的后代常常辗转相属;因而母方兄弟与姊妹的儿女不能成为夫妇,要轮到兄弟与姊妹的孙儿女才得成为夫妇。这样特别复杂的制度(这确是后起的现象,若系从无限制性交产生的,决不会这样复杂),因为要与母权氏族接合,所以又增加一层错综。

澳洲的阶级婚姻,为群体婚姻中之很低级很原始的形态;然而伙伴家族之发展程度则比较高得多。澳洲的阶级婚姻似乎为适合于飘流无定的野蛮时代社会情况之家庭形式;而伙伴家族则已建立在相当确定的共产村落之上。在这两种形式之间,也许还可发见些居间的阶段;但在十九世纪末年不过初辟一块这样研究的领域,并且现在还没有得到什么进步。

第六章 对偶家族

在伙伴家族之下,氏族愈发达,"兄弟"和"姊妹"阶级愈多,而两者的通婚愈不可能,由此渐渐发生对偶婚姻。因为氏族内部严禁血族通婚,而每个氏族的亲族关系又异常复杂广大,如伊洛葛及其他尚在半开化初期的印第安民族——他们的亲族关系有几百种之多,即被禁通婚的亲族有几百种之多。因为被禁通婚的范围如此复杂广大,所以群体婚姻遂渐渐成为不可能,而被对偶家族夺其地位。由此家族历史中遂辟一个体婚姻的新纪元。

原始家族历史的发展,范围是很狭隘的,原来包括全种族于家族范围内,全种族的两性间为共同的婚配;渐进始排除近亲间的性交;复次排除的范围及于远亲;最后则使群体婚姻归于不可能,而仅留一暂时的对偶关系。这样的关系是很脆弱的,彼此是容易分离的;分离之后,子女仍属于母,彼此可以从新结婚。

在以前的家族形式中,男性不忧女性之缺乏,女性间或多过于男性;到了初入对偶家族时代则不然,女性很为稀少而难寻。所以对偶婚姻实随女性的掠夺与买卖而开始。女性的掠夺与买卖乃是群体婚姻根本变化到个体婚姻的普遍表征。掠夺婚与买卖婚的遗迹,在现在一些开化民族的婚制中还可以发见。金银结婚为纯粹购买婚的遗传,而男家送给女家

之婚礼更为购买婚之显著的遗迹。至掠夺婚在文明各国之遗迹则有所谓结婚旅行，故德人呼结婚旅行为掳掠，因为这是女子被男子掳去而离其父母之乡的显明表征。至于中国抢亲的习惯，现在还是存在。

照美洲印第安人的习惯，订婚不是男女双方的事情，总是委之于其母；在订婚期间，男女双方完全不知道，等到婚期接近的时候，母亲才使子女知悉；婚期将临，男方必送女方亲属以重礼，以为引渡新娘之价格。这样的婚姻，双方可以随意分离；然而多数印第安种族，例如伊洛葛，已渐渐公然严格的反对掠夺婚姻。当夫妇发生争议时，两造氏族的亲属出为仲裁，如果双方解约离婚，则儿女仍属于母，彼此可以自由从新结婚。

对偶家族的本身既很脆弱，又不坚固，所以对于单独的家庭生活仅止稍微尝试其需要与意愿，然而决不能取消以前的共产家族。因为共产家族不仅是一个婚制的变化可以取消的，要财产上起有根本的大变化才能取消。共产家族的意义，就是妇女在家庭中占主要地位（因为子女只能确认其母而不能确认其父），母性具有最高的崇敬。这样的观念，在十八世纪的哲学家还视为荒谬。他们以为妇女在原始社会即为男子的奴隶。其实，妇女在野蛮时代和半开化时代的初期，中期，以及高期之一部分中，不仅站在极自由的地位，而且站在极重要的地位。即在对偶家族中，妇女的地位还极重要。据久居伊洛葛西尼加斯族中的传教师佛立特的报告："他们的家族还是同居于古昔的'长屋'之中，这种长屋就是他们的共产家庭。其中氏族制度还是盛行，妇女取别的氏族之男子以为夫。普通一般，家庭以内完全为女性统治。供给物是共同的；但是共同供给物之配与，不幸可怜莫过于那些拙劣而怠惰的情人或丈夫！家中无论已有几多孩子或几多财产，丈夫无时不要打好他的包袱而准备滚蛋。如果妻要他滚蛋，他是不能抵抗的，须立即跑回他自己的氏族，再找别的妇女去结婚。妇女于氏族中具有绝大的权力，几乎到处是一样的。"

此处有一问题：群体婚姻在美洲是否已完全为对偶婚姻所驱逐？这须于美洲西北部和南部建立一些新研究，这些地方的土人还在野蛮时代的高期。但以北美而论，至少在四十个种族的旧习惯中，凡与一个氏族之长姊结婚的男子，又可以取其全体妹妹为妻（当她们达到成年时）；所以一团姊妹共有几个男子的事还常发见。这都是群婚还未完全绝迹的明证。据潘克洛说：还在野蛮时代高期的北美加里佛尼岛人，他们于某几个节庆日举行大集会时，有好几个种族的男女从各处来会，目的就在乘此机会互相性交。这就是保留各种族间群体通婚的暂时纪念。同样的风俗，在澳洲也盛行：其中有几个种族，其酋长、觋祝和长老对于妇女有独占权；但是到了某几个节庆日举行大集会时，例须放任其独占之妇女去与少年人寻快乐，而复现原始的共同性交之缩影。威斯特马克在印度好斯人、山达尔人、彭加人和哥达尔人及非洲某几个种族之间，汇集这类的风俗极为丰富，当各种大祭举行之日，即实行太古的自由性交。

由群体婚姻进化到对偶婚姻的过渡形式怎样呢？照巴学风的发明，即为妇女定期赎罪以购买专一的结婚权利。在赎罪期中，妇女为有限的卖淫，以为违犯上帝律令（即一切男子在这个妇女上面的传种权利）之处罚。如巴比伦妇女，每年须到蜜里达寺卖淫一次以赎罪；此外，亚洲西部各种族，少年女子在结婚之前，必须送到亚兰帝司寺住居几年，任她们在寺中自由选择一些情人去恋爱。同样的风俗，在地中海和干支河之间的亚洲各民族也普遍的盛行，并变成为宗教的习惯。至于不带宗教色彩的诸民族，如古代塞拉斯人、克尔特人……现今印度土人、马来人、海洋洲人，及多数美洲印第安人，他们的少年女子到了结婚时候，便享有极大的性的自由。

又有一些民族的习惯，未婚夫的亲属与朋友或结婚的宾客，在订婚后或结婚时，可以同他的未婚妻性交。这样的风俗，不仅古代非洲阿及尔人、巴列尔群岛人有之，现今地中海西岸巴勒人和亚比西尼人还有盛行。此外更有其他民族，他们的酋长、法师或王，有享受本族一切未婚妻第一夜之权利。酋长、法师、王……就是一个尝试一切新婚初夜权的代表团。这种新婚初夜权，在北美亚拉斯加人和墨西哥北部达休人中，都是群体婚姻的残迹。即欧洲中世纪的封君，对于农人的妻女也还享有这种权利。

对偶家族的出现，恰好划分野蛮时代和半开化时代的界限。对偶家族的发生，通常总在野蛮时代的高期。间或也有发生于半开化初期的，不过为仅见而非通例。然对偶家族的发展，则几乎横过半开化时代的全部。因为自然淘汰的结果，卒至完全排除共同的群体婚姻，使婚姻团体降到最后的单位：以一男一女为配合要素而建立对偶家族。自对偶家族登台，

人类社会又发生一种新动力而向新的社会秩序发展。

第七章　一夫一妻的家族

一夫一妻的家族，是从对偶家族发达到文明时代的新界线产生的。它是建立在女权颓废而男权确立的新基础上面；它是母系制度覆灭而父系制度勃兴的新产物。它的显明的目的是生育确认的父性儿童，以承继父系的财产。它与对偶家族的区别是婚姻关系极其坚固而不容易解散；并且只有男子可以决裂这种关系而抛弃女子，女子是很难与男子决裂的；就是贞操也只专责于女子，而男子则别有方法以保持从前自由性交的愉乐。

母系制度的覆灭和父系制度的勃兴，是生产方法进化所携来的一大社会革命，并且是人类历史上第一次的大革命。这个革命的结果，把从前妇女在氏族社会的主要地位完全推翻；从此以后，妇女完全隶属于男子而处于奴隶的地位，——妇女在历史上要算是首先罹受奴隶地位的人类。

关于母系制的经济理由，居诺甫颇有所发明。照他的研究，女子不仅是原始时代家庭工业的创始者，并且是原始时代的农夫。家庭工业在原始物物交换时代占有重要位置。最初的分工是女子种植园蔬而男子饲养牲畜；在这分工基础之上，一切社会秩序随着排列。而自有两性的结合以来，婚姻并非为双方想得理想上的快乐而起之伦理关系；大部分乃是经济的和劳动的关系。妇女因为在生产地位上之重要，所以在氏族社会上也居重要的地位。这种重要地位，非生产上起有根本的变化是推不翻的。

是故两性的关系，是随着生产方法之变更而变更的。每个时代有每个时代的生产方法，即每个时代有每个时代的婚姻制度。所以群体婚姻为野蛮时代的特征；对偶婚姻为半开化时代的特征；而一夫一妻制为文明时代的特征。

在畜牧与铁器未发明以前，生产方法很不完全，一个氏族的劳力刚足以维持一个氏族的生活，氏族人员全体劳动所获的财产即由妇女分配于全氏族的人员共同消费，而无几多余剩以归于个人，在这样的时代，决不会发生奴隶,也决不会动摇妇女的地位。但是畜牧与铁器发明以后,生产方法异常进步,商业又随着城市而勃兴,扩张土地和劫掠异族的财富或劳力的战争也跟着发达,由此使直接参与生产交易或战争的男子地位逐渐增高,并使他们渐渐获得丰富的私有财产;结果,便把母系氏族的共产组织根本动摇起来。

就东半球而论,在半开化时代的初期,人类的劳力除维持消费外,还不能产生有价值的剩余物品。他们经常的财富还只限于衣食住以及粗糙的宝玩或调制食物的必要工具——如船,武器,与极简单的家具。他们的食物是得日过日的,并不能先事贮蓄。但是畜牧发明以后,牛,马,骆驼,驴骡,猪羊等兽群日益繁殖;家族人口的增加,远不及牲畜增加之迅速。即家族内部渐渐发生劳力缺少的问题——一个氏族的人口,不够看管其日益繁殖的畜群。及到半开化时代的高期,加以铁器与农业的开发,劳力缺乏的问题愈增严重。由此遂于上列各种生产方法外,更产生一种新的生产方法,——就是奴隶制的发明。

在从前野蛮时代,各种族间每因互争渔猎而发生战争,对于战俘的处置只有杀死之一法;现在则不然,男的屈伏为奴,女的配与族人为妻。掠夺婚姻与购买婚姻也就从此开始。随着各种助长男性经济地位的交易事业,战争事业逐渐发达,妇女的商品化也逐渐普遍。从前女性的配合是很容易的,现在则劳力渐觉稀贵,而女性亦渐具有相当的交换价值。加以男子经济力发达,不甘屈居女权之下的心理与欲望也逐渐增高:故开始从别的种族掠夺女俘为妻。这样的掠夺婚姻,自然惹起各种族间川常的战争状态。复次乃发见免除母系结婚制的束缚之另一方法,并且是和平的方法,——这就是购买婚姻。用购买的方法,可以限制其妻与她的血族断绝关系,而纯粹成为夫之所有品,给夫育儿以继承其财产。

同时采用母系婚姻与买卖婚姻两种婚制以表示其过渡状态的种族,现还不少。如白尼罗河流域土人里面的婚制,妻只在一定期间承认夫的主权;结婚前,双方的族长例须会合以决定新妇的代价,代价是以一礼拜中承认夫之主权的日数为伸缩的;族长们大声叫喊的讲价与还价之后,结局决定新妇在一礼拜中守几日贞操,其余的日子则任新妇有自由行动之权。苏门答腊的土人也有两种结婚方法:一种是纯粹的母系结婚制;

一种是夫把妻完全当作财产收买。如果夫能将妻的身价金全部交完,妻就绝对作夫的奴隶;如果大部分不能交纳的时候,夫就作妻家的奴隶而从事劳役。锅兰土人也有两种婚制:一种是妻在母家招赘或住于母家的附近,有继承母家遗产之权;一种是妻嫁于夫家,丧失在母家一切的权利。在米崖亚高原的土人,一般的婚姻习惯,总是男子移居于妻家;但如男子交完了身价金的时候,即能取妻回到自己家里去。在赞贝希地方的土人,父可以用家畜和母交换子女;但如没有家畜来交换,则子女仍属于母。在非洲巴维亚种族里面,母有典当子女的权利;但事前须得与父商量。在爱福利海岸的土人亦然,母可典当子女,但父亦有赎回的权利。这些都不是稀奇的风俗,乃是全球各民族由母权演进到父权之必经的阶段。

由以上所述种种过渡形式看来,可知妇女发生身价问题并不是妇女的幸事,但是女权衰微的表征。女子因为这样,才成为男子的所有品,与其他商品没有区别,同时又可知道男子对于妻和子女的主权,完全是由卖买这一点确立的。所以男性的胜利,决不是体力和智慧优越的结果,不过是经济优越的结果罢了。

由母系制演进到父系制,由氏族的共同财产演进到个人的私有财产,都不是骤然突变的,乃是经历长远的年月徐徐进行的。自畜牧发明,新的财富陡增;但这种新财富属于谁呢?原来属于氏族,是不用说的;但畜群发达到恰当的时候,便渐渐成为特别的财产,换过说,即共产家族的族长在这种财产上面渐有特别的权利。按照这样特别的权利,一个氏族的畜群渐渐视成为族长的财产;惟族长有承继氏族财产的资格,因而族长的地位也渐渐变成为世袭的。然而这不过是向个人财产演进之最初阶段,并非个人财产即已确立。

妇女在氏族社会所居地位之重要,其原因不外下列三种:一是妇女在幼稚的生产事业上占有相当地位;二是群婚结果,父性难明;三是母系氏族制和相续制,妇女取夫于别个氏族,男性们——丈夫、儿,及其兄弟皆居于从属地位,而她们居于主人地位。但对偶家族发生,父性即已分明;及各种新财富不停的增加,于是遂逐渐动摇母权氏族的社会基础。由此男女分工,显然开始:妇女保守家庭,男子供给食物与一切必要的劳动工具。等到新的劳动工具——奴隶——发生,男子遂成为一切食物,牲畜,劳动工具与奴隶的财主；更迟，他们即以其财产势力建立性质全然不同之家族。于是由母权氏族发生父权氏族，而真正的母的地位乃代以真正的父的地位。至此对偶婚姻亦长辞人世，而硬性的一夫一妻制遂以确立。

但是当男子的经济势力还没有发展到显然与旧的共产家族抵触的时候，当母权的习惯势力还可支持的时候，父性确认的儿子并不能承认其父的遗产；因为按照原始遗产的习惯：死者的财产，开始是归于氏族的全体人员；其后也只能归于死者的近亲；近亲仍属氏族的人员，即遗产仍归于氏族。并且遗产归于近亲，乃是归于母系血统的近亲，而不归于死者的儿童；因为死者的儿童不属于死者的氏族。所以儿童们只能承继母的血族及母的自身的遗产，而不能承继其不同氏族的父的财产，即财产还是属于氏族。死者的财产既不能传于其儿童，然则传给谁呢？不用说传于其兄弟与姊妹以及姊妹的儿女，或死者的母亲的姊妹们的后裔；至于他自己的儿童是不能承继其财产的。

财产继续增加，一方面使男子在家族中的地位重要于妇女，别方面又使男子发生推翻母系社会制度而传其财产于自己的儿子的思想。但是这个不是母权系统还在实行可以做得到的；这个须废除母权才能实现。结果，卒把母权废除了。然而废除母权决不是一桩容易的事，如今日我们所想象的一样；因为这乃是一个人类从来没有的极可惊骇的大革命。

然而这个大革命，却不伤害氏族人员之一丁一口，氏族人员的全体仍然可以如从前一样的在氏族里面；他只须简单的决定："将来只有男性的后嗣在氏族里面，而女性的后嗣则嫁出于氏族之外。"这样决定的意义，就是把母的地位移于父的地位，把母权氏族变成为父权氏族。由是母系与女性相续权废除，而父系与男性的相续权确立。

这种革命在各开化民族中是何时完成的或怎样完成的，我们不能详知；但总可以断言是在有史以前的时代完成的。据巴学风及其他原史学家搜集的各种证据，以及现还存在于各半开化民族中的母权遗迹看来，确经完成这样一种革命是毫无疑义的。在美洲各种印第安人中，现还正在进行这种革命，其原因有二：一是财富增加和生活变动（由森林移居牧场）的影响；一是欧洲文明和基督教侵入的影响。在北美米索利的八个种族中，已有六个种族确立了父系和男性相续制；其余两个种族则还

实行母系和女性相续制。在夏尼人,马米人,和狄拉瓦人——皆印第安人——采用的习惯,通常总是给儿童以属于父的氏族的名称,俾儿童能承继其父的财产。

注——男子体力与智慧的优越并不是原来生理的天赋,但是几千年中所处社会的和经济的地位之结果。男子因为所处地位优越于女子,并且又隶属女子为其家庭之奴隶,故极自由极完全的发展其本能。白洛嘉(法国著名外科医家,一八二四——一八八〇)与格拉鸠刘(法国生理学家,关于脑部研究极著名,一八一五——一八六五)辩论脑部重量与容积的关系之后,也公然承认妇女智慧的低下完全由于教育卑浅的缘故。这种真理,经马诺佛勒(白洛嘉的学生,巴黎人类学院的教授)的测验更加证明。马诺佛勒测验的结果:近世巴黎男子脑盖的平均容积与石器时代男子脑盖的平均容积差不多是一样的重;而近世巴黎女子脑盖的平均容积则比石器时代女子脑盖的平均容积轻得多。其测验表如下:

近世巴黎人脑盖平均容量表

件　　数	容　　　　积
77	男性……1.560(百分之一立方米突)
41	女性……1.338

石器时代的脑盖平均容量表

件　　数	容　　　　积
58	男性……1.544(百分之一立方米突)
30	女性……1.422

由上表看来:野蛮男子脑盖平均的容积比较文明男子的低一六百分之一立方米突;而野蛮女子的平均容积反比文明女子高八四百分之一立方米突。

第八章　宗　法　家　族

母权的推翻,是女性在历史上一个大失败。男子既在家庭中取得统治权,妇女即成为单纯的生育机械与供男子使用之奴隶。男性的专制权初建立的时候,我们可于上古各开化民族中发见一种中间的形式,——即宗法的家族。这种家族就是在这个时候发生的。

宗法家族是个一定数目的自由人与非自由人的组织;全组织在家长式的父权统治之下。如闪密的族的家族形式,家长还是过多妻生活;妻妾儿女皆为其奴隶;全组织的目的,在于一定的地方看守其畜群。

父权与奴隶的组合,是宗法家族的主旨。罗马的家族,也就是这一类家族的完成模型。所以家族(Familia)的字义,原来即是属于一个男子的全体奴隶之总称;而家人(Familus)一字,即等于呼唤"家庭奴隶"。Familia与Familus即为罗马文阐明新社会组织的表辞;故在语原上,并没有如后世感情主义之含义。在这样的社会组织里面,家长之下有妻妾儿女与一定数目的奴隶,家长对于以上所有的人操有生杀的权柄。这样的宗法家族,显然是由对偶家族到一夫一妻制的过渡形式。为的要确定妇女的贞操以确定儿童的父性,妇女遂完全无保留的交出一切权力于男子。即使男子杀她,也是男子应行使的权利。

宗法家族,已经是入了有史时代的领域;实际上也是家族演进的一个大进步。在上古闪密的族和亚利安族各开化民族中,皆经过这样家族形式的阶段。现在在东欧以及亚洲各处,还是多少存在。

在塞尔维亚和保加利亚存留一种介乎共产家族与近世一夫一妻制之间的过渡程序:在南斯拉夫人民中,共同的大家庭还是存在;这种大家庭里面包括同一父亲的几代后裔;他们共同住在一栋大房屋,共同耕作土地并且共同消费;生产品的剩余,亦为共同所有。共同家庭的男主人,对内握有全家的管理权,对外有规定一切生产品之价格的权利责任。这样的家主是选举的,并且不须年老者。全家妇女在家主的指挥下工作,女家主通常就是男家主的妻。妇女们皆有选举权,女婿的选择,例由她们作主。但全家的最高权是属于全家壮年男女的会议;男家长作过各种报告后,由会议解决各种问题,决定较为重要的财产的买卖——特别是土地;家人犯了罪过亦由会议审判。

这一类的共同家庭,在集产村落盛行的俄罗斯还属产生不久。至于

中国宗法的大家庭，亦常以"九世同居"或"五代同堂"为美谈。几代同居的老房屋，在各处还存留不少。这种宗法的大家庭，简直统御中国有史以来的家族生活，不过至最近几十年，受着国际资本帝国主义的压迫和影响，农业经济和家庭经济根本崩溃，这类大家庭才迅速的崩溃起来。不然，虽世世代代有敢于变法之商鞅，也不能完全剿灭这类大家庭的存在，因为它完全是建筑在农业的经济基础上面。

然而文明初启，一夫一妻制即随之而俱来，何以不能立刻实现如近世一夫一妻之简单的小家庭，而必须长期经过那样复杂的宗法大家庭呢？这没有别的解释：只是因为近世的生产单位已由大家庭移于大工厂，故专为传种与享乐的小家庭才能成立；在文明初启以至大工业未发明以前的时代则不然，畜牧与农业正要求有此复杂庞大的宗法家族之存在，因为几百几千头牲畜和几千几万顷田亩，决不是一夫一妻的小家庭可以经营的。

所以，无论在何种宗法的大家族中，必定具有一种共通的主要条件，即必定具有一项共同的土地。宗法家族在一切开化民族中尽了一种伟大的作用。为引导母权家族到一夫一妻的小家庭之摆渡。并且其所占的时间是很长的，简直横亘奴隶经济制和隶属经济制之两个整个的时代。由此，我们可知宗法家族是同奴隶制度而俱来的。

第九章　三大时代之三大婚制

麦克林兰以为人类婚姻只有一夫多妻，一妻多夫，和一夫一妻的三种形式；其实一夫多妻和一妻多夫不过为两种例外的形式，也可说是家族历史中的奢侈品，并不成其为普遍的婚姻制度。男女人口的比例，总要在约略平等的状况之下，才有成为普遍的婚姻之可能，所以多妻与多夫决不能成为普遍的婚制。

我们从历史的事实研究，一夫多妻显然是从前奴隶制度中产生的，并且限于某几种特殊的情境。例如在闪密的族的宗法家族中，家长自身及其长子或至多某几个儿子可以过多妻生活，而其余的人则只能过一妻生活。这样的事情，在东方犹然。例如中国，蓄妾与多妻，不过是富人的特权,"小老婆"大都是由金钱购买来的;至于一般民众,大概总是过一夫一妻的生活。广东地方的风俗,凡稍为富裕之人,即须蓄妾三四,以点缀门面;若在稠人广众之中,问及某富人只有一妻,则被问者及坐众,无形中皆觉不甚"体面"。这尤足以证明多妻为富人之奢侈品。

在印度与西藏的一妻多夫,也同样的为一种例外,原来不过是群体婚姻的遗迹。在印度的兰夷斯人通常总是三个或三四个以上的男子共一妻;但其中的每一个男子又可与别几个男子再共第二个,第三个,第四个……所以这样婚姻的实际,不过是群体婚姻的特殊形式,女子固然是过多夫生活,同时男子也是过多妻生活。

一夫多妻与一妻多夫存在的条件完全相反:一夫多妻存在的地方是生活富裕的人家,一妻多夫存在的地方是生活艰难的人家;一夫多妻存在的地方妇女数目是很多的,一妻多夫存在的地方妇女数目是很少的;一夫多妻,在东方温带地方(如中国)或热带地方现还盛行,而一妻多夫则盛行于寒带各高原或冰带地方如西藏各高原,南印度的兰夷斯,以及爱斯基马(在白冷海峡之间)等处。

一妻多夫所产生的儿女,只有从母系属为可能。她的丈夫们通常都是兄弟:当大哥同一个女子结了婚,则其余各弟弟都成为这个女子的丈夫。然而女子有更以别人为夫的权利;男子也可有几个妻。

上面已经说过,实行一妻多夫的各民族类皆住于寒带各高原和冰带地方。据性之病征的著作者达诺甫斯基说:有个久住于寒带各高原的旅客告诉他,住在这些地方的人们性欲自然的减低:达诺甫斯基以为性欲减低足以说明这些地方人口繁殖率的衰弱。因为人口繁殖率之衰弱,所以不得不勉强妇女过多夫生活。妇女罹受多夫的影响,体力自然更要衰弱。爱斯基马的女子,普通一般,要到十九岁才有月经;然而热带地方的女子九岁十岁即有月经,温带地方的女子十四岁或十六岁即有月经。所以热带地方性欲增强,而多妻制盛为流行。

热带地方生活甚易;而寒带各高原或冰带地方,生活极其艰难。一妻多夫制完全是适应这种生活艰难的情境产生的。这很足以表明生产方法及于两性关系的影响之强大。因为生活艰难,所以又发生杀死女孩的恶习;因而男女人口永远不均,即一妻多夫制永续不绝。

由以上一切的陈述，我们可得适合人类进化的三大主要时代之三种主要的婚姻形式。而一夫多妻与一妻多夫不过为两种例外的存在：即野蛮时代为群体婚姻；半开化时代为对偶婚姻；文明时代为一夫一妻。三大时代各自有其特别的生产方法，所以三大时代亦各自有其特别的婚姻制度。野蛮时代食物生产停滞于极原始的状态（渔猎），男女在极闭塞的环境中做同样极简单的工作，以满足其极质朴的生活，所以两性生活也同样停滞于极原始的极简单的情形之中（群体婚姻）；半开化时代畜牧与耕地逐渐发达，人口亦比例的增加，有分开以便利用新牧场和新耕地之必要，由此两性生活遂演进到一种不固定的个体组织（对偶婚姻）；及到文明时代开始，男子逐渐成为手工业的工人，商品的所有者，或战掳品的暴富者，以至蔚为一切牲畜奴隶军器工具的主人，在这样新的经济条件之下，遂形成一种新的家庭组织（一夫一妻）和人类前此未曾见过的大革命，将前此在氏族社会处主要地位的女子完全隶属于男子之下。此处要接着说明的还有两点：其一，母权被推翻时妇女采取怎样态度？其二，文明时代一夫一妻的实质究竟怎样？

第十章　母权与父权之争斗

母系的意义建立在原始共产制之上，在共产家族里面，人人是平等的；父系的意义建立在私有财产上面，妇女处于附属地位，并被压迫。这样的大变化，在各开化民族里面不是同一时代完成的，并且完成的方法也是随地不同的。

据恩格斯的意见，这样的大变化大概是由和平方法完成的：只须各种新的权力条件（即经济条件）已经存在，便很可简单的决定将来只容男性的后嗣留于氏族里面，而女性的后嗣则嫁出于氏族之外。这样，便和和平平变成了父系的氏族。

巴学风的意见完全相反，他从一些古书中研究的结果，证明妇女对于这样的社会变化曾经做过严厉的争斗和反抗。例如有一部古小说，描写希腊英雄时代住在小亚细亚德马敦流域的一群女英雄，她们的全体叫做亚麻藏，她们就是反抗希腊各大英雄而与之血战的健将。其中一个叫安丢白，希腊著名英雄提西欧，被她战败于德马敦桥上；一个叫潘提西来，她援救被希腊英雄亚格棉农和亚基利等侵掠的特罗雅人与亚基利苦战而被杀……（相传特罗推太子入谒斯巴达王，悦王后美，掠后以逃，希腊诸勇士亚基利等出师征之，王兄亚格棉农时为密森尼王，骁勇善战，众推为帅）。凡此皆为妇女反抗新社会组织的证据。

据巴学风的研究，雅典母系被父系推翻的时候，也经过一些极强烈的反抗，这种进化简直是一出惨剧。于是巴学风从希腊神话中寻出下列故事以为母权与父权争斗的例证：

亚格棉农——他是密森尼的王。

克里太尼斯脱——她是亚格棉农的妻。

阿勒斯特——她是亚格棉农与克里太尼斯脱的儿子。

伊碧奇尼——她是亚格棉农与克里太尼斯脱的女。

亚格棉农征服特罗雅时，大肆焚掠；归途大遇逆风，舟师不能回，乃杀其女伊碧奇尼祷祭女神，以平女神之怒。克里太尼斯脱闻耗大怒，因为按照母权的习惯，女不属于亚而属于克；乃另与爱奇笃结婚；并且这也是从前法律所允许的事情。亚格棉农自将特罗雅回到密森尼，克里太尼斯脱与爱奇笃合力弑之。其子阿勒斯特在袒护父权的少年男神亚波龙的命令之下，替父报仇，乃并杀其母与母的新夫爱奇笃。

于是一些代表母权的女神爱林尼们起来追究阿勒斯特杀母的罪恶（按照母权的旧习惯，母是神圣不可侵犯的，杀母是最大而不可赦免的罪恶；如果族外人杀了族内一个母族，全族男子须起来复仇，由复仇行为引起戕杀是全族男子应尽的义务）；而代表父权的少年男神亚波龙则起来为阿勒斯特辩护。

此时少年女神雅典娜被请为裁判官；可是她也是袒护父权的。相传亚波龙和雅典娜是没有母的，他们是从希腊名神序时头上的武器出来的。

现在且看两造的对辩：

爱林尼们——男神叫你杀你的母吗？

阿勒斯特——现在我不答复这个。

爱林尼们——要办你的罪呵,你尚有何说?

阿勒斯特——我很希望。我父将在墓中帮助我。

爱林尼们——怎样呢?说给你的判者听罢。

阿勒斯特——她是杀了她的丈夫,又是杀了我的父。

爱林尼们——你活而她死,她已偿了这罪恶。

阿勒斯特——但是,假使她生存,你们会追究她吗?

爱林尼们——她所杀的男子和她没有血的关系。

阿勒斯特——我呢?我有我母的血吗?

爱林尼们——哼!你是她怀孕的,你杀了你的生母呵!你还否认你和你母的血脉关系吗?

爱林尼们既不承认夫权,也不承认父权;她们所拥护的只是母权。她们以为克里太尼斯脱杀了她的夫不算什么重要。因为夫是外人,没有血的关系。她们要求严办凶犯阿勒斯特,因为照旧社会的习惯,杀母是莫可赦免的最大罪恶。但是代表父权的亚波龙,他的意见完全相反。亚波龙是承序时的命,教阿勒斯特杀母以复父仇的,所以起来为凶犯辩护。

亚波龙——现在我要说几句话;我的话颇多呢。生他的并不是母,不过人们叫他为母的儿子。母不过是种子的食物供给地,然则生他育他的也就是这食物的供给地。母亲接受这种子而保育之,才能求悦于上帝。我的话是有证据的,人们无须母也可以出世。例如序时的女即可给我做证据。她绝没有在黑暗的子宫里面被养育过,因为没有那个女神能产生这样的孩子。

爱林尼们——少年神,你侮辱你的老女神们!

亚波龙这片强词夺理的蛮话,给父系立了一个理论的基础。孩子可以从父亲的头上生出而无须乎母,自然只有父权独尊了。但这与从前的观念是两样。照从前的观念,孩子的生命与血都是母亲给的,所以孩子皆为母亲所有,而父不过是个外人。故爱林尼们说这位少年男神侮辱了老女神。

双方争讼不决,最后乃用投票方法来解决。但投票的结果,双方票数相等；于是雅典娜以主席的资格和袒护父权的态度，宣告判决：

　　判官雅典娜——现在我宣告判决。我给一票与阿勒斯特。我不是母亲生的。无论如何，我是完全赞助男性的，不仅在结婚以前。的确，我是拥护父亲的。并且杀了丈夫的妇人没有什么重要，因为丈夫是家长。既然两方票数相等，所以阿勒斯特是胜利者。

　　爱尼林们是代表临终的旧社会秩序的；亚波龙和雅典娜是代表方兴的新社会秩序的。这出喜剧的结果是：新权力完全胜利；而旧权力完全失败。

巴学风的母权里面，又载了一个神话，很能表现上古希腊女子地位的变迁：

　　在基克罗普时代，发生两种奇迹：橄榄树和水，同时在地上涌出来了。

　　国王惊骇，遣人请示于德尔非斯神。

　　神的答复是：橄榄树是指女神美丽佛，水是指男神尼普东，在这二神中无论取哪一个的名称去名这个城市，这是市民的随意。

　　于是基克罗普召集人民会议来解决这问题；男女都有投票权。

　　男子投票赞成尼普东，女子投票赞成美丽佛；因为女子比男子多一票，所以美丽佛得了胜利。

　　尼普东大怒之下，马上将雅典全土涌入洪水之中。

　　雅典人要挽回男神的愤怒，乃对于妇女处罚三条：

　　（一）剥夺她们的选举权。

　　（二）以后儿女不取母的姓名。

　　（三）妇女自身丧失雅典人的名称。

希腊妇女的地位，从神话时代英雄时代随时下降；然母权时代的风俗，在精神界还统御了几世纪。女神的地位，在一般民众的观念中，还极其崇敬。由母权时代规定的许多女神的节期，在宗教的习惯上，还是当作重典举行。更迟一回，希腊妇女专门崇奉女神德茂特，每年举行盛大的祭

典,一个男子也不能参加。同样的事情,后来又在罗马产生,罗马妇女崇奉女神格来斯,后即成为普遍崇奉之五谷神。德茂特和格来斯的节期,为希腊和罗马宗教习惯中之最大盛典。

第十一章　一夫一妻之实质

英雄时代,希腊的妇女与后代比较起来虽然还是自由的,还是被尊敬的,但是不过因为她是合法儿子的母亲。实际上,因为男子地位的优胜和奴隶间的竞争,希腊妇女在英雄时代即已急转直下的卑贱起来了。在荷马诗中,许多俘获的少年妇女常常是任战胜者随意处置:最高首领选去其最美丽者外,其余的则任各将领在天幕里面或他们的床上分配起来。一夫一妻的旁边有奴隶存在,一些俘来的少年美女,她们的肉体与灵魂皆属于一个男子,而竞相媚事于其左右。一夫一妻的特性原来就是这样组成的:只有妇女过一夫的生活;而男子在实际上则无所谓一妻。这样的特性,直到今日还是如此。

然在同一时代,多利安人与伊欧尼人的情形完全不同。前者以斯巴达为模型,后者以雅典为模型。雅典妇女通常总是囚禁于隔离的深闺之中,这些深闺通常总是设立在最高一层楼或最后一层楼上,使男子们——尤其是外客不容易与她们接近;男客来家,她们须立刻躲避。少年女子的教育只限于缝纫纺织,至多不过念书习字。妇女没有奴隶同伴不准外出;这些奴婢,是常常紧伴她们身边监视她们的(在中国皇宫里,则有无数阉宫太监给皇帝监视几千几百的妃子)。西洋妇人至今犹喜随带猎犬,据希腊最著名的文学家亚利士多芬说,此即雅典人用以监视其妻及恫骇向其妻献媚之情人。然则犬在西洋文明民族的家族历史中,实尽了一种女监的作用! 至于遮盖妇人颜色的头巾面网,尤其余事。雅典妇女除了看家育儿管理奴隶之外,业已不得参与社会一切公众事务。妇女要守严格的贞操,而男子可以放肆的嫖荡。称为赫特列的卖春妇公然成为社交的中心。雅典盛时,妓院也随着发达,并且由国家保护。妓馆在法律和强权的保护之下,犹之希腊罗马的神殿,中世纪的礼拜堂,其尊严乃是神圣不可侵犯的。始创妓院制的梭伦,极受时人的赞许:称为维持城市安宁与风化的聪慧组织；没有这种新组织，则许多少年男子将因烦闷之围攻而乱上流阶级的妇女。

在一方面看来，从前的性交自由，是随着群体婚姻的消灭了而消灭；但在别方面，随着文明和一夫一妻制的开始，性交自由又复活于"赫特列"的新形式之中。卖淫与自由性交不同的，就是妇女为物质的利益而卖其肉体于一个男子或多数男子；因满足男子购买妇女的要求，遂渐渐形成为公开的卖淫制度。卖淫制度，实为妇女商品化之极点。

在群体婚姻开始崩坏的时候，定期卖淫不过为妇女暂时牺牲其人格以为买得单一结婚权利的代价；而金钱的卖淫，开始亦不过为宗教的行为：原来定期卖淫是要到女神庙中去实行的，神殿祭坛之下设有钱柜，凡来求爱的人们必先置钱于柜以礼神，这就是金钱卖淫的渊源。如亚尔梅尼最著名的亚芝帝司寺和希腊最著名的亚佛罗德寺都是"赫特列"的实行场所。而印度各大神宫中的舞妓，印度人叫做白野德勒也是原来卖淫妇的遗影。神庙卖淫，原来是一切妇女的义务；后来遂专由女巫去执行，以代替其余的一切妇女。

这样的神庙卖淫，可说是由群体婚姻直接派生的。到了文明初启，随着财产的差异，奴隶的强迫劳动之旁也发生了自由妇女的卖淫，这都是必然的相互关联。群体婚姻给文明以两重的遗产，恰好如文明所产生的两重矛盾的面儿一样：正面为一夫一妻，反面为卖淫。而卖淫的极端形式就是公开的妓院。自梭伦以后，卖淫成为一种社会制度，也如其他一切社会制度一样，不仅订于法律，而且列入税收（如中国有所谓花捐）。

公开卖淫制是维持从前的性交自由的，是便利于男子们的，尤其是便利于特权阶级的男子和富人。开始不过强迫或雇买一些奴隶女子与下流阶级的女子为之；后来许多不愿意过囚禁式的一夫一妻生活的良家子女也纷纷逃婚，登籍卖淫。她们的理由是不结婚而做卖淫妇反能得较大的自由。而尤其以没有习惯雅典风俗，不堪骤受严格束缚的外来殖民地女子投入花籍的为多。妓女们与良家妇女大不相同，她们因为与社会自由接触的结果，见闻自然广博，其中多少有点学识的，多半为了希腊第一流政治家学者，和艺术家的朋友。许多卖淫妇的名字与声誉，因为与希腊名人有密切关系而显著，而希腊名人亦无一不与名妓通殷勤。如亚斯巴西，

她是民党首领陪利克列斯的朋友,不久又和他结了婚;弗丽娜,她与演说家伊白立德及雕刻家普拉西特有密切的关系;达兰亚,她是快乐主义哲学家伊璧鸠鲁的先生;亚尔克那沙,也是柏拉图倾倒的女友。此外,大演说家德谟斯登,更公然宣言:"我们有妓女以恣淫乐,有姬妾以供服侍,有正妻以生合法儿子而理家政。"

夫的方面既以嫖妓为性的生活之补足,妻的方面便要发现寡居的怨憾。于是一夫一妻制的本身又发生第二种抵触,仿佛是妇女们用以报复其丈夫的。这种抵触是什么?就是私通。

夫的方面有娼妓,妻的方面有情人;妓女与奸夫,成为一夫一妻的补足品。这就是文明初启以来一夫一妻制存在的真相。私通在宗教风俗道德和法律上虽然严格的被禁止,可是她毕竟能够与嫖妓对抗,同样的成为不可反抗的社会制度;不过卖淫是公开的社会制度,私通为秘密的社会制度罢了。所以儿子的父性之不确定,一夫一妻制仍然和从前的群体婚姻差不多。这是文明民族的家族生活莫能解决的矛盾。

斯巴达与雅典完全不同。从荷马描写的诗篇中看来,斯巴达的婚姻情形还是很原始的。对偶婚姻在斯巴达还存在,不过随着国家地方的观念略有变更,并且还很像是群体婚姻的回照:

纪元前六五〇年亚兰山德里大斯王因为他的妻不生育,又娶了第二个妻,并且立了两个家庭;同一时代,亚里斯登王有两个无子的妻,他又娶第三个,并与前两个中之一个离了婚。别方面,也有几个兄弟共一妻的,朋友之间也可以共妻。据希腊历史家普鲁达克说,斯巴达妇女,只要情人遵守她的条件,她便可谢绝她的丈夫。

这样看来,斯巴达妇女还是很自由的。因此之故,背着丈夫做那不忠实的私通的事体,在斯巴达妇女是绝没有的,至少在最早的时候,斯巴达人还不知道役使家庭奴隶。农奴阶级的希洛芝人,不过赖主人的田地过生活;斯巴达人很少与希洛芝妇女为往来。斯巴达的青年男女,在春情发动以前,皆裸体受共同的教育,所以女子的体格得与男子为同样的发育。凡此种种,皆足证明斯巴达妇女的地位与雅典妇女的地位完全不同。

由上所述看来,可知一夫一妻制完全不是建立在自然条件上面,不过建立在社会条件上面,——特别因为个人财产制胜了原始的自然的共产制。男子既然这样在家庭中占了优势，"育儿承产"便在希腊人口中公然宣布为一夫一妻的惟一目的；而结婚亦成为对于上帝国家和祖宗之必须履行的义务。一夫一妻制，在历史里面，决不见得为男女两性之调和；反而男性隶属女性，发生前此未有的两性冲突。男女间育儿的分工，为人类第一种分工；而一夫一妻制里面男女两性间的抵抗，也是随着历史而俱发达的第一种阶级抵抗。一夫一妻制固然是历史上一个大进步，但同时她在奴隶制与私有财产制之旁，开始了一个维持到我们今日的时代——即文明时代；在这个大时代中，每一个进步同时必有一个相当的退步为伴侣，而一部分或一阶级的幸福，即以别部分或别阶级的痛苦和压迫为代价。

家族历史发达到近世大工业时代，一夫一妻的小家庭既不是经济的单位，复不是政治的要素：极少数资产阶级的家庭，赤条条的是金钱联缀起来的性交和娱乐的一种场所（但此外还有多种）；最大多数无产阶级的家庭则早已为大工业所破坏，他们的妻女及小孩都须离开家庭而与男性劳动者同过大工厂的生活。换过说，即两性间家庭劳动与社会生产劳动的分工已为大工业所冲破，而贬谪数千年的妇女至此才渐有恢复原始时代的重要地位而趋于解放之可能。

第二篇
财产之起源与进化

第一章　个人财产之起源

照一般经济学家看来，财产是一种超越统御自然界的演进律之社会现象，并且是与天地相终始的永远不灭的存在物。他们要完成这个目的，不仅在原始的野蛮人中搜集私有财产的论证，而且在各种动物中搜集私有财产的论证；以证明人类生来即具有私有财产的天性，这种天性是永远存在的，所以私有财产也是永远存在的。比如鸠类胸前具有一个饵囊，遇有许多豆类的时候，先把这个囊填满，以后饿了的时候，再把囊里的豆子送到胃里去消化，经济学家便叫这个为鸠的私有财产；又如牛类，食道下端具有一个大囊，吃草的时候，尽量把牧草作一次贮藏在这个里面，然后才安闲的挨次回反于口中细嚼，经济学家们便叫这个为牛类的私有财产；……这样推论下去，即各种植物亦莫不有私有财产了！因为植物在地下的根茎莫不是吸收或贮藏养料的。

原始的人们，最初的环境是很艰险的，他们既没有锐利的爪牙，又没有武器，仅赖生活于血族团体之中，才能与毒蛇猛兽或异族为群体的生存竞争。一个血族团体的人，都靠获取自然物品去维持共同的生活。无论强者怎样强，弱者怎样弱，都不能不努力维持共同生活，因为除了共同生活之外，个体决不能为单独的存在。所以在原始的人们中，是没有个人财产这个观念的。至于土地财产和资本财产更不消说。就是在现在的野蛮人中，也还是这样：据费森和贺威特在澳洲土人中的观察，其中某几个蛮群的人们，仅只以武器，装饰品等为个人随身的用品，并且这些用品在同一团体的各个体中，可以按照需要互相传授，他们决不把这些东西视为个人的财产，只视为全体人员的共同财产。

我们要在原始时代中竭力找出个人财产的最初起源，至多也只能找出一种决不具有物质性的理想形式：即野蛮人每个具有一个名字。这个名字，是他到了成年的时候，由氏族举行一种宗教的祭典授与他的（欧洲加特力教的国家，男女到了成年的时候，即跑到天主堂去受洗礼；而中国也有所谓冠礼，都是保留这种远古的纪念），所以他得到这个名字，如获极宝贵的财产，决不用以轻示外人，因为恐怕人家夺了去；他若肯将他的名字和他的朋友的名字相交换，这在情谊上就是证明他赠了一种无价宝的礼物。但是这种名字的财产绝对不是属于个人的；摩尔根已告诉我们，这种名字是属于氏族的，并且当他所赠与的朋友死了的时候，这个名字又要复归于氏族。

复次，我们再到野蛮人中来找个人财产的物质形式之最初起源，那末，至多也只能寻出一些附着于个人并且嵌入个人肉体或皮肤之内而不能分离的东西，比如穿在鼻子耳朵或嘴唇上面的装饰品（中国女子现在还戴耳环），系在颈项周围的宝石，摩擦筋骨痛的人油，放在神类上面的结晶石，及其他悬于个人身上的柳皮笼子里面的宝贵骨骸……这些东西都算为个人所有，一生不离体肤；死了的时候，即把这些东西同着死尸一块埋葬，或同着死尸焚化，以给死者的灵魂享用（中国至今犹有烧纸扎物品给死者的遗习）。如果要使一件东西成为个人的所有，便应使这件东西与他的体肤成为密切而不可分离的关系，才能达到目的。野蛮人如果要表示他想要某件东西的意愿，便要装作一种吃东西的模样，或用口衔着那件东西，并且用舌头在那件东西上面不停的舐着。比如住在白令海峡之间的爱斯基马人，也若买了一点东西——比如一口针，便将这针贯在嘴唇上，为一种宗教的表记，以表示他愿意保守这针为个人使用。只有这样的事实，可以叫作个人使用的财产。个人使用的财产，乃是财产之最原始的形式，这种财产不仅过去存在，就是将来也还要存在，因为自食物以至装饰品，都是人们生活的必要条件。

使用——是物件属于个人的主要条件。因而由个人做出的制造品，也只看本身是否要专供他的使用，才视为本身所有的东西。一个爱斯基

马人自己只能具两个独木舟;若制造了第三个,便归氏族处置,因为凡自己不使用的物件,便应归为共同财产。

野蛮人每个具有一块烤火石或一独木舟,也如中古手工业者之具有劳动具,近世生理学家之具有显微镜一样,这一类只可叫作劳动工具的财产,与中古大地主具有之土地财产和近世资本家具有之资本财产,其性质根本不同。然而一般拥护资本主义的经济学家,他们硬要在没有资本的原始社会中寻出资本财产的起源来:他们不是以原人所使用的石子树枝及弓箭等做资本的起源,便想象各个野蛮人怎样积聚胡桃或鱼虾以相交换而得资本之积聚!

第二章 氏族共产制

原始的人不能有个人财产的观念,最优越的理由是因为他离开他所生存的血族团体不能有个性的认识。野蛮人,不是好玩的,常常有许多实在的危险和想象的恐怖包围着他,使他决不能为孤独的存在,独立的状态是他所想象不到的境界。逐出血族团体即等于今日之宣布死刑。比如在前史时代的闪密的人中,希腊人中,及其他半开化民族中,要犯了凶杀案的人,才处以逐出氏族的极刑。据另一种神话,阿勒斯特——在他杀了他的母亲以后,嘉恩——在他杀了他的兄弟之后,立被逐出国境。就是在许多很前进的文明人——如有史以来的希腊人和意大利人中,放流还是一种极可怕刑罚。希腊诗人特欧格尼说:"放流是极可怜的,既没有朋友,又没有忠实的同伴。"可见离开亲族而营孤立的生活,是习惯群居生活的原始人们顶可怕的事情。

并且生长在原始环境中演进的人们,他们比较开化的人们,更是互相关联而不能分立的存在物,因为要这样才能满足他们的各种需要;所以他们必须与他的群和家族为一体,个人既不是财产的主人,也不是我们今日所谓家庭之主人。在极原始的人们,还没有家庭的形式存在。氏族是全体的,群体结婚的是氏族,共有财产的是氏族,而每代的儿女也是属于全氏族;除了氏族之外,他们决不认识个人的存在。

氏族内部,一切属于全体:非洲波希曼人若是得了一种赠物,便分配于全氏族的人员；据达尔文的报告，有人给一铺被盖与一个佛爱奇人，他便将被盖撕成许多小块以分给其同伴；波希曼人若是捕获一条野牛，则分割为许多块数，以送于其余的人，自己只留一极小部分。旱荒的时候，佛爱奇的少年便沿河而跑；若是气运好，遇着一条浅死在滩上的鲸鱼，他们无论饿得要死也不动手，只是迅速的跑回去告知他们的氏族；于是氏族人员立即跑来，由极年长的人将死鲸尸体平均分割于全体。即在比波希曼和佛爱奇更发达的野蛮人中，猎得的禽兽也不属于猎者个人，只是属于他的妻的家族或他自己的家族，并且分配的细则，是按照亲族等级的。

渔与猎——是两种原始的生产方法，通常是要共同去做的，所以获得物品也是共同消费。波多居岛人，是南美巴西地方一些不可驯服的种族，他们全族的人员组织为共同的打猎队伍。凡属他们发现有野兽的地方，便全体都去，那块地方的野兽不打尽，他们是决不离开的。共同狩猎的种族必产生共同消费的习惯，原始的共产社会最初便建立在这种经济基础上面。每次狩猎成功了，他们必集合全氏族的人员公开盛筵，共同享受获得的禽兽。这样太古的风俗，就是在后世也还可以发现。在高加索某几个村落中，若一家捕获一条野牛或十几条羊，便要召集全村的人口举行一个庆日，大家共同醉饱，以纪念历年死了的人们。这样纪念死者的共同大餐，在中国宗法社会的家庭和宗祠里面，现还有其遗迹。

摩尔根在他最后的重要著作美洲土人的家庭与家庭生活里面，研究一些原始共产时代的风俗。据他描写北美印第安人共同的渔猎生活：那些专靠兽肉供给的平原各种族，都是在他们的狩猎中表示他们的共产主义。在一些黑脚印第安人猎取野牛的时候，便有一些男女和儿童骑着大群的马跟着猎夫走；当开始追逐兽群时，猎夫们便将打死的兽委弃在地上，从后赶上的人，只要谁先碰见这个兽，便归谁所有。这样的分配方法，继续以至人人都碰着打死的野兽为止；他们一碰着打死的野牛，便立即施以宰割，或是在太阳光热下面晒干，或是炎草熏干；猎场中另一部分人则收集没有晒干的肉和碎肉，混合腊油卷于兽皮里面。鱼类丰富的哥伦比亚河，到了渔季的时候，全族的人员便一齐沿河扎起野幕，来共同取鱼；每晚按照妇女的人数分配，每个妇女接受一份均匀的；获得的鱼都是随时劈开，并且在鱼簧上晒干了，然后才收集于篮子里面搬运到村落

里去。

当野蛮人停止沿河沿海以获取由自然供给的食品（如沙滩之死鱼等）之漂流生活时，他们才定居于一定的地方，建筑一些房屋。房屋不是属于个人的，但是属于全氏族共同的。故一个房屋可以住好几百人。在北美加罗林岛住居的黑太人，每个屋子里面总是住七百人以上。又如拉毕罗慈在海洋洲波里尼西亚发现的房屋，长三百一十尺，宽二十至三十尺，高十尺，好像一个独木舟倒转的模型，两个极端开了门户，全屋可住百多人。伊洛葛人的长屋，据摩尔根说，十九世纪的末年才消灭，长百尺以上，宽三十尺以上，高二十尺，其中横一条贯通全屋的走廊，走廊的两边排列一些七尺宽的小房子，各小房子里面住一些结婚的妇女。每栋房屋有两条出入的门户，门上画有或刻有其本氏族图腾，——即本氏族的后裔用以标识的禽兽。澳洲波尔尼地方的达雅克人的村落是由一些共同住居形成的，房屋是用木棍构造的，所占地面有十五尺至二十七尺之宽，与瑞士湖畔的建筑差不多。白天则在走廊中央度日；未婚的成年男女及青年男女夜晚则分离睡于各共同的大厅之中，男性的睡做一厅，女性的睡做一厅。至于墨西哥土人的大屋，基础的面貌是很宏大的，上面建了好几层高楼——一层复一层，每层的小房子分得如蜂房一样。考古物学家舒利曼在希腊阿哥里德发掘出来的古屋，及其余一些考古家在诺威与瑞典的废址上发现的一些大房屋，皆为希腊荷马时代及斯干的那夫民族半开化时代之共同房屋。而法国阿文义地方，在十九世纪的上半纪，农人们还是几个家族集合同居，那些同居的房屋恰好与伊洛葛人的相类似。在这些共同房屋里，一切供给是共同的，制伙食的厨房是共同的，每餐都是共同来吃。

同居的伊洛葛人，共同耕作园圃，收集谷物，然后贮之于他们住居里面的共同积谷里面。这些生产品的分配，按照个体具有的方法，只是分配于各家——即走廊两面的各小房。例如玉蜀黍一束一束捆好了的时候，便悬挂于各小房子的壁上；但邻近小房子里面的玉蜀黍用尽了的时候，又可按照需要，到别的房子里面去取用。就是对于渔猎的获物，也是同样的分配保留。一切蔬食品与肉食品都是委给妇人去保管和分配，作为氏族全体人员的共同财产。所以在印第安人的村落里面，常可发现一种

"个人所有品还可共同使用"的"奇怪"现象。

据在美洲狄拉华人和蒙西人中住过十五年（一七七一——一七八六年）的牧师赫克威尔德说："在印第安人的房屋里或家族里面，没有一件东西不为个人的财产。从马、牛，以至狗、猫和小鸡，每个人都认识哪一件是属于他的。就是在一胎小猫或一孵雏鸡之中，有时也有几个不同的所有者；如果有人要连母带子买一孵鸡，便应与对于这些小鸡具有所有权的儿童们去商量。纵然种族里面实行共产的原则，然家族的各个人都公认各有财产的权利。"实际上，这不过是在共产主义里面发生个人的分配——即个人使用的财产，并不如一般经济学家所说，是与共产主义相矛盾，反而是共产社会完全必要的分配方法。

在别的印第安人，如新墨西哥拉格兰一些村落里面，食物并不分给一个家族的各母亲去看管，只是交给她们贮之于共同的仓库。一八六九年牧师高尔曼写信给摩尔根说：这些谷仓，普通都是交由妇女们管理；她们常常担心将来缺乏粮食，比其近邻西班牙人还要留心；所以她们日日调节食物，务使贮藏的东西能经过一个全年：所以在这些印第安人若是只遇一个荒年还是可以度日，但若连续两年歉收，他们便要受饥饿的痛苦。

在中美麦野地方的印第安人，一个村落中有一个共同的灶屋，上面同茅棚盖的，这个灶屋是供全村的人共同使用的，如欧洲中世纪的共同面包灶一样。斯德芬旅行于中美雅卡登地方，常常遇见一群一群的妇女和小孩子用木钵盛着烧好的饭菜，从这样共同灶屋跑到各自的家里去。但在伊洛葛人中，共同的伙食，即在每个共同的住屋里面做：每个家族有一个共同的大锅灶，每餐由主母在这个大锅灶上面，按照各人的需要分配食品；每个人用木碟或泥碟盛着自己那份食品；他们既没有桌凳，也没有一块处所像现今的厨房与食堂，每人接着食品后，只要何处与他相适，便在何处蹲着吃或站起吃。但是通常总是男子吃在前，女子与儿童吃在后。剩下来的食品，竟日之中，无论哪个饥饿的时候，都可拿些去吃。妇女们每日午后，将捣碎的主蜀黍煮成汤粥，任它冷却，留到明早以招待外人的客人。他们无所谓早餐，也无所谓晚餐，他们觉到饥饿的时候，便可到屋子里面去吃。

共食的风俗，在有史以后的希腊还是存在，如所谓共同飨宴，不过是

原始共产时代的纪念。这种古风遗在中国宗法社会方面的,有各姓宗祠支祠以及乡社神庙举行祭祀时之各种共食习惯;遗在君主政治方面的,有各代皇帝"大脯天下","赐百姓以牛酒"的习惯,然此皆成为皇帝对于百姓的特别恩典。

据柏拉图弟子赫拉克立德的记述,这样原始的共食习惯,在地中海克拉特岛存在颇久。男子方面,每个公民对于共食都有接受平均一份的权利;只有行政首领的雅康为例外,因为雅康一个人有接受四份的权利。雅康何以有四份呢?一份是以公民资格接受的,一份是以共食桌上的主席资格接受的,而其余两份是为维持食堂与家具的报酬。每一席在一个主母的特别监视之下,由她切成一块块的食品分配与各人;但是关于块数大小的选择,对于在人民会议中的议士与在军队中的战士,显然有所区别。每一席有一瓶酒,大家轮流的饮去,完了的时候,又重新充满,一直饮到精光才止。赫拉克立德不过叙述一些男子们的共食;但是赫克比较在他之前,又叙述希腊多利安人各城市中的妇女与儿童也有这样共食的习惯。

据希腊历史家普鲁他克(生于纪元四十五年与五十年之间)说,一切共同飨宴都是平等的,他引了一些贵族的集会做例证:凡属坐于同桌的,一定是同氏族的人;而斯巴达各个共同战斗的军事组织,便编定坐在各个共同飨宴的宴会席上。野蛮人和半开化人,一切动作都是共同去做的,所以坐席也如临战场一样,是以家庭、氏族和种族做排列的。

共产种族的每个人员接受一份食品,这是很尊严很必要的事,在希腊文叫做母拉,其意义就是共同飨宴的一份食品。后来这个字成为最高女神,后来引申为命运与定数的意义的名字,一切的神和男子都要服从她;她是给人们一份生活品的神,如克拉特分配食品给各人的主母一样。在希腊神话中,Destinee与Destinees的地位是很显著的,她们都是女的:母拉以外又有亚萨与基勒斯;母拉、亚萨、基勒斯的名称即等于说:"每人有一份生活品或捕获品。"

这样通常的共食只限于共产时代,希腊人叫黄金时代;这样的遗俗,他们便叫作神饭或圣餐。荷马那篇奥地塞的诗,是咏特罗雅战役归途之苦况的,其中还叙述碧洛斯的市民举行四千五百人的共食:五百人坐一桌,一共有九桌。这样的古俗在罗马也还存在,罗马举行各大宗教的节庆时,便为全体人民陈设一些筵席于街上。赛诺芬(希腊三大历史家之一)也说,在雅典每年的某几日中,大杀牲畜以祭神,祭肉尽以分配于人民,而城市的耗费与牺牲是非常之大的。

共产主义的共食,后来只在宗教中保留为一种宗教的仪式,因为宗教便是太古风俗的遗物。比如雅典市民的共食,是规定在一定时期跑到元老院去共同会食的,若是拒绝这种应尽的宗教义务,在法律上便要被严格的处罚。凡傍圣桌而坐的市民,便暂时穿着神圣性质的衣服。这样跑到元老院去共同会食的市民。雅典人叫作巴拉垂啖,就是寄食者或食客的意思。此字后来引申为游惰人之形容词,而在从前,不过是要求人们保存太古风俗的一种服务。圣餐既是一种保存古风的义务,所以每每在这个城市里面用铜盘献面包,而在别个城市里面则用土瓶献面包。若违背祖先的习惯而用新盘子去献神,便为大不恭敬。这样纪念太古风俗的事情不仅在上古希腊罗马为然,即在后世欧洲加特力教的各种神祭,以及别的地方各种相类的神祭,皆为野蛮时代共产同食的纪念。

第三章 共产社会之风俗

全氏族的共同住居,其中虽分为一些特别的房间而不止包含一个家庭,并且食物也分属于每个家庭的个体,然而实际上还是归全氏族处置。据加特伦(一八三二——一八三九年旅行于北美)说:在印第安人的村落中,每个男子、女子或小孩子,当他饥饿的时候,便有权跑进无论任何人家的住居里面去,就是族长的住居里面也可跑进去拿东西吃。即极可怜无用的人,很懒得打猎,又很懒得自给,也可跑进任何人家的屋子里去吃东西,不过人家只给少许东西与他吃罢了。然而这一类乞食的人,假若他能打猎,人家便要给他以高价的食品,因为这是鼓励乞丐与懒惰人而启发其羞耻心的暗示。在加罗林岛的土人,旅行不需携带粮食;当他饿了的时候,便可自由跑进他所遇着的人家屋子里面去,伸手到小食桶里面拿些果子捏成的面包吃个饱;入门无须允许,出门也无须申谢。在他们看来,这不过是享用自然的权利,人人都应这样的旅行,人人都应这样的待遇过客。

原始共产主义的住居，斯巴达人出了半开化时代后，在拉塞德蒙（斯巴达人的根据地）还普遍的存在过许久。据普他克说：照斯巴达第一个立法者来克哥（相传为纪元前九千年斯巴达善于立法的贤主）的制度，禁止一切住居关闭门户，以便无论何人都可跑进去拿取他所需要的食品和家具，因为这些东西是没有财主的；一个斯巴达人在路上遇着一群马时，也可无须领马者的允许便骑着一匹代自己的步；一个斯巴达人又可使用无论任何人的猎犬与奴隶。

私有财产的观念，在现在的人看来，好像是很自然的；其实，这种观念乃是慢慢地并且很困难的才浸入人类的头脑里面。人类最初不仅没有私有的观念，而且视一切东西是为一切人们存在的。赫克威尔德说：印第安人相信世界是由一大神创造的，世界上所有一切东西是人们共同的财产。人们繁殖于地上，也如禽鸟充满于林中，并不是为少数利益的，但是为全体。一切东西是给人们一切儿童共有的，凡属呼吸于地上，生长于田野，游息于江河川泽之中的都是属于全体的，每个人都有一份的权利。在他们之中，款待宾客不算一种道德，但是一种严格的义务。他们宁可自己饿着肚皮睡，但是对于款待来宾、病人，以及贫穷者的义务，决不能丝毫疏忽而使来宾病人贫穷者有所不满，因为这些人对于共同财产有取用济急的共同权利。比如家中饲养的禽鸟是要随时款待宾客的，因为禽鸟在未被捕前，本是树林中的共同财产；园蔬与玉米也是要随时供奉他们的，因为这些东西是在共同的土地上发生的，并且非由人力，但是由大神的力发生的。

博爱平等的精神，以及款待宾客之殷勤恳挚，从没有如野蛮人和半开化人的，这是许多旅行北美的游历家之共同的赞词。摩尔根说：无论何人，或是同村的居民，或是同族的人员，或是外客，在任何时间跑进伊洛葛人的家里去，家中的妇女便应立刻奉献一盘食物于客的面前。假若忽略这种义务，便是缺乏礼貌，并且是一种侮辱。奉献的食物，客若饿了，便应立刻吃完，若是不饿，也应尝尝味道，然后才叫声"谢谢"。安德尔在他著的《美洲印第安人之历史》中也说：凡不帮助人家需要的行动，印第安人视为一种大罪恶，全族的人都引以为羞。

同样的风俗，罗马历史家达西德在半开化的日耳曼人中也发现过，其时日耳曼人恰好跳出原始共产时代。达西德说：吾人从未见过别的民族招待宾客有这样的宽大；若客人被排斥于食灶之外，无论怎样，大家都视为罪恶；也没有人把自己用过后的饮食来奉客；当接了外客的人家食物吃尽了的时候，这个屋里的主人又可领导客人到邻居的人家去，也不须邻居先来邀请，而邻居也决没有拒绝接待的，都是同样宽大的接待；他们对于款待宾客的义务是一律同等的，看人看势的区别，在日耳曼人是从不知道的。

如达西德所述之宽大博爱的风俗，在原始共产时代的人们中，是很发达的，就是在初出这个时代的人们或村落集产时代的人们中也还继续存在，只有到近世资本主义的文明时代才完全消灭。在村落集产时代，每个共同住居，都要保留一部分土地，专供来宾的使用和需要；凡属来宾即可住居一块这样的保留的土地；这种来宾的住居便叫作客房。这样的事实不仅印度的集产村落如此，就是在十九世纪初叶法国的阿文义和莫尔文地方也还存在。

第四章　土地财产最初之形态

野蛮人最初是靠果子树根为食品，到了知道吃鱼的时候，乃沿河沿海的寻生活；跑到鱼类丰富的地方，便停住在那块地方。然他们此时梦想不到要保持一块土地为他们的共同财产，因为此时他们还不知道打猎，又不知道驯养家畜，就是保持一块土地也没有用处。

在人们发明打猎之后，才渐渐发生保持一块猎地为一个血族团体共同使用的习惯。所以共有猎地，要算是土地财产的每一种形式。后来人口增加，使用猎地的范围也随着扩大，于是在人口稠密的地方，各神族之间，自自然然形成一种土地的分配。

土地的第一种分配是猎地的分配，第二种分配是牧场的分配；牧场的分配是随着畜牧发明的时候开始的。土地个人有的观念，是很迟并且很困难的才慢慢浸入人类的脑中。美洲乌马哈人有名俗话："土地如水火，不是属于个人的。"土地为全种族共有的意义，不仅指全种族已有的人员，而且是指将生的人员。比如纽西兰英国政府要购买马欧利人一块

土地：第一个条件是要经过全种族人员的同意；第二个条件是每个新生的马欧利人要继续接受一份偿金。因为马欧利人说：我们只能卖出我们所有的权利，但我们不能卖出我们未生的人的权利。所以英国政府只有用按年偿付（每年出世的小儿每个接受一份偿金）的方法才得免除困难。

在佛爱奇人中，各种族的猎地之交界，剩余一些宽大而不占领的空间；这种空间，据罗马恺撒的高卢战记，日耳曼人叫作交界森林，而斯拉夫人则叫作保护森林，实际都是两个种族或几个种族之间的中立地带。这种中立地带，在美洲印第安人中有下列的区别：同语言的各种族（通常为亲近的联或盟的种族）之间，中立地带很狭隘；异语言的各种族之间，中立地带很宽大。

在旧大陆和新大陆的各野蛮民族与半开化民族都是一样的，凡属中立地带围绕以内的地面，便是他们的生活源泉。只有自己种族以内的人员才有自由狩猎或驯养禽兽于此地面的权利。假若一个外人跑到别个种族的地域里面去侵犯其权利，便要立被驱逐，若是捕获了，有时也有杀死的或残伤肢体的。据赫克威尔德说：印第安人若是捕获侵犯他们的人，割其鼻子或耳朵后，有时还要押送犯者到他的酋长那里去，伤其头皮，以示惩戒。所以封建时代"有土地者亦有战争"的俗话，实际上自从野蛮时代土地以共同财产的面貌出世后便开了始。侵犯猎地，乃是邻近各种族间发生口角战争的主要原因。

未占领的空地，开始是为预防侵占设立的，后来便成为各种族间物物交换的市场，邻近各种族都到这里来交换他们剩余的消费品。

到了农业发明的时候，于是各种族间由猎地和牧场的分配，又进而为农地的分配。种族或氏族的共有土地是共同耕作共同播种的。纪元前四世纪亚历山大工时代，尼雅格大将，在印度某几处地方，还目击各种族对于共有土地的共同劳动及收获物之按照户口分配。摩尔根得到史蒂芬的报告，麦野的印第安种族，土地是共有的，劳动也是共同的。狄欧多也说：意大利李白里群岛的居民，土地是共同的财产；他们一部分在家耕作，别部分出外劫掠；后来他们虽然把大岛分了，但其余的小岛还是共有的，耕作也是共同的。这样的情形，正与恺撒所说日耳曼民族的情形相同。恺撒在他的记录中也说：日耳曼人为极强悍极好战的民族，他们没有私有的或分离的土地；他们几百郡中的每一郡，每年出一千个战士到远处去打仗，其余的人则留存家族中共同耕田。

第五章　村落集产制

　　上面曾经说过，在一个氏族的共同住居中，每个结婚的妇女住于一个私用的小房间里面，共同的粮食是交由妇女们保存或按照妇女人数分配，这也可说氏族共产家族里面，业已发生个人家庭的萌芽。这种萌芽的雏形，不过是在共同住居里面分成一些各别的房间，各个已婚的妇女便抚育她的儿童，和未婚的妹妹及兄弟住于这些房间里面。由此家庭渐渐个人化，母亲成为各个房间的主人，而家庭的财产亦于此时开始萌芽。

　　随着人口的增加和生产上的必要，每个特殊的家庭便发生分居的需要，于是不能不从氏族共有土地中分一块土地去建立新房屋；而宅地的分配，遂成为家庭财产之起点。不过这样的事实，要到初步的农业发明之后才会发生。

　　在氏族共产社会未起分裂作用以前，一个种族的共有土地是共同耕作，共同播种，收获也是共同分配的。在既起分裂作用以后，土地虽继续为一个氏族之下的各血族团体所共有，但耕作与收获都不是全种族共同的了。此时通行的方法是：从一个氏族分离出来的各血族团体，每年将氏族共有土地分配一次，每家各耕一份，并各得一份收获；这样的方法也可叫家族换耕制。但这还不算是变成了土地私有制，不过是土地归各家使用罢了；各家的内部，生活还是共同的，人口也还是众多的。因为从一个氏族分裂出来的团体，不是仅由一对夫妇组成的，但是由几个亲近的家庭组成的；所以还是几个家庭共一住居，共一火灶，以过共同的生活。其实便是氏族共产制随着农业的发达与需要而变形为血族集产制。

　　血族集产制，在俄罗斯叫作密尔，在日耳曼氏族叫作马尔克；恩格斯和梅英及其他原史学家或叫作共产家族，或叫作村落社会……

　　俄罗斯的密尔制也是行家族换耕制：土地虽为一个种族所共有，而按期均分于各家族去耕作；各家族在一定期限得专有这块土地的收益；这样的期限初为一年，继为数年，期满则再行分配。日耳曼氏族的马尔克

制,是村落共有土地,并且共同劳动。据达西德的记载,也是行过家族换耕制的;土地为村落或部落全体所共有,各家族皆有平等使用收益之权;而部落即为若干村落之集合体,军事及各种公众事务,即随着这样的经济单位为组织。

在十九世纪的前半纪,关于有史以前的社会组织,世人还很不明了。自一八四七年哈截苏(普鲁士的官吏,于一八四〇年游历俄罗斯)著的《俄罗斯乡村制度与其民族生活的内情之研究》出世,西欧原史学家才明了土地共有制是什么东西。接着加以穆勒尔的证明,有史以来日耳曼各种族莫不是从这样的社会基础发生出来的;于是影响所及,便是英国法学派的原史学家也不得不承认自印度以至爱尔兰,社会的原始形式莫不是乡村共有土地。然乡村共有土地果然是社会的原始形式吗?这个问题到摩尔根才予以决定的解答。

自摩尔根发明氏族共产制的真相后,吾人才知村落集产制还属原始氏族共产社会所派生的形态。所以拉法格在他著的《财产历史》上面便给这种财产形式以血族集产制的名称以与他所从出的原始共产制相区别。但是何以见得村落集产社会是由原始共产社会派生的呢?第一,因为土地在名义上还是属于种族所共有;第二,凡属定期分得一份共有土地的各家族,莫不公认同出于一个共同的祖先。

现在请进言村落社会之实际:一村之中,凡属可耕的土地,分为许多长而狭的片段,配合几个片段为一份,每家各得一份。片段虽肥瘠不同,但各份的配合务使其均平。每家配与的耕地面积,大约等于一对牛耕两日的样子。这样尺度的单位,在印度是说两驾犁,在罗马是说两久格拉,实际都是等于一对牛耕两日的地积。每个村落保留一部分的公地,开始是共同耕作,后来是定期租赁。

每个村落有一个长老会议。当分配土地时,长老会议召集各家族的代表来抽签,哪家抽得哪一份便拿哪一份去耕作。这样的方法,既没有不公平的事情,也没有不满意的事情。期限满了的时候,又重新抽签再分配。犹太圣经说:神吩咐希伯来人,凡神所预许的土地,务必按人口比例,分配于各种族与各家族。这样分配的方法,在希腊与腊丁语叫作Kleros et Sors,意义是说每家有一份平均的租产。如果某家所受土地有不平均时候,经长老会议审查确系丈量错误或配合错误之后,又可从保留的公地中,拿一块作加补。

凡属主持农地分配的人们,他们可惊的平等精神中含有正确的丈量技术。据哈截荪说:俄国皇室产业大臣基塞列夫伯爵,曾于胡洛尼夏州某几处地方,派一些测量师与税吏去测量;结果证明农人的丈量,除极少几处稍有差异外,其余完全正确:即就这稍微的差异而说,也还不知农人与测量师两方面究竟谁为正确?

牧场、森林、水道、渔猎区域,以及其他公众使用的利益,是要保留为村落全体居民共同享用,而不得分配的。

可耕土地虽皆定期分配于各家族,使得享受其收获,然地主之权仍然为村落所保留,因为村落便是各家族组成的全体。

俄罗斯一个密尔的土地,便叫"共同耕种地",其收获即分配于全密尔各家族。顿河流域的哥萨克人,他们的牧场是不分的,所以一个牧场的草是共同去割的,割了之后,才把干草来分配。一八七七年密勒写信告摩尔根,新墨西哥大俄人(印第安人之一种)的村落,其中每个种族有一块共有的玉米田,其收获物则交由酋长保管,缺乏粮食的人都可去取。九世纪英国加尔地方的法律还规定每个家庭应接受两百平方尺的地亩,但每份土地都要一律共同的耕种。

共同耕作地的收获物,有时全村居民毋庸分配,便可据为共同消费之用。英国哥摩在他著的《村落社会》中,引了一个爱尔兰茂峙伯爵的村落,这个村落共同田原的收获物便是全村用以缴付租税的。在印度某几个村落中,一定地面的收获物,是规定专门报酬铁道牧师学校教师……之用的,因为他们是为全村居民服务。荷马的伊利雅与奥地赛两篇诗里面更说希腊人有为地神与军事首领保留一块神田的习惯。苏格兰人怕恶魔作怪,乃给恶魔保留一块土地,以表示敬礼,这块土地不叫恶魔之地而叫善人之地;凡属这样的土地,都是任其荒芜而不耕种。雅典国家所得公共土地的租金,其一部分乃是用以津贴神圣的妓院。这是古代雅典贵族们一种义务的习惯。

耕种是在长老会议或其代表的监督之下举行的,马奢尔一八〇四年,在他著的《土地财产的原理与实际》里面说:"十八世纪英格兰的集产村

落,一个家族不得随意耕种自己那份土地;应以同样的种子和同样的方法与全村落其余各家同样的播在自己的田亩上。"当土地分配终止的时候,每个家族不过具有一块使用的地面;地内发现了宝库的时候,不能归自己所有,必须呈送于村落;五金与煤炭也是一样时,要得这种东西使用的人,只有靠自己的劳力,在地面上打洞去掘取。

耕作制度,普通都是采用换耕法,有三换的地亩,也有四换的地亩。凡村落可耕的土地,大要分为均平的三部分,使这三部分土地可以更替的耕种:比如第一部分可在冬季种小麦,第二部分可在夏季种大麦或燕麦;而第三年则任这两部分土地休耕以养地力,而耕种其第三部分。

播种与收获的时日,都要由长老会议规定。据英国刚培尔的报告,印度每个村落有一个占星师,专门担任指示播种及收获的吉祥日期。哈截荪也记载俄罗斯集产村落的田野劳动具有极完备的秩序,仿佛像军队的纪律一般。当耕种或收获的时候,全村落的农人都同日同时去工作,这部分耕,别部分锄……工作完了,然后共同回去。哈截荪说:"这种规律,不是村落的长老命定的,乃是表现俄罗斯民族精神的特性,需要联合与共同秩序的社会性之结果。"这种特性,未免惊骇了普鲁士的哈截荪,他以为这是俄罗斯民族特别不同的地方;其实,这样的特性乃是集产制赋予的,凡属同样历程的地方,到处都可以发现,比如日耳曼各民族即经过同样的历程,不久便由穆勒尔证明了。

自来欧洲资产阶级经济学家,对于财产的研究,绝没有历史的观念,他们以为私有财产是与天地相终始的,故对于原始共产制或集产制皆目为海外奇谈。自哈截荪的发现公布后,他们对于集产制才不再怀疑。然哈截荪自己并不知道他的发现在历史的见地上之重要;他以为密尔是圣西门乌托邦的实现。故不久巴古宁及其学徒便热烈地宣传斯拉夫为引导人类向进步方面走的特殊种族;并预言密尔是将来社会的模范。

在哈截荪以前,英国印度的官吏们,在他们所管理的地方即已发见这种特殊的财产形式,不过他们的发现埋没于一些官场的报告之中,而不能公布。自从学术界提出这问题争论后,才有人考证十八世纪末,大它西、福尔尼等即已认识集产制,不过到资本制度统治欧洲以后,这种过去的制度才为人所忘记而成为海外奇谈。

村落社会共同劳动的纪律，常常使近世学者闻之惊骇：大名鼎鼎的梅英，他是印度英政府的法律顾问，他对于印度的集产村落颇有研究。他说："长老会议决不要发号施令，他仅只宣告历来的习惯便是；所以他不须有世人所相信的最高势力发出的告示。凡极有权力来说这桩事情的人们，莫不否认印度土人需要一种政治的或神的权威为他们的习惯基础，只有盲从可视为他们太古风俗的充分理由。"其实，这并不是"盲从"，乃是自然界所加于半开化人的强制道德，因为若不具有这种纪律，他们共同劳动的效率必至低减，而一年的食粮必不充足。

收获完工之后，各家族分配的土地又复成为共同的财产；全村落的居民都可放出他们的牲畜到这共同的田野中去吃草。这样的习惯，便是在经过几千年采用私有土地制的民族中，也还有保留的。

土地原来不过分配于各家长，这些家长便是最先占领这土地的祖先之后裔；所以村落的每口人丁都应认识并证实他的来源。在印度某几个集产村落中，专门有一班人员掌理其种族的谱系；他们对于祖先全体的名称能一气数出，不遗忘一个。上古雅典家族的登记，也是一件极小心极严重的事体，倘若谱系中登入一个不属本族的合法儿子，便要蒙严格的处罚。这样的事情，到了宗法社会更严格。

第六章　秘鲁及印度之村落社会

上面所说的，不过是概举一些已知的村落情形，以为血族集产社会的完全模型。这样完全的模型，只可视为长期存在和长期演进的结果，决不是各民族集产村落初形成时便骤然达到了这样的境界。现在试述一低级形态的村落社会以为例证：

秘鲁在被征服的时候，土著的印加人是原来统治秘鲁的种族，他们初入村落集产的阶段。他们土地的三分之二名义上都是属于太阳神，其实便是印加人的共同财产。住在村落里面的各家族，每年在耕种以前接受分地，他们是共同为太阳神的土地耕种的。一切收获物，经过祭祀用费之后，由印加人公众管理，以为普通一般的公益及全体居民之用；分配标准是以他们的需要为原则的。丰富的骆驼毛与种满各大平原的棉花，也

是一样分配的,每个家族全体人员要几多材料做衣穿,便可充分的取得几多。他们的共同劳动是很有快乐的社会情趣的:农事开工的时候,每日黎明便有人站在高岗的塔子上召集全村的居民;然后男男女女并且携带一些穿花衣的小孩子跑起去,一群一群的共同工作;一面还要高唱颂祝印加族的山歌。

印加人对于共同土地的耕种,以及收获物的管理,比从欧洲出来的文明西班牙人要完善得多。西班牙的移民,大都是些间日而食的穷鬼、乞丐、娼妓、盗贼如此等等的文明人竟纷纷不绝的在一块仓廪充实(贮着丰富的玉米子),没有穷鬼、乞丐、娼妓、盗贼的"野蛮"地方登岸!登岸之后,用炮火破坏印加人的天国而变成为文明人的殖民地,然后文明人还要口口声声宣传印加人的"凶恶"和"野蛮"!美国历史家普勒斯哥曾得一个征服秘鲁的兵士李奇斯曼的记录,据说印加人是很善治理的民族,其中没有盗贼,没有怠惰者,没有嫖客。也没有卖淫妇……山林、矿山、牧场、猎地以及一切财产都管理得很智慧,并分配得很智慧,他们各得一份使用的财产,决不知道怕人偷窃,他们之间也决不有口角的事体;他们看见西班牙人的住居常关门闭户或加以锁钥,他们只以为西班牙人是怕印加人杀害,他们决梦想不到是防偷窃;假若他们发现西班牙人中有盗贼或引诱妇女之男子,他们对于西班牙人便看不起了。

秘鲁共产天国的各种公众工程的废址,也如古代共产的埃及遗下来的废址一样,能使近世的艺术家工程师惊叹不置。横贯引孔第绥县的水道,有六至八个基罗米突长,用以帮助自然的湖泽及山中的贮水池以引水。从基多至居斯哥的通路,长约二千五百至三千基罗米突,每距十五基罗米突有些堡垒及用极大直径的石墙包围的军事草棚。道路宽约七尺,上面铺以大石,某几处曾覆盖一种极坚硬的西门汀土。在一个万山之中的地方,许多的瀑布与深谷上面都架有木桥。亨博乐在十九世纪初年游过秘鲁,对于印加人的各种工程发了下列的赞叹:"这样大石头镶成的道路,很可与我在意大利,法兰西,西班牙看见的罗马道路比美……印加人的道路是极有用的工程,同时也是人力做出的极伟大的工程。"然而这种伟大的工程竟是不知使用铁器,和还没具有家畜的共产民族完成的。

此外我们更看外力高压下面的印度村落社会:据英国印度总督梅特

加夫一八三二年的报告，各村落社会都是一些小共和国，他们都能生产他们所需要的东西，几乎完全脱离外界而独立。无论朝代怎样变换，革命怎样频仍（如Hindous, Patans, Mogals, Mahratta, Sicks和英国人轮流为他们的主人），但村落社会还是常常一样的。到了危乱的时候，他们也武装起来，并筑堡自卫；但敌人的军队如果要横过国境，他们只好收集家畜关于屋子里面，让敌军过去，以免招惹。假若敌军对于他们大肆劫掠，而其势力又不可抵抗时，他们便远天远地的逃走，或跑到别的村落去避难；等着劫掠经过了，他们又复跑回家来。然若惨节连续几个年头，把他们的地方破坏不堪居住了，全村人民只有散亡在外；但一旦可以居住的时候，他们便要立刻归去的。子孙归去复占了祖先的田地，那末，村落一切情形又要恢复如从前一样。这样的迁徙很不是容易的事，他们常常要坚持久长的岁月，经过各种的危险与扰乱，才得制胜敌人的劫掠与压迫。梅特加夫更忧闷地叹息道："这样外部的打击到还无伤，只有我们的法律与法庭却容易破坏这些村落社会！"

俄罗斯的村落也都是独立自主的；他们都能在自己的村落里面生产他们所需要的东西以自给；他们之间，不过在一种很不完全的状态下发生一点关系。有时似乎有点联合，也常常容易被俄政府所压息。印度也是一样的，英国只用五万人的军队便统治了一块比俄罗斯人民更多的广大土地；印度各村落之间因为没有联合，所以不能有丝毫的抵抗力。

第七章　村落社会在中国之遗迹

村落集产社会不仅为母权到父权，半开化到文明的过渡，而且横亘在各开化民族中的宗法社会也是由它产出的。因而它的遗迹在最老的宗法社会或封建社会里面，每每可以为长期的残存。不仅在俄罗斯如此，在中国也还有其遗迹。

原始母权氏族的共产社会，在中国久已湮没无痕迹了，独村落集产社会的痕迹还多少可耐寻索：不仅"张家村""李家村"等现在还遍存于各地，而所谓三代以上的"井田制"及以后模仿或梦想井田制而发生的"授田""均田""班田""限田"等制度与学说莫不为远古集产制度之遗

影。相传一块井田为九百亩,中为公田,以其余八百亩分配于八家。每家得一百亩,即所谓"一夫百亩"。"夫"就是指已婚成家的家长;授田年龄,以三十娶妻成家者为合格,到了六十岁又要将所授土地复返于公,而不得买卖或私相授受;然地有肥瘠,有的年年可以耕种,有的要休一年或二年才得再耕种,故周礼说:不易之家地百亩,一易之地二百亩,再易之地三百亩(郑司农注:不易之家,岁种之,故家百亩;一易之地休一岁,地薄,故家二百亩;再易之地休二岁后种,故家三百亩)。在村落或部落时代,土地主权属于村落或部落所共有;后来政治统一,遂集中于统治者天子诸侯之手,又由他们的手以再分配于人民,故有"溥天之下莫非王土"之言。"王"一面为统治权的代表,一面又为领土主权所属的代表。耕地分配之外,又有宅地的分配,各家皆得宅地五亩;耕地须按期缴还于公,宅地则许其永业,至于山林川泽以及牧地,则概由公家保留。

此外,还有所谓"籍田"与"园囿"。相传籍田是为天子躬亲农事而设的,地面有千亩之多;实际则为统治者保留从前村落集产时代共同耕种的纪念。故到了每年举行籍田典礼的时候:

> 由掌理观察天时的大史(即印度村落占星师之变相)择定一个吉祥的时日,先几日通告掌理稼穑的后稷,
>
> 后稷据以通告于王,王乃使司徒遍告公卿百官庶民,
>
> 司徒即设坛于籍田上面,并饬大夫们都准备那一日的农具与用品;
>
> 先五日,又有一个什么瞽师报告有一种和协的风发起来了,于是王即斋戒沐浴,百官也跟着他吃斋,
>
> 斋戒三日,乃举行一种简单的农品(什么鬯与醴)祭典,百官庶民都跟着王去祭;
>
> 到了籍田这一日,后稷出来监工(在村落时代是长老监工),膳夫与农正陈设籍礼,大史引导王亲耕;
>
> 王耕一垡土,各级官吏就加三倍,然后庶民把一千亩都耕完;
>
> 耕完之后,后稷省察王及百官的工程,大史做监督,
>
> 司徒省察庶民的工程,大师做监督;
>
> 这样省察完毕,然后宰夫陈餐,膳宰做监督:各级官吏次第吃

一点,

  最后庶民大吃特吃,把所陈的饭菜一概吃完(参看国语虢公谏周宣王不藉千亩)。

这样一出籍田的喜剧,完全是一副村落集产时代共同耕种的遗影,所不同的,不过涂饰一点封建的礼文与点缀罢了。

狩猎为野蛮时代生产方法,园圃为半开化中期的发明,及农业发达二者都成为副业。中国古代帝王于籍田之外,又设园设囿以存太古之遗习,其后则完全变成为游乐场所而忘其本。在周朝的时候,囿中豢养禽兽,以供习田猎并备军国之用。相传文王之囿方七十里,是向人民公开的,其后齐宣王有四十里之囿,则已成为他独乐的场所(见《孟子》)可见帝王诸侯的园囿也同籍田一样,都是太古遗下来的痕迹。

第八章　宗法家族与集合财产之性质

据秋凡来甫斯基在斯拉夫民族中研究的结果,宗法家族是从集产村落派生出来的;它也是几个家庭的集合体;它的命运与财产的集合形式有密切的关系,因为财产的集合便是宗法家族存在的主要条件。

家族与财产是以同一步骤演进的:就家族方面说:最初,氏族是全体人员的共同家庭;久之,氏族分成为几个母权家族;复次又分成为几个父权家族。父权家族还是几个家庭的集合体,所以也可称作父权氏族;最后,父权家族又分成为一些个体的家庭。就财产方面说:氏族共同的财产分成几个母权或父权家族的集合财产,又由集合财产变成为一个或几个个体家庭独占的宗法家族的私产。可见两者演进的步骤完全是相同的。

上古一切社会,莫不承认财产在家族地位之重要。比如在斯巴达,若是一个公民丧失了家族的财产,或减少了家庭的财产,而不能供公共衣食的消费时,这个人便排除于惟一具有政权的贵族阶级之外。雅典人的国家对于家族财产的管理也很注意的监督;凡属公民皆有要求干涉或禁止不善管理家产的家长之权。家族集合的产业,既不属于家长,也不属于存在的人员,但是属于子子孙孙永续不死的家族集合体;过去,现在,和

将来的家族财产都是这集合体的。然而这集合体属谁呢？属于他们的祖先。所以每个家族的厅堂中都有他们祖先的祭台，神主或坟墓。生存的人们虽为实权的享受者，但其职务在担任继续祖先的遗产，和维持祖业的繁盛以传于后人。

房屋是家族财产的中心。雅典的法律，只准卖土地，而禁止卖房屋。土地的财产是不可让与的，既不由家族人员瓜分，也不能拿出家族以外，只能代代相传于男性的后裔。希腊习惯：父若不将财产遗与男儿时，女可为相续的人的过渡，然后与父的一个亲族结婚，使这个男子成为正式的相续人。佛兰克人及其他日耳曼人的法律也说："假若死者不遗财产于其子，则银子和奴隶属于女，而土地则属于父系的近亲和后裔。"

管理家产的家长，有时是被选举的。他应好好监督耕种的执行和房屋的维持，务使能供给家族全体人员的需要；并且要常常想到他将来对于后任家长打移交时，务必使财产如他接受于前任一样的繁盛。为的要完成这些责任，便应赋他一种专制的权威，所以他不仅是立法者，又是裁判官与刽子手；凡属在他命令下面的个体，都可由他裁判，处罚，或惩戒；他的权力一直到可以卖出儿童们为奴隶，和对于隶属者处以死刑，——包括他的妻在里面。

每个家族授田多少，通常是以组成它的人口数目做比例的。家长要想增加土地，便要先设法子增加其人口的数目；于是便发生早婚的习惯，使其幼年儿童娶一些壮年女子作家庭的奴婢。据哈截苏的报告，他在俄罗斯各村落里面，常常看见一些高大强壮的少年妇女，抱着小丈夫在她们的腕中。

此处可借用一句普通的成语："国之本在家"。这句成语在从前一般道德家和政治家用之早已不甚正确；而在我们用之，确可为集产发达到一定时代的真实表词。凡建立在集产基础上面的村落，俨然是一个独立自给的小国家。由各家长（都是平权的）组织的长老会议就是他的政府。比如俄罗斯的农人，生死于他的村落之中，凡属村落以外的东西，于他都没有关系；所以密尔的字义在我们译作村落，在他们便视为"世界"。印度村落社会的财产制和分工，在还没有受英国的统治及"文明国"征税制度的破坏影响时，已达于充分发展的地步。印第安人中虽然也有分工，但比较印度人的低得多。印度每个村落具有一些公众服务的人员：如各种各色的匠人（造车匠，织匠，裁缝匠，挑水者，洗衣者……）在沙子上画字的教书先生，给每个家族登记种源与苗裔的修谱先生，预言播种与收获时日的占星师，给全村居民看守畜群的牧人，掌理宗教的婆罗门僧侣，以及为各种族宗教祭祀跳舞的舞女；这些人员都是以村落的公费维持其生活，他们只应给土著的各家族尽义务，而不应给从新建成村落的外人服务。据刚培尔说，各种奇怪事情中之最可注意的，便是铁匠及其余某几种匠人的报酬多过于司祭的人员。

此外每个村落还有一个或几个首领及许多职员，有的是管理本村落各种关系及与外界之关系的，有的是管理犯罪和侵犯事务的，有的是管理招待旅客之义务的，有的是保护田野，测量土地的，有的是看管灌溉预防水旱的，这些人员，也都是以村落的公费维持其生活的。村落的首领，是以他的能力，知识，管理的才干，以及善使魔术等资格被选举的。他是共同产业的保管者，购入自己村落中一切不能制造的各种用品，及卖出自己的剩余物品。

第九章　土地私有财产之起源

充野蛮人与半开化人的逻辑精神，纵多只能想象到自己所制造的物件和自己所常要使用而不能离身的物件为个人的财产；但是决不能想象到自己所不能制造和自己年年只能在共同家族中使用的一部分土地会成为个人的财产。所以土地私有的观念，在人类的脑中，原来是很难贯入的，除了经过长久的岁月，迂回曲折的浸渍。

用篱笆围着，和用人力开辟的土地，并不是土地私有的发端；认此为土地私有的发端，不过是卢棱的感情学说。我们要找土地私有的起源，最初只能找出一种"宅地"的分配。因为房屋可以为构造的人或住居的人之所有，所以宅地也被视为一种动产。在中国井田制时代，宅田也准许个人永远使用，而不复返于公。在许多野蛮人和半开化人中，房屋与其他动产（如武器，装饰品，衣服，及其所宠爱的牲畜等），是随着死者而焚化的。英国极古的法律，和法国以及其他地方的习惯，都把房屋列入动产之中。

房屋是家庭的中心。家庭是不可侵犯的,所以房屋也是不可侵犯的。即在原来住居的家族丧失退出其房屋之后,房屋还是永远保持不可侵犯的权利。各社会中的公民可以被捕,可以监禁,也可因负债而卖为奴隶,但房屋是始终不可侵犯的。人们不得家长许可,不能擅自跑到人家的房屋里面去。原始的人们无所谓正义,无所谓裁判;正义裁判之始——始于各个家屋的大门:假若是一个犯了罪的人,便拒绝其跨过大门的门限;若是罪人触动了大门的插锁,便是犯了社会公诉的重罪;要免避这重罪,只有逃到其父亲的领域里面去,因为父在自己的地域以内,有立法兼行政的威权。纪元前一六八年罗马一个犯了死刑的元老,和几个酒醉的罗马妇人,犯了扰乱公众安宁和道德的罪过,官厅只有将逮捕的职务要求各家长去执行:因为妇女住居家中,除家长的权威外,国家的法律是不能及于她们的。家屋之不可侵犯,在罗马已达到这样的地步:任何罗马人都不能要求法官和公众势力,跑到人家去逮捕一个抗命的犯人。

村落社会各家族的房屋不是相联的,但是孤立的,并且每个房屋包围一带土地。据达西德及以后许多历史家说,这种孤立是半开化人预防火灾的方法,因为各个住居通常都是用树枝与茅草盖搭的。但这种很普遍的习惯,不是这样的理由可以说明的。野蛮民族和半开化民族的猎地莫不剩余一些中立地带为界限;各个独立的邻居之间,剩余一些不占领的空间,当然也是同一理由。这些包围每个住居的土地,后来遂同着房屋宣布为私有财产。

各个独立的住居,开始是用篱笆围着,复次才用岩石筑成墙围。墙围以内,在半开化人的习惯法,叫作法定的家屋围绕地。在罗马十二铜版律中,邻近各个独立住居的距离是必须审定的:城市房屋的距离则规定为二尺半(铜版律第七版,第一条);不仅一切住居是独立的,每个家族的每块土地也是独立的。这可证明决不是为预防火灾了。铜版律第七版第四条又规定:各家田原之间,应空五尺宽的地带以为界线而不耕种。

第十章　集合财产之分裂

集合的财产,是由氏族共产起分裂作用时产生的。当半开化时代到了尽头的时候,这种分裂作用又轮到了集合财产的本身:包括众多家庭的大家族渐渐的解体,集合的财产也渐渐的分成为个人的财产了。

氏族与村落两种不动产的继续分裂,都是由动产的事实限定的。动产为转移不动产的积极原动力,不仅过去如此,现在也是一样的。

不动产的个人化,不过随着动产的个人化才发生;动产的性质,是天然的准备个人化的。当氏族共产社会起分裂作用时,各家主母从共同住居中携带几件动产(如家具、构屋木料、牲畜等)分离出去,各立门户,建筑新住居;纵然她们的建筑是很幼稚的,然而我们从此已可看出动产在实际上即已如此重要。房屋下面的土地,隐约之间,便已具有个人财产的性质,因为房屋与土地是不可分离的。房屋所在的地方,这种性质自然容易扩张到周围屋宇的一带土地。由此每个家庭随着房屋的建筑而建筑了家庭的财产,其势是很顺易的。集产家族发达到恰当程度,自然又要分裂为几个大家庭,而各家庭自然又要瓜分集合的财产以自膨胀。

这种膨胀,借着动产的增殖而益迅速。凡位置适宜的村落便于商业的发展,因而动产愈益繁殖。这样一来,村落中各家族之间的平等便破坏了:这几家日看日穷,日看日负债;而别几家日看日富,并运用其财富势力以图吞并集合的土地。凡不能还债的各家族,其土地遂次第落于横领者之手。

财富的功用,在集产的本身也是一样的觉得。起初,一切财产都是共有,家族中没有谁人具有个人的财产,也只有使用的东西才成为个人的所有品。在印度各集产村落中,钱币不用以做任何的买卖,但用以做装饰品,把他缝在衣服上面;无论任何人获得的东西都属于全家族。但是到了动产增加的时候,人们的心理便要大起变化。斯拉夫人有一句俗话说:"我们应当把母牛引到外面去走走,因为它日日站在分娩的栏里面!"这句话的意义是:"要使个人得发财便应与集合的家族分家,也如要使母牛分娩得快,便应引它出去走一走。"

动产的来源,开始不外两端:一是劫掠,一是战争。战利品,在罗马人的习惯,是归个人有的第一种动产;斯拉夫族各国也是一样的。男子由动产的权威在家族的不动产上发生特权,而排除女子于财产地位之外;女子出嫁于别家族时,至多只能得一点"嫁奁"。掠夺品或战利品是

有出息的，故由此又可派生一种准战利品。准战利品怎样产生的呢？一是高利借贷；一是经营商业。商业的范围，开始是很狭小的，至此遂渐渐的扩张，以至可以贩卖牲畜、宝石、金银、奴隶，及不动产。因此集产家族的各家庭与个人之间，随着财富而渐渐发生不平等的阶级，一个阶级是贫人，别的阶级是富人；家族的调和遂从此破坏了。每个家庭为谋个人的利益，有时甚至反对别个家庭的利益；所以集合的家庭卒至于解体而建立个人的家庭。这样的家庭初建立的时候，我们便可完全清楚他的性质和内容了。

在那些不成为商业中心或流动财富的中心之各村落，是要慢慢地才能达他的极点。在这样的情形中，假若不为外来的打击所摇动，好像这种财产形式很能永续几个世纪。因为实际，集产社会的本身就是整个的经济单位：在它的内部可以生产自身一切需要的物品，以供全体人员物质生活和精神生活的需要。这样自给的社会，假若其中产生扰乱调和的因素（也可说是革命的因素，如以上所说各种动产）很少，尽可将很宝贵的祖业一代传一代的维持下去。并且当这种村落社会其农业与工业发达到恰当程度的时候，它很能供给居民不多欲望不大的各种简单的需要，在它的本身中似乎再也找不出进化的因素了，只有来了外界的接触才能使它再向前进。专制政府与资本帝国主义好像是专门担任这种工作的。"沙"之于俄罗斯，英之于印度，便是著例。所以他们可算是村落社会之最后的破坏者，如印度各村落社会，骤然遇着"文明国家"严重的财政负担，大商人，大银行家等可怕的剥削，怎得不破产解体呢？

以上所说集产社会崩溃之原因，偏于动产支配不动产之一点。现在更从别一方面来说：农业进步的结果，也可自自然然引起集合财产的分裂。第一是铁器完成，各个劳动者渐渐认识一己之力量，因而共同劳动渐渐解体而发生孤立劳动之趋势；这种孤立劳动在以前是不足有为而必须纳入共同劳动中才有作用的。第二是耕种方法进步，使农产品丰富到发现于各市场的时候，耕种者自自然然发生这样的企想：延长其分配土地的年限，因为他们在所得分配土地中，即加了许多人工，又下了许多肥料，所以他们不得不想要收获这些劳动与肥料的利益；最初是要求将分配年限延长两年三年，复次是七年以至二十年。这样一来，一个种族的全部分或一部分的分配土地，由长久的期限，卒至可以成为各家庭久假不归的财产了。

第十一章 动产之发达

在野蛮时代，雏形的动产是很少的，如烤火石、武器、渔猎工具、小船、极简单的家具等，开始皆视为共同财产，也如一切获物及土地谷物之为氏族的共同财产一样。

在半开化的各种族中，畜群、宝石、贵金属等虽然逐渐增加，然共产制也还依然存在。然而这些东西卒致促成人类第一次可怕的大革命，剥夺妇女在社会中的最高地位，使不自觉的男子高蹈在原始共产制和血族集产制的废址上面而建立私有财产制的文明社会。

在原始共产社会中，农业与工业是很幼稚的，所以找不出奴隶的地位。战俘大都是置之于死地，只有氏族中发见劳动不够或战士减少时，才采用收容的方法。及土地开辟，家畜与工业进步，才开始采用奴隶制：为经济的利益而保留战俘，并使之调供各种生活上的需要而从事于各种劳动。战争，原来不过为各种族间争夺或防守猎地而偶发，至此遂成为增加各种动产和掠夺畜群奴隶谷物以及贵重金属的直接方法。半开化高期的战士与猎夫，类皆厌恶劳动：他们要规避难苦的农业劳动，便专门努力于劫抢和战争，遂现出劫掠事业为增殖动产之习用途径。

前史时期的希腊，强盗们是异常大胆异常发达的，他们沿着地中海各岸打劫，劫得货物，便携着回来藏于城墙之最高处；希腊沿海各城墙上面的强盗窠，正如岩石上面的鹰巢一样。希腊英雄歌中，有一段很好的东西，足以使我们知道半开化高期战士的生活：

英雄歌：

> 我有长枪和利剑，
> 并且还有盾，
> 把我的胸膛做战垒，
> 为的要发财！
> 我用这些东西耕，

我用这些东西获,
我用这些东西制造甜蜜蜜的葡萄酒,
我用这些东西使奴隶们——
叫我做领主!
并且还要使那些不敢荷枪带盾的人们,
——跪在我的面前如跪在主人面前一样,
我还要使他们叫我做大酋长!

又有一个英雄歌,是芬诺人的叙事诗,也是一样的腔调:

我的黄金和月亮一样的老,
我的白银与太阳同年:
它们都是从战场中勇敢夺来的。
从战争中得来的一片小钱,
比由犁头翻出的——
一切金与银,
价值大得远!

陆地上和海面上的劫掠,在半开化高期的民族中,占极优越的地位。纵然他们一面从事农业,一面还是做强盗。据恺撒的记载,日耳曼各民族每年留一部分战士在家里耕田,遣一部分战士出去劫掠;远征队回来了,耕田队又出去,两部分人年年都是这样互相轮流的。至于战利品的处分,最初都是分配于全体,因为留在本地的人也是为大家而耕作;所以他们全体,在农业与劫掠业中,还是共产主义者。然而这样的共产主义,后来卒致消灭了;但劫掠业还是永续存在,——到近世资本帝国主义的国家而达于极点。私产制充分发达的雅典人,还保持他们从来劫掠的风俗;大贤梭伦执政的时候,还维持雅典一些的劫掠团体。据都昔第(希腊三大历史家之一,纪元前四六〇—三九五年)说:"凡属长老,对于劫掠事业,决不为羞耻";而近世资本帝国主义的国家,亦以掠夺殖民地和弱小民族为莫大之荣誉!

文明初期的英雄们遍布于地中海沿岸各处。他们不仅劫掠畜牲，谷物，以及各种动产，而且劫掠男子和女子，做他们的奴隶。最初奴隶是共同财产，土地也还是共同财产，在后才起瓜分。克拉特岛在亚里士多德时代，还有些共同奴隶的群众，叫做诺慈，为公共产业做耕种的工作，其收获则供全体公民之用。希腊共分奴隶为两阶级：其一为公共奴隶，属于国家；其一为私有的奴隶，属于各个贵族的家庭。雅典也有许多公共奴隶，其职务不是耕种土地，但是做刽子手，警察，一切行政机关的下级属员，或听差等等。公共奴隶，在印度也可发见；印度可说是过去种种习惯的大陈列所。贺吉森在他著的《亚细亚社会记》（一八三〇年出版）里面说，建立在马德拉西北四十五基罗米突地方的村落，其中的居民关于他们一切的农业劳动，都是奴隶们帮着做，这些奴隶是他们的共有财产。这些奴隶，一部分是贩买来的，一部分是由没收抵押品来的。贫的家族，原先以共同土地作抵押品，向富的家族借贷，等到土地被没收时，附着于土地的人们也随着没收为奴隶了。

第十二章　封建财产之起源及其性质

封建的财产有两种形式：一是不动产，如田庄采地第宅等，封建派叫作附身财产；一是动产，如年役徭役什一税及各种赋金等，封建派叫做非附身财产。

封建的财产是从集产村落社会产生出来的；它发达到一定的程度，便毁损了村落社会而形成一种新的社会制度；并且由此演进几百年之后才达到个人财产的真正形式，——即资产阶级的财产。所以封建的财产乃是上古血族集合财产和近世个人私有财产间的摆渡。

在一切封建时代中，地主对于农奴们所附着的土地财产并不能如近世资本家对于其资本财产一样，具有独立自由的使用权和享用权。土地不仅不能由封君买卖，而且是农奴们的代理相续人；地主对于土地只能按照习惯和法律相传授，此外决不容许其有违犯旧习之余地。封君不仅对于上层阶级要履行各种义务，对于下层阶级也要履行各种义务。

怎样说封建的财产是从集产村落社会产生出来的呢？当承平而未发

生继续不停的战争或外族入侵的时候,村落社会的生活是很平静而很平等的,首领(或酋长)与居民并没有什么区别。但战争不停的发生,则上述状况逐渐破坏;前此平淡无奇的族长地位至此便要变成为赋有许多必要特权的军事首领,村中居民不能不集中势力于其首领的保护与征调之下,由此徭役(如掘战壕,筑城垒……)赋税等必要服务随之而生,久而久之,便成为普遍的社会制度。至其详情,余将于第三篇述之。

封建财产之下,又派生一种教会财产。教会财产的起源是伴着封建财产而来的。当维护封建制度的无形武器——基督教——发展到恰当的时候,他便广开天堂以接受农民的土地与物质之贡献,而给农民以教会权威之保护,以对抗虐待农人之封君和诸侯。

今将封建财产之要项,分条述之于下:

徭役——部落酋长还未成为军事首领的时候,他也是一个平常的居民,从本村中接受一份耕地;后来因为外敌压境,他的土地只有交给全村居民替他耕作,而自己专门担任防守的职务,并且渐渐变成为封君。据哈截苏的报告,俄罗斯每个村落的土地,封君只领四分之一或三分之一,交由全村居民去耕种。

当封君和教会的产业扩张时,他们所具有的农奴还不足以耕种其土地,则只有交给自由的农人村落去耕种。耕种者无论是自由人或农奴,他们对于封君的劳动时间是有定的:大部分劳力是耕种封君给与的自己的土地;小部分劳力是耕种封君领有其收获的土地。

在商品生产与商业还未发达时,封君与农人成为自己供给一切需要的制造家。封君的宫殿和教堂里面都设有制造一切需要品(自武器农具以至衣服等)的工厂。农人和他们的妻女,每年都要在这些工厂里面做一定日数的工作。妇女的工厂由宫娥管理,并取名为奇尼西亚。教会里面也有同样的女工厂。这些女工厂不久便变成为封君牧师及其臣仆的公娼室。奇尼西亚的名词简直与卖淫同其意义。

家臣与自由农给封君耕作的劳动时间,开始是很少的:某几处地方,每年不过三日;有几个王国也不过规定每年十二日。农奴的徭役虽然比较繁重,然每个星期通常亦不过三日。农奴得享用封君一部分土地,只要不被驱逐;此外对于封君的收获和牧场皆占有一部分的权利。

收获之宣告——集产村落社会之劳动纪律,以上既已说过,收获和播种的日期是由长老会议规定的。这种习惯,在封建社会里面还是保留,不过其权限由长老会议而移于封君。一切谷物,小麦,牧草,葡萄园的收获,皆须由封君宣布时日。这不仅是一种形式,乃是一种经济上的利害关系:比如某个封君要使他的收获早于邻近各村落的收获而在市场上占优势,则他的播种与收获的宣告,都要早于别的地主。

公用租借——前面已经说过,在集产村落里面,有些职务是由公众设置并由公费维持:比如牧人和匠人等皆由全村雇用;而公共熔铁炉、屠场、手磨、兽栏等都是共同使用的。这种习惯,在封建社会还是保存;所以公用租借制也还带有原始共产制的意义。这种制度也是建立在经济的必要上面的:比如为减少燃料计,所以设立公共面包灶,使每个家庭不要另起炉火。维持并看管这公用面包灶的责任,以前是属于长老会议,以后是属于封君。凡使用这公共面包灶的,都要征收少许的税额:照一二二三年勒姆总教主的法令,凡每灶烤三十二个面包的,应缴纳一个面包作租税。照阿奇斯所引一五六三和一六七三年的法令,凡使用公用手磨的,缴纳其所磨小麦十六分之一与十三分之一。然而这样的制度很能阻碍商业和个人营业的发达,所以只有在商品生产还未发达的时代才能存在。一七八九年,法兰西资产阶级的革命后,便正式宣布废除这些封建制度的束缚了。

教堂——凡被乡村人民所供养与爱戴的牧师,他们与人民之间建立一种密切的关系,造出许多仪式与宣传的方法以系人民的感情,并且帮助人民以对抗封君。牧师与人民间的联合,显然足以表示教堂所具有的性质。教堂本来是牧师、封君和农人的共同财产;不过后来才成为教会专有的财产,除却祷告时间以外,便关门闭户不许人民进去。中世纪教堂上面的钟楼,本是专为农人预防火灾,惊告劫掠,及召集会议之用的;所以十七世纪和十八世纪法兰西的司法文库里面,常常发现农人控告教堂不许其使用钟楼的案卷。

什一税——什一税是教区居民付给教士的工钱;它同各种封建的赋税都是用农产品缴付的。这种税的轻重,是以收获的丰歉为比例。资产阶级革命后,这种税由教会移于国家,而叫作租税;无论收获的好歹,租

税的征收是一样的,这是租税与什一税不同的地方。

这种帮助教会的什一税,原先本是随意的;但后来成为一种强迫的义务。所以封建时代的俗语说:土地没有了,什一税和负担也没有了。什一税一经成为官式的权利之后,世俗的封君也征收起来,于是农人的负担增加两倍。

封建制度发达到一定程度,封君对于他的家臣,自由农和农奴便停止其保护地位而居压迫地位;对于人民强征暴敛,以扩大其封建的财产。如英格兰和苏格兰的封君,用野蛮敏捷的手段,把乡村农人的土地没收得干干净净(参看马克斯《资本论》二十七章)。这个时候,封建诸侯已成为破坏共同财产的蟊贼,与从前的性质完全相反。

封建贵族霸占村落的土地常常使用种种的方法:他们或托词于农人占有土地不合于他们的财产名义;或主张变更财产的权利而没收土地上一切剩余的利益;或用暴力破坏以前的契约,而使农人从此以后不得具有土地。

然封建财产的特性,始终不是自由的和个人的,但是家族的;所以既不能买也不能卖,每代封君只有实际享受其利益而担负遗传于其后嗣之责任。教会财产的性质也是一样的,虽然不是属于世俗的家族,却是属于加特力教的大家族(贫人、牧师、尼姑、教主等)。教会财产超出于租税范围以外,所以献地之农人愈多;直到资产阶级革命以前,神圣的财产是超越于世俗的财产以外的。

村落土地虽被封建贵族所没收,然共同使用的古风并未斩断;谷物收获以后,土地又向全村居民所有的牲畜公开而复成为共同的财产。葡萄园也是一样的;山林川泽的共同使用也是保留的。这些遗习,直到资产阶级革命后才完全推翻;所以惟有资产阶级是土地私有财产的创造者。

第十三章　商业之起源及小工商业之发展

前面已经说过,动产发达,一面产生劫掠业,别面产生商业。由商业的发展,又产生近世劫掠的资产阶级社会,这是很值得注意的。

在自给经济时代的集产村落里面,本来没有商业的地位;当分工在这社会内部初起时候，不过采用一种换工制：如农人给铁匠织匠耕种土地，而铁匠织匠给农人打铁织布。至村落间的交换，不过在一定的时间由各村落的族长做经纪以交换各自剩余的物品。但动产发达城市勃兴的时候，逐渐形成一种商业阶级，专从事于城市间和城市与乡村间的交换事业。这种商人阶级，人们最初是很鄙贱的（印度中间人的阶级叫作贱族），视它如同盗贼；然而它卒于不声不响之中，隶属一切生产者，夺得全般生产的支配权。它的性质原来便是两种生产者间的居间阶级，两种生产者都由她盘剥与掠夺。

初步的商业是物物交换，对方需要何种物品，都由双方的商人去选择。最初是用牲畜作交换价值的标准；复次是用金银的重量作标准；最后才用铸成的货币作标准。金银货币成为一切商品的商品；这种商品，其中包含一切事物的潜伏状态，它的魔力足以转变一切事物的志愿。

自给经济的村落社会，除却几种匠人外，无须与外界发生关系。然外来的匠人，最初也是不许入境的，只容许他们住居于村落的边境和城寨以外；在必要时虽准其入城，然居留时间通常不过一年一日。但这种限制是不可以永久的，所以匠人居留权随时扩张，渐渐得受村落一土一屋以为公众服务；公众替他耕作土地，每年给他以粮食。他若解除公众职务的时候，村人对于他的制造品是要随时以谷物去交换的。

在地当要衢的村落变成为城市之后，城市居留权是很不容易获得的；要获得这种权利，便应缴纳一定的年金。凡属新来的人，不在农地分配，共同使用，以及城市一切公众机关之列。这些权利只有最初占领此土的人们之后裔才得享受。这些后裔，不久便形成为特权团体，贵族社会，豪强城邑，以至封建的贵族政治；而在别一方面与他们相对抗的，则有各种各色的手工匠，外来人，没来历的人。他们为保卫自己对抗豪强贵族封君的继续暴敛计，便组成了各种各色的行业社会。这样城市居民的划分，为中世纪全时代阶级争斗的源泉。后来城市既成为生产交易以及增殖流动财富的积极中心，封建财产的范围遂扩张于乡村一切集合财产的上面，而为后来资产阶级的财产做了一个大准备。

城市有由村落变成的；也有由各种匠人聚集而成的。河口或交通方便的地方，匠人们每每从各方跑来，以交换其制造品和必需品；这种地方

不久便成为市场：开始是暂时的，后来遂成为永久的。在这种市场中，不仅各种匠人间互为其需要而互相服务，并且在市集之日兜卖其制造品于外来的商人及与邻近各村落的农人互相交换。

由此手工业便要逐渐变更其性质，而匠人们也开始从贱民的地位中解放出来：村落社会，不仅轻视商人，而且轻视工匠，因为工匠多半是没有来历与谱系的外人，所以村落容纳工匠居住之屋叫作贱民之屋。现在贱民的地位是增高了，他预先制好一些工业品，堆积于自己的小店子里面，只等外来的原料来和他相交换。从此以后，他再也不须人家有求于他才去制造物件，而是预计售出之可能而制造物件。从此以后，他于生产者的资格上又加一商人的资格；他把买进的原料制造之后，卖出的时候又变成为三倍的价格。由此，他的小店子自然也要扩大起来，而组合一些的学徒和伙计作他的助手。为购买原料与给付工钱（给与在店主管理下做工作的工人）计，他不得不领有其剩余价值；但这种剩余价值的量是很有限的，雇用的工钱劳动者也是很少数的，所以他决不能成为资本家（至多只能说是资本的萌芽状态），他还要同伙计学徒们一样的劳动。

行会的组织，一面是反抗城市专利的贵族，别面是防止同业间的竞争。行会最初的性质，是完全平等的，并向一个地方的全体劳动者公开；后来因为利害的关系，逐渐采取防止生产者和生产品过剩的方法而兼调节生产机关之作用，所以每个行会只坚紧的团结每一业的工人，而严格限制其同业的人数。不仅如此，工具和生产方法的发明与变更，也要严格禁止。每个行会有每个行会的特性，对于全体会员有严格限制其工作之责：比如同属于靴匠工会的人员，做新靴的只准做新靴，修理旧靴的只准修理旧靴。至此行会完全成为一种贵族的组织。

关于卖货的习惯，也有许多嫉妒的规定：到了市集之日，人人皆须遵守固有的习惯，卖货的人不许在街上牵拉行人，要任行人走到他所选择的货摊去买货；若行人已跑过这个货摊而这个货摊的主人越界去兜揽时，便要受严格的处罚。

然而从矛盾方面看来，个人主义的生产，反能在这样的行业社会里面尽量的存在。中世纪的匠人是一个综合的劳动者：他一方面是生产者，别方面是售出者；一方面是体力的劳动者，别方面是智力的劳动者（如管理生产等)。他单只有依靠几种工具和一种生产便能到处生存。不仅个人可以独立生存,就是城市与乡村也可独立生存。在中世纪的整个时代中,每一省,每一城市,每个村镇,每个封建的田庄,以及每个农人们的住居,莫不年年具备全体居民所必需的粮食与副产品;他们所售出的不过是剩余的谷物,所购入的不过是农具和奢侈品。至于消费品的输入,是没有这样一回事的。所以中世纪的城市,在经济上都是自主的,故各城市都能孤立自存;并且在普遍的相互间的战争中,形成一些小的国家。

当战败者灭亡,相互间的战争停止后,土地皆归战胜者所有;战胜者要得人民的欢心,必尽可能的建立道路交通上的安宁。由此城市间和各省间和商业大发达,市场大扩张,而形成为手工业的中心。比如十四世纪干德城纱罗织业的劳动者竟达五十万之多;商业之盛,可以想见。商业这样的发达,封建城市的社会组织根本的动摇起来。

第十四章　近世资产阶级财产之发达

自十五世纪末,印度航路和美洲发见后,墨西哥和秘鲁的金子流入欧洲,因此创立一种太平洋上的商业,而使土地财产的价值日益跌落,并且给资本主义的生产以决定的动力。由此遂开一近世的大革命和阶级争斗的新纪元。

自上述新地方发见后,欧洲的工业制造品陡然增加并创立一些广大无垠的新市场与殖民地,然崛起的新人物并不属于行业社会,但是一些运用资本经营商业与生产事业以起家的制造家。他们不仅不遵行会的旧规与约束,而且完全违反行会的生产方法而建立新式的生产方法;生产量与雇用工人的数目,丝毫不受行会的限制。然而他们的制造厂,因为行会工人的严厉反抗,在各城市里面都不容许他们设立;他们只得逃到既没有城市贵族又没有行会组织的郊外,乡村,以及新辟的地中海沿岸各地方去设立。所以巴黎和伦敦城外的圣安敦,威斯门特和苏瓦克,便成为他们破坏行会和推翻小手工业的阴谋策源地(他们设立一些制造厂于这些地方)。

但新市场不停的扩张,制造业又不能应付其需要;于是大机器与蒸

汽机发明，遂完全成功了产业革命；由此近世的大工业又夺了制造业的地位。近世大工业的特性，便是把一切散漫的生产手段和劳力集中于极少数人和大都市里面，吸收极丰富的剩余价值，迅速的积聚并发展其资本。

大工业既不须攻击行会的组织，也不须反对手工匠的主人之特权，它只用很有利的方法根本拆坏一切旧生产方法的墙脚，如使劳力极其集中，规模极其扩大，工钱极其增高。此外更破天荒的采用极其精细的分工制，使工匠熟练的技能降到至低限度，而生产力反因此异常的增加。如从前的针匠，每人擅有制造一口针的全部技能；现在一口针分为二十种工作，每一种工人只知道一点极简单的技能。由此工人的个性与独立完全破坏，而成为极单纯的附属的机械，离开他的厂主的工厂便不能生产。至此生产成为集合的事业，以前个人主义的生产完全归于破灭。

大工业一方面破坏小手工业者个人主义的生产，别方面又要影响于乡村的农业生产。以前生活于乡村和小市镇的小手工匠，人人都有一个屋子和一块小小的土地；他们在一年之中，有几个月是做工业劳动，有几个月是做农业劳动。到了大工业发达，把这些小手工匠脱离自己的土地或大地主的土地，抛弃农业的劳动，而集中于城市的大工厂里面。乡村人口从此减少；大地主从此日受打击而不胜其苦恼。然大工业一面夺去农业的手臂，同时又要求农产品增加以供给新组成的城市的人口。由此又发生资本主义的农业。

中世纪的城市是一种独立的经济单位；城市间的商业是偶然的，并且限于很少数的奢侈品。资本主义的生产发达到一定程度的时候，破坏这种独立的经济单位，涣散各种行会，而把许多孤立的地方集中为一个或几个大区域，以便利于他的大规模的发展。从此，每个城市或每一省的生产，决不限于单只制造供给自己居民所需的物品，外国和海外各民族所需要的东西都由他制造起来。

从前的经济单位是复杂的，凡属居民所需要的各种生产事业都集中在一个城市里面。近代的经济单位是简单的，每个城市只有一种主要的大工业以及几种补助的工业。各种大工业的城市，不仅不能独立，而且互相密切的依赖；这个城市若没有其余各城市的物品的供给，便不能生活一个星期或一个月之久。不仅城市之间如此，就是资本主义的国家之间亦然。资本主义的国家，各有其社会生产的特性，比如甲国产煤乙国产铁，甲为工业出产国乙为农业出产国，则两国间互相需要的关系必密切而不可分离。所以资本主义的发达和旺盛，不仅建立在工厂和城市的分工上面，而且建立在国际的分工上面。

资本主义经过长时间的发展，连续不停的改革生产和交通的方法，于是完全破坏了地方的城市的和国家的经济单位，而代之以国际的经济单位。由世界市场之不停的开拓，遂使资本主义的生产发达至于极点。资本主义在百余年中所创造之各种伟大的生产力，比以前一切时代（自原始共产时代以至封建时代）的生产力之总和不知超越若干倍。机器的发明，各种自然力的征服，化学工业的应用，大农业的发达，轮船火车的便利，各大陆的开辟，桥梁水道的建筑……好像魔术家使用魔术，把人们陡然换了另外一个天地，不但可使冬季变热夏季变冷各大陆之距离缩短至于至低限度，而且可使中国农人因外国商品的输入而破产，上海金融要视伦敦纽约的行情为涨跌。

但这样伟大的生产力一从封建的束缚中解放出来掀天揭地的发展之后，魔术师似的资本家再也不能驾驭或调节这种莫可思议的势力。由此，商业恐慌和工业恐慌定期而来，如瘟疫一般，起于一隅，即要轮流传染全世界。这种经济恐慌每起一次，不仅糟蹋许多生产品，而且要糟蹋生产力的本身，每国失业的工人动以几十万至七八百万计算。各国资产阶级要解决这种难题，只有准备异常强大的武力去争夺殖民地；但新的征服事业愈多，即新的经济恐慌愈益严厉；而资本国家之间的战争，势非使资本主义根本破灭不止。于是人类的历史又朝着共产主义的方向进行了。

第三篇
国家之起源与进化

第一章　伊洛葛人之氏族社会

国家这种东西：有些人视它为神圣；有些人视它为万恶的渊薮；有些人以为它是由几个野心家设立的，有些人以为它是从有人类以来便有的；有些人想在二十四小时内把它废除；有些人想把它维持到万世万万世。这样主观的歧异意见，此处可以不必骤然下论断；但逐章揭橥客观的历史的事实，使学者既明其本源，复知其究竟。

摩尔根说：假定人类的生命到现在有十万年，大约其中有九万五千年是行过共产制的时代。这句话初发表时，未免太惊骇了资产阶级的学者。其实并没有什么稀奇：原始时代各种幼稚的生产方法是自然而且必然的历程，所以原始共产社会也是自然而且必然经过的阶级。这在以上各篇已经详细阐明了。

在原始共产社会（村落集产社会不过是它的变形）中，既没有国家，又没有政权，惟一的组织只有：氏族。所以书契以前完全是氏族的历史，书契以后完全是国家的历史。然而国家并不是忽然从天上落下来的。所以与氏族之间必有一定蝉递的关联，今欲明了这种关联，势必再举摩尔根别一种重大的发明——即伊落葛氏族社会——于本篇之首：

美洲印第安人每个种姓族内部有几个以兽命名的血族团体，与希腊的 Genea、罗马的 Gentes 性质是一样的；不过印第安人的形式是原来的形式，希腊罗马的形式是后来转变的形式罢了。并且希腊罗马原始时代的社会组织，如氏族之上有宗族，宗族之上有种族，现在在美洲印第安人中恰好发见了惟妙惟肖的同类组织；更进一层追溯我们今日的根源，则这类组织乃是一切半开化民族至文明初启时的共同构造。自从摩尔根在印第安人中获得这种例证，于是希腊罗马上古史中各种极难索解的部分涣然冰释，并且同时使我们对于未有国家以前原始社会制度的根本性质格外的明了。

第一篇已经说过，氏族是由伙伴家族产生的，伙伴家族是氏族集合的原始形式。伙伴家族是由一些伙伴结婚的人们组成的，因为在这种家族形式里面父性不能确认，所以一个种族的后裔只能认同一母亲为元祖，而这个母亲即为氏族的创造人。兄弟们不能在自己氏族里面同他们的姊妹们结婚，他们只能跑到别的氏族里面和别的氏族的女子结婚；他们和别的氏族女子生下来的儿子，按照母权，只能属于别的氏族（妻的氏族），而不能属于自己的氏族。所以无论那个氏族里面只能保留每代的女性后裔；至于每代的男性后裔总是属于其母的氏族。

人口不停的增加：于是由原始的母氏族发生一列姊妹氏族；又由姊妹氏族发生一列女氏族；由此兼摄几个氏族的母氏族形成为宗族，综合几个宗族又形成为种族。然而在一个种族中，发生一些同类的血族团体之后，将怎样的区别呢？摩尔根乃以伊洛葛和西尼加斯族的氏族为原始氏族的典型。在西尼加斯族中有下列八个氏族，每个以兽名或禽名名之：

第一个氏族叫作——狼
第二个氏族叫作——熊
第三个氏族叫作——龟
第四个氏族叫作——海狸
第五个氏族叫作——鹿
第六个氏族叫作——山鸡
第七个氏族叫作——鹭鸶
第八个氏族叫作——鹰

每个氏族遵守下列的各种习惯：

（一）每个氏族选举一个平时的首领和一个战时的首领，平时的首领叫作萨响，战时的首领叫作酋长。萨响是要在氏族以内选举的，其职务是世袭的；不过此处世袭的意义并不是传位于其子孙，只是缺出的时候又重新选举。酋长是可在氏族以外选举的，有时并可虚悬而不必举人。伊洛葛人中，母权就盛行，前任萨响的儿子决不能被选为萨响，因为他的儿子是属于别的氏族。每个氏族中，一切男女皆与选举。但选举的结果须由别的七个氏族批准；批准之后，被选举者由伊洛葛全体联合会议举行盛大的仪式任命之。萨响在氏族内部的威权是纯粹道德性质的尊严，并没一点强制的方法。职务方面，如西尼加斯的萨响，他是西尼加斯族的种族会议之一员，又是全伊洛葛各种族联合会议之一员。至于酋长，不过在战争发生的时候，才得发号施令。

（二）每个氏族可以随意废除其萨响和酋长。在这样情形中，男女全体又来从新投票选举。但被废除的萨响或酋长便成为单纯的战士，如别的战士或剥夺公权的人一样。此外，种族会议也可以废除萨响和酋长，又可以反对氏族的意愿。

（三）氏族内部严禁通婚。这是氏族的根本规律，氏族的关系恃此才能结合。伊洛葛人关于氏族内部结婚的禁止，严格的维持而莫可侵犯。摩尔根发明这种简单的事实，要算是第一次揭露氏族的真性质。

（四）死者财产只能遗于本氏族的人员；财产不能出氏族。死者若是男子，其财产由亲近的氏族人员——如兄弟姊妹及母的兄弟等承继分配；死者若是女子，则由她的儿女和她的姊妹承继分配，但她的兄弟则除外。同样的理由，夫与妇彼此不能承继财产，儿女也不能承继父的财产。

（五）全氏族的人们是互相援助互相保护的，对于受了外人欺侮的报复行动尤其是要帮助的。每个人都有尽力保护自己氏族的人员和其安宁之义务；纵然损伤全氏族也在所不惜。由氏族的血脉关系而产生复仇的义务，这是伊洛葛人绝对公认的。若别氏族的人杀了自己氏族一个人，全氏族的人皆须起来为之复仇。但是开始必有人出来谋调解；由凶手的氏族召集会议，向牺牲者的氏族提出和解条件，通常是提供一些道歉的表辞和重要的礼物。如果这些条件由牺牲者的氏族接受了，事情就没有了；如果不然，则牺牲者的氏族指定一个或几个复仇者去寻找凶手而置之死地。这样被处死的凶手，他的氏族对于他不能有所惋惜；如果是这样的情形，便算适当了事。

（六）氏族具有一定的名称或一列的名称，但只能应用于种族以内；所以个人的名称即随其所属的氏族名称为标识。氏族人员的名字与氏族人员的各种权利是有密切关联的。

（七）氏族内部可以容收外人，又可使之接近全体种族。这种方法业已成立：战俘不置之于死而容收于氏族内部使成为西尼加斯族的人员，并在实际上使之同样享受氏族和种族各种充分的权利。容收外人，开始是由于氏族人员个人的建议：建议容收之人若是男子，则以其容收之人为兄弟或姊妹；建议容收之人若是年长妇女，则以其容收之人为儿女。个人的建议，必得氏族的批准；批准后，必须于氏族里面举行庄严的容收仪式。常常有些孤单的氏族，人口格外稀少，但是容收别个氏族一群人员之后，又可从新巩固；不过这样大群的容收，须预先商得别个氏族的同意。在伊洛葛中，氏族里面的容收仪式是在种族会议的公开会场中举行的，实际上乃是一种庄严的宗教典礼。

（八）在印第安人中存在的各种特殊宗教典礼，是不容易说明的；惟印第安人各种宗教仪式多少系连于各氏族。伊洛葛人通常每年有六个节期，各氏族的萨响和酋长例担任这些祭祀，而执行各种神父的职务，因为他们是伊洛葛人的忠实保卫者。

（九）每个氏族有一个共同的坟墓。这种共同坟墓现在在纽约的伊洛葛人中已不存在了，因为纽约现在已是文明人的世界，但从前是存在的。至于别的印第安人如都斯加洛拉人中，共同坟墓还是存在。共同坟墓中，每个氏族有个一定的排列，每个排列以母为主，而其儿女挨次旁葬，但是没有父亲。在伊洛葛中，死者下葬时，全氏族送之，并宣读一些悲痛的哀词。

（十）每个氏族有一个氏族会议。这个会议是由全氏族的壮年

男女组成的，是一种纯粹德谟克拉西的会议，男女有同等的投票权。由这个会议选举或废除萨响和酋长；同时又由这个会议选举别的忠实保卫者；为一个被杀的氏族人员复仇时，决定血的价格的，也是这个会议；批准外人加入氏族的也是这个会议。简单一句，氏族的主权属于氏族会议。

这就是古典的印第安人一个氏族的各种职务。一切人员都是自由的个体，彼此互保其自由；他们都具有权利平等的人格，无论萨响与酋长，都没有什么特权可觊觎；他们由血脉关系的联合，形成为一友爱的集合体。自由、平等、友爱，决不是一些形式的设定，但是各氏族的根本原则。这些原则自然的流行成为一切有组织的印第安人的社会基础，和一切社会制度的本位。在美洲发见的时候，北美一切印第安人才组成为一些母权的氏族。只有很少几个种族，如达加塔人的氏族已经消灭了；此外还有某几个种族如乌及瓦人、乌马哈人，则已组成父权的氏族。

在多数印第安种族中，每个种族包括五个或六个以上的氏族；而三个氏族或四个氏族（或四个以上）又集合为一种特别的团体，摩尔根沿用希腊的旧名，把印第安人这样集合的特别团体忠实的译为宗族。如西尼加斯族有两个宗族：第一个包括一个到四个氏族；第二个包括五个到八个氏族。这些宗族——通常总是代表些原始的氏族，一个种族开始就是由这些原始的氏族分裂滋乳而成的。因为氏族内部禁止结婚，每个种族至少必须包括两个氏族才能独立的存在。种族的数目陆续增加，每个氏族又分裂为两个或几个氏族（当它们的每一个氏族成为特别氏族形态的时候，即从母氏族分裂出去），原始的氏族（母氏族）乃兼摄几个女氏族而为宗族的存在。在西尼加斯和大部分的印第安人中，一个宗族之下的几个氏族，它们皆为姊妹行，所以她们之间成为姊妹氏族；而别方面的一列氏族，便是它的表姊妹氏族。原来西尼加斯人，没有一个准在宗族内结婚；然而这种习惯到恰当的时候便抛弃了，乃只限于氏族以内不准结婚。据西尼加斯人中的传说，熊与鹿是两个原始的氏族，其余的氏族是由这两个氏族分裂出来的。

宗族的职务，在一切伊洛葛人中，一部分是社会的，一部分是宗教的：

（一）各宗族间常举行竞技游戏。每个宗族争先选出最好的技手，其余的人皆为观看者。每个宗族的人们站做一列，他们之间互赌胜负。

（二）在种族会议中，每个宗族的各萨响和酋长都有共同的坐位；通例总是分为两列面对面的坐着，每个演说家代表每个宗族说话。

（三）假若一个种族中出了凶杀案，而凶手与被杀者不属于同一宗族，则被杀者的氏族乃讣告于她的姊妹氏族：姊妹氏族乃召集一个宗族会议，并通知其余各宗族，最后乃开一联合会议以调处其事。

（四）一个宗族的著名人物若是死了，对方的宗族须为之担任丧事和殡仪的组织，而死者宗族只传达悲哀。若是一个萨响临死的时候，对方的宗族即须向伊洛葛联合会议通告缺职。

（五）当一个萨响被选举的时候，宗族会议例须干预。一个氏族选举的结果，虽经姊妹氏族考虑批准了，但别个宗族的各氏族还可提出抗议。在这样的情形中，宗族会议又须开会，抗议若被赞成，则选举作为无效。

（六）伊洛葛人中有些特别的宗教的奥术，行奥术的会社，白种人叫作医寓，行奥术的人，白种人叫作术士，因为实际上就是一些驱邪治病的人。西尼加斯的两个宗族，每个宗族有一个这样的宗教会社，其中的术士是很有名的，他们对于族内的新人员，有启发的法定权利。

（七）当美洲被征服的时候，有四个宗族分居于特拉斯加拉的四个营屯里面，由此又可证明宗族为一军事的单位，也如上古希腊及日耳曼民族中的军事单位一样；四个宗族的每一个去赴战的时候，犹如一个支队的编制，且有一面特别的旗帜，服从自己的酋长之指挥。

照规则的编制，几个氏族组成一个宗族；同样，几个宗族组成一个种族。但是有时候在很弱的各种族中，人数不多，则宗族一级也可以缺。

上面所说的是印第安人氏族和宗族的特性与职务，以下是种族的特性与职务：

（一）每个种族有一块自己的地盘并且有个特别的名称。每个种族于日常居住的地方外，还具有一块重要的渔猎土地。邻近各种族的交界具有一带广大的中间地带。邻近各种族特有的土语是各不相同的。

（二）每个种族各有其特别的土语。实际上，一个种族一种土语乃是一种重要条件。随着种族的分化，一些新种族必和一些新土语同时形成，这样的事实最近还在美洲进行而莫能完全停止。也有两个亲近的微弱种族合并为一个的，故在同一种族中也有说两种土语的不过是极稀少的例外罢了。印第安各种族平均的人口，大约一个种族有二千人；合众国中，人口最多的印第安人要推柴洛葛种族，——约有二千六百人，然皆说同一的土语。

（三）各氏族选出的萨响和酋长，任命的权利属于种族。

（四）种族有罢免萨响和酋长的权利，又有权反对氏族的意愿。萨响和酋长都是种族会议的会员，关于种族的各种权利便是由他们自身去解释。各种族联合起来又形成一种各种族的联盟，以联合会议为代表机关，各种不能解决的权利问题皆可移于这个联合会议去解决。

（五）各种族具有一些宗教思想（神话）和共同礼拜的祭仪。印第安人，可说是半开化状态的宗教民族。他们的神话还没有何种批评研究的对象。他们在人类的形式之下，想象一切精神，以诞生其宗教思想；但是他们还在半开化初期的程度，所以还不知道崇拜偶像以为具体的表记。在他们之中有一种自然的宗教并且很初步的向着多种神教进化。各神族各有特别的节期，每个节期有一定的仪式，特别是跳舞和游戏；无论在何处，跳舞成为各种宗教祭祀的主要部分。

（六）一个种族有一个种族会议以办理一个种族的共同事务。种族会议是由各氏族的萨响和酋长组成的，他们是各氏族的真正代表，因为他们是随时可以撤换的，种族会议是公开讨论的，凡属种族中的人员在会议中皆有发言权，并有权使会议谛听他们的意见，然后由会议取决。按照一般的规则，凡属与会的人都是要求听取他的意见的；妇女有意见的，也可在会议中选择一个男演说家说明她们的意见。在各种伊洛葛人中，最终的决议是要一致通过的。种族会议是要特别担任规定与外族之各种关系；接待或派遣代表，宣战与媾和，都是种族会议的责任。战争是否要爆发，通常总是看种族会议的意愿何如。通例，每个种族如果考虑它必须与别个种族发生战争的时候，种族会议便不会有媾和的表示。这类出征敌人的军人，大部分是由一些著名战士组织的；这些著名的战士踊跃赴战，无论何人都可宣言加入，参与战争。远征队一经成立，便即动员出发。在这样情形之下，被攻击的种族便要立刻募集志愿队，执行防守土地的职务，这类军队的出发与归来，通常总要举行公众的大祭典。远征队是不能受种族会议的节制的，所以既不要由它发令也不由它要求。这类队伍，人数是很少的。印第安人极重要的远征队，每每人数很少，而散布的距离极大。当几个队伍集合时，他们中的一个只服从自己的酋长；作战计划的单位，是由酋长会议随意决定的。

（七）在很少几个种族中，也有萨响兼酋长的。然而其职权是很薄弱的。在情形紧急要求一种迅速行动时，萨响中之一个，也可在会议召集前采取一些临时的办法或最后的决定。在这样情形中，只有一个职员有执行的权力，由此遂产生最高的军事司令（不是种种情形如此，不过大部分如此）。

大多数印第安人，因为种族的集合，不能跑开太远。然亦有很少几个种族，由继续不停的战争弄得很弱，彼此分散于广大的边境之上，他们以很少的人口占住很宽的地盘。由此，几个血统相近的种族遂发生暂时联盟之必要；在某几处地方，有几个原来血族相近的种族，涣散之后，又从新集合为永久的联盟，并且开始为民族的形成。在合众国的伊洛葛人中，也发见这类联合的最发展的形式。他们十五世纪前住在墨西西璧的西方，大约为达加塔族的一支，他们作了些长期的游历后，乃抛弃从前的地盘，分为西尼加斯、加儒加斯、乌龙达加斯、乌内达斯、马哈克斯——五个种族，移居于现在的纽约。他们还是过渔猎的生活，具有些粗大的菜园，并住在村落里面，大部分的村落围以巩固的篱笆，他们人口的总数不过两万，他们五个种族中的氏族数目是一样的，他们说同样的语言，土语也极

相近。当他们占领一块广大的土地时,五个种族之间便平均分配。他们既得了这个新地盘,乃以他们五族的团结力驱逐原先住在此地的土人;在十五世纪的上半纪,他们便结合为"永久同盟"。这样同盟的结合,使他们顿然觉到自己的新势力,所以永久同盟便带了积极的性质;在一六七五年的时代,他们极拓土开疆之能事,强盛达于极点。此时伊洛葛人的永久同盟,是半开化初期极发展的社会组织。永久同盟的根本条件是:

(一)永久同盟对于五个种族一切内部的事务,具有充分独立平等的原则。五个种族都是同血统的,所以血统为永久同盟的真实基础。在五个种族中,有三个叫母种族,并且她们之间为姊妹行;其余两个种族叫女种族。有三个最老的氏族,在全体五个种族中还有最高的代表资格,其余三个氏族则在三个种族中有代表资格;每个氏族的人员,相互间呼为兄弟,即在全体五个种族之间的人员亦皆呼为兄弟。语言是同样的,仅只土语有点不同。这是原来同种的证据与表现。

(二)永久同盟的机关有一个联合会议,是由五十个萨响组织的。他们一概平列而坐以讨论或考虑各种事情。这个会议,为同盟中一切事务的最高决定机关。

(三)同盟初创的时候,五十个萨响,由各种族各氏族分配,于原来萨响的职务外又加了一些新职务,这显然是由于适应联盟的需要而规定的。有一个萨响出缺的时候,相关的各氏族便从新选举一个以补之。如负这样新职务的萨响,无论何时,都可由相关的氏族撤换;但是任命的职权属于联合会议。

(四)联合会议的各萨响,同时又是相关各种族的萨响,在种族会议中有他的地位与表决权。

(五)联合会议的一切决议应一致通过才发生效力。

(六)一切决议案,开始是由各种族投票表决,所以一个议案,要经过每个种族会议的人员全体通过才算有效。

(七)五个种族的每个种族会议,可以提议或要求召集联合会议,但是不能由它本身召集。

（八）联合会议的各场会议都是在会众之前公开的,每个伊洛葛人都能发言；不过惟有会议才能决定。

（九）永久同盟没有独断的领袖人,也没有行政首领。

（十）反之,永久同盟有两个最高军事首长,两个首长的职务与权力都是同等的,与斯巴达的两个王,和罗马的两个康桑尔差不多。

这样就是四百多年以来,伊洛葛人的政治组织。因为此处有机会供给我们研究国家还未发生以前社会组织究竟是怎样的形态,故按照摩尔根的研究,将伊洛葛的社会组织,详细描写于上。伊洛葛的社会组织,可看作一切民族未建立国家以前的社会模型。这样的社会组织,以公众权利为骨干,所谓"主权在民""纯粹德谟克拉西",和"自由""平等""友爱"这些话,只有这样的社会组织才合实际而非虚伪。这样的社会组织与公众一般保持密切而不可分离的关系；后来的国家一经建筑于特别的公众权力之上,便与组成它的全体公民分离,而成为多数平民莫可接的特别强权的集团,与原始的社会组织恰好成为两样。这样的鸿沟,自从有历史以来就划分了的。所以有史以后的社会莫不是阶级争斗的社会；而有史以前的社会,既没有阶级,更没有阶级争斗,如伊洛葛的氏族社会就是显明的例证。

我们研究以上所述北美印第安人各种情形,便知原始氏族社会怎样的建立,种族怎样的形成,怎样的分化,怎样的联合而成为民族,怎样的逐渐散布于大陆之上,以及语言怎样的变化（有时不仅变成不懂,甚至原来的语根完全消灭）,母氏族怎样以宗族的形式在种族里面继续存在。狼与熊,在多数印第安种族的氏族还喜欢用这两个名字。以上所述,大概可以说明一切印第安人的社会组织,所不同的,只有许多血族相近的种族还没有联盟罢了。

氏族是主要的社会单位,一切宗族,和种族的组织都由这个单位产生出来的。三种组织是一个血统递进的不同团体,虽每个自成一体,自理其各种事务,但又互相联带互相完成。无论在任何方面的民族,我们都可发见氏族为原始社会的单位,并可找出其种族的组织与以上所述的相类似。我们不仅在渊源可寻的希腊罗马中可以发见同类的事实；就是源头湮没,传说不存的各民族中,亦可用伊洛葛的氏族社会为钥匙,以启发各种疑难和隐谜。

氏族社会,是一种单纯而幼稚的组织。它虽然那样单纯幼稚,但是既没有宪兵警察侦探,又没有君王贵族,督军知事,更没有法官监狱和诉讼;然而一切行动,"不识不知,顺帝之则",各种口角与冲突,由氏族,种族,或各氏族开会解决,便可了事;复仇行动不过是极端的方法,应用极少。氏族社会中的共同事务:如家庭经济,是一列家族共同的,并且是共产主义的;如土地是全种族的财产,仅只一些菜园指定属于各个家庭;然而这些共同的事务,并不需要我们今日这样么广大复杂的管理机关;各种要管理决定的事情,大都照几百年以来成立的习惯做去便是。氏族社会中,只有共产主义的家庭,既没有特别的穷人,也没有特别的富人;至于老人病人以及因战争而残废的人,氏族对之皆有一定的义务。氏族中,人人都是平等自由的,并没有男女的区别。在以上所述伊洛葛各氏族中,除降服外族的通例外,其中还没有奴隶地位的存在。当一六五一年,伊洛葛人打败爱利亚人时,他们即向爱利亚人提议以平等权利加入他们的联盟;不过因爱利亚人拒绝这种提议,他们才把爱利亚人驱逐出境。

这样可嘉的氏族社会,与我们今日阶级悬殊,贫富不均,法令森严,强权可畏的文明社会显然不同。然而这不过是许多方面的一方面;在社会进化的历程上,我们不要忘记这样的氏族社会是必然灭亡的。氏族社会充其量只能发达到种族——再也不能向前进了。各种族间的联盟,——如伊洛葛五族联盟,——已经是氏族社会盛极而衰的起点。按照氏族社会的根本法则,凡在种族以外的人,亦即在权利以外。这样的法则,只在各种族孤立而不相接触的时候为适用。若一旦与外族接触,则种族与种族之间势必发生战争;战争的结果——或是完全降服异族,或是有条件的媾和;在拓土开疆的时候——即生产发展的时候,势不宜将降服的异族完全处死,也不能将(凡在种族以外亦即在权利以外的)原则订在和约上面。然则到了这样的时候,氏族的门户是不能不洞开以容纳异族了。氏族社会发展到洞开门户以容纳异族的时候,也便是氏族组织开始破坏的时候。

氏族社会之所以成立及其繁盛,是与原始时代极初步的生产,和扩张到了广大地盘之上的稍强盛的生产有密切关系的。以上所述北美伊洛葛的情形就是明证。原始时代的人们，几乎完全是服从他们所不了解的外部自然界的。这样莫可了解的外部自然界反映于他们的脑中，便形成他们幼稚的宗教思想。种族是团结人们的圈子，又是对付外族的团体。种族与种族的界限是很严明的。种族，氏族，以及他们各种组织都是神圣不可侵犯的。这些组织由自然给他们建立一种最高的权威——即族制的权威；每个人在他的感情思想行为之中，都要无保留的绝对服从这种最高的权威而住居于种族或氏族的界限，生于斯，食于斯，共同劳动于是以终其天年。这个时代的人们，在我们看来，都是一样尊严的，彼此之间很少不同的差别；正如马克斯所说，他们都是一样的系住在原始共产社会的凹线之下。这是谁给他们系住的？也是自然给他们系住的。所以这样的原始共产社会是必然要打破的。结果，果然把它打破了。这是些什么势力把它打破的呢？不用说是由私有财产的势力，以及一些贪欲，利己心，盗劫，掠夺，强暴，盘剥，吓诈，高压……的可耻方法把它打破的。由此古朴纯良而无阶级的氏族社会从高坍台而葬于海底，阶级鲜明的新社会遂或迟或早遍涌于全球各大陆之上；而几千年以迄于今日的文明社会，总括一句，不外是最少数人损害最大多数人之偏畸不平的发展罢了。

第二章　希腊人之氏族

希腊人，也如伯拉斯基人（希腊最初之土人）及其他同类的民族一样，在有史以前的时代都建立过与美洲印第安人相类似的氏族，宗族，种族，和各种族联盟的一列组织。在印第安人中，宗族可以缺，在多利安人中宗族也可以缺；种族的联合不是到处都必须形成，但氏族的单位是在一切情形中都要形成的，这也无间于希腊人与印第安人，两者都是一样的。在初入有史时代的希腊人，他们即已发现在文明的门限上面；他们与以上各章所说的美洲各种族之间，殆展开为进化的两大时期，英雄时代的希腊业已走在伊洛葛的前面。并是希腊的氏族，再也不像伊洛葛氏族一样的古老；群婚的痕迹，在希腊也开始大大的涂抹；母系家族业已代

以父系家族，因而最近起源的私产也在希腊氏族组织里面开了第一个破口；当相续财富的命运随着父系制的采用转变过来之后，自然接着第一个破口又开了第二个破口。从前婚姻的习惯，氏族内不得结婚，丈夫必须是别个氏族的人；到了初入文明的希腊人，便把这种氏族的根本法完全推翻，他们不仅允许，而且有时为保持氏族（父系氏族）财产计，竟命令少年女子在氏族里面结婚。

照格洛特（英历史家，一七九四——一八七一）著的《希腊史》，雅典人的氏族特别维持下列团结的状态。

（1）——有些共同的宗教的祭祀；并许司祭长老以神名为氏族祖先的冒称之特权。

（2）——有些共同的墓地。

（3）——相互的相续权。

（4）——被侵犯时，有援助，救济，保护的相互义务。

（5）——在某几种情形中，氏族内部有通婚的相互权利与义务，特别行之于女相续人或孤女。

（6）——在很少某几种情形中，具有共同的财产，连同一雅康与特别会计。

（7）——后裔从父权系属。

（8）——除有女相续人的特别情形，氏族内部禁止通婚。

（9）——氏族有容收外人的权利；家庭也可容收外人，但须以公众的仪式和例外的名义举行之。

（10）——氏族有选举与罢免酋长的权利。每个氏族有一个雅康；但这种职位决不是在某几个限定的家庭里世袭的。

然而格洛特对于氏族的研究终归失败。因为他把氏族看成几个家庭的集团，所以对于氏族的性质和起源，完全不能理解。这样失败不仅是格洛特，尼博尔，孟森，及其他古典的古代史家莫不如此。在氏族组织之下，家庭决不能为一个组织的单位，因为夫与妻必须属于两个不同的氏族。氏族包括在宗族中，宗族包括在种族中；而家庭则一半在夫的氏族，一半在妻的氏族。即后来国家抬头,公法里面尚不承认家庭,殆到私法里面才承认家庭的存在。然而前此一切历史家的著作,都把下列荒谬的原则当作神圣的原则:即他们把稍微老的文明的一夫一妻家庭,当作是社会与国家徐徐围着而结晶的中心。这样的谬说,在十八世纪特甚。

所以马克斯说:我们可使格洛特注意:"即令希腊人从神话中产出他们的氏族,这些氏族决不会丝毫老于由他们自己造作的神与半神的神话。"

格洛特更进一层说,雅典每个氏族都有一个所从出的假定的远祖之名称;在梭伦前后,死者没有遗嘱时,财产遗于氏族人员;亲族间出了凶杀案时,被牺牲者的氏族人员与宗族人员都有向法庭告发的权利与义务。格洛特并说,雅典各种最古的法律都是建立在氏族与宗族的区分上面。

宗族,如在美洲印第安人中,一个母氏族分出几个女氏族后,它便成为这几个女氏族的连锁,并且它尚往往从一个远祖诞生一切后裔。照格洛特的记载也是一样的,"当时赫加德(纪元前六世纪,希腊历史家)宗族的全体人员是奉一个神为他们第十六级的祖先"。然则这个宗族的各氏族,在文字上也是一些姊妹氏族。

希腊人的宗族,在荷马时代还现出为军事单位的面貌。在尼斯铎(英雄之一)劝告亚格棉农的著名故事中,还说军队要以种族与宗教为编制,使宗族援救宗族,种族能援救种族。此外,宗族有惩罚戕害其宗族人员的凶手之权利与义务;有时宗族还有复仇的义务。宗族有些共同的神庙与祭祀。宗族有一宗族长和宗族会议,会议有司法行政及号令之权。后来国家成立,还任宗族执行某几种公众职务。

几个亲近的宗族集合起来,便成为种族。在阿替喀,有四个种族,每个种族有三个宗族,每个宗族有三十个氏族。至于四个种族怎样(何时?何故?)自然的成立有系统有意识的类似团体这是希腊历史所不能解答的,只有希腊人自己在英雄时代才保留一点过去的记忆罢了。

聚集在狭小领域上面的希腊人,他们语言的变化,比较的不如散布在广大森林中之美洲人一样发达。我们在希腊只能发现同语源的各种族。其团结的人数非常众多;即使在小小的阿替喀能发见一种特别的方言,然特别的方言后来又成为散文的普通语。

在荷马的一些诗歌里面,我们已发见希腊各种族大概都是集合一些小群成立的,然而在这些集合中,氏族、宗族与种族都还完全保持各自的独立。这些小群已经生活于设了城墙的城市里面;人口的数字是随着畜群农业以发端的手工业之扩张而扩张的。同时,财富的差异,与由这差异而产生的贵族政治的要素,也随着在原始的民主政治内部扩张起来。而各自独立的小民族之间,为占领好地盘和获得战利品的驱使,常常发生不停的战争;于是以战俘为奴隶的事业,遂成为公认的制度。

此时各种族和各小氏族的组织,大概如下:

(1) 永久权力机关的议会。原始大约是由各氏族首长组织的;后来各氏族的人数过多不得不用选举方法,由此便给贵族政治的要素以发展和强固的机会。据狄尼斯(奥古斯都时希腊历史家)的记载,希腊英雄时代这种会议,显然是代表贵族们的组织。议会为各种重大事务的最后决定机关。随着国家的建立,这种议会后来遂变成为元老院。

(2) 人民会议。在伊洛葛人中,我们已发见一些男男女女的人民包围着他们的会议中发言,而影响于各种问题的取决。在荷马时代的希腊人,"陪席者"(古代日耳曼裁判所的用语)业已成为人民的普通会议;就是在原始时代的日耳曼人中也是同样的情形。人民会议由议会召集,决定各种重要事务;每个人都有发言权。一切议案由举手表决,或喝采表决。人民会议为最后的主权机关。萧迈在《古希腊》里面说:"一桩事情要执行时,而人民要求参与执行,我们从未见过荷马说要用什么强制方法,违反人民的意思。"在这时代,种族的全体壮年男子都是战士,还没有什么离开人民的公共权力可以强制人民。此时原始的民主政治尚未荣盛,并且应以它为判正议会与军事首领的权力及地位为起点。

(3) 军事首领习惯为君主臣仆的欧洲学者们,总是把希腊的"巴士留"译成为近代世袭君主的意义;摩尔根与马克斯根据他们的研究,是极力反对这种观念的。在伊洛葛人和其他印第安人中,最高职位的世袭意义,我们在前面即已说明:一切职任都选举的,大抵都在自己氏族里面选举,并且在自己氏族里面世袭。如在空位时,则再举同氏族最亲近的人(如前任萨响的兄弟或姊妹的儿子)继任;在没有避开以上亲近人员的理由时,即可顺次选出。纵然希腊在父权势力之下,巴士留的职位,照规矩要传于其儿子或其儿子的某一个,然这只能证明其儿子有由人民选举以继任的或然性,决不能证明无须人民选举即有世袭的权利。这样情形,在伊洛葛人和希腊人中,只能视为氏族里面已发生特殊贵族的最初萌芽;纵然此时希腊人的程度已高过伊洛葛,也只能视为将来的元帅或君主的最初萌芽。所以在希腊人中,或然的事情只有这样:巴士留或者是由人民选举,或者是由人民公认的机关(议会或人民会议)任命,——而且他实际行事时可以如罗马的王一样。

在荷马的伊利亚叙事诗中,人民领袖亚格棉农,并不像希腊最高帝王的态度,不过是一围攻特罗雅城的联军司令。这个资格仅被叫作——幼黎斯。当联军发生内讧时,希腊人有句名言:"许多司令同时指挥是不好的,应当归一人发号令。"可见当时亚格棉农的权力,并不如帝王之大。幼黎斯关于军事的计议,也没有什么政府形式的会议,不过由他要求人们服从战时司令的号令。在特罗雅城前的希腊人,不过现出为一军队,一切事情都要很德谟克拉西的经过人民会议。当亚基利在军中论战利品的分配时,既不是由亚格棉农担任分配,也不是由别一个巴士留担任分配,但是由"亚根的儿子们"自己分配,——即人民自己分配。

各种军事职务之外,巴士留还有些宗教和裁判的职务。司法的职务是无定的:至于宗教的职务,则只有他为种族或各种族联合的最高代表之资格。至于政治上管理上的职务怎样,此时还没发生这个问题。然而巴士留,按照他的职任还是议会之一员,所以把Basileus翻译为Koenig(英文King是从此字变的),在语源上并不错误,因为Koenig是从Kuni,Kiimere出来的,意义为氏族的族长。但古代希腊的巴士留与现今王字的意义决不符合。都昔第士,还明白的称古代Basileus为Patrike,就是指明巴士留是从氏族出来的;都昔第士还说,巴士留有些规定的权能,这更足以证明他的权能是有限的了。亚里士多德也说,巴士留是指挥自由人的

司令，又兼裁判者和大司祭。然则他没有如后世王者一样的统治权的意义，是很显明的。

由以上所述，我们一面可从英雄时代希腊的构造中看出氏族的旧组织还有些活气，但别方面我们又可看出它的崩坏的发端：以男子相续为附随的父权制，足以促进个人家庭财产的积聚，并使家庭成为与氏族对抗的势力；贫富的差异反映到政治组织上面，便有世袭贵族与王族的萌芽之形成；奴隶，开始不过包含战俘的全体，但渐渐在同种和同氏族的"自家人"之中也开了一个隶属的远景；往昔种族与种族的战争，业已变成为组织的掠夺事业。在海上与陆面都以掠夺牲畜奴隶财宝为目的，并且成为正规财富的来源。简括一句：财富已成为很受尊重的东西而被人们视为至宝；氏族的老组织要为强抢来的财富赃品作辩护，便根本变坏了它的性质。

然而人们至此还缺少一种这样的制度：这制度不仅要能拥护个人的新财富以反抗氏族共产制的遗传，而且要使原来很被轻视的私有财产神圣化；不仅要使这神圣事业成为人类社会的最高目的，而且要以一般社会的名义使次第发展之各种获得财产的新形式为法律所确认。换过说，这制度不仅要能永续社会阶级的新分裂，而且要能永续有产阶级掠夺无产阶级和有产阶级支配无产阶级的权利。果然这制度不久便来了；人们遂创立了国家。

第三章　雅典之国家

国家是怎样发展的呢？当氏族的各机关一部分变了形态；一部分由一些新的机关僭夺其地位；而最后则完全代以国家的各种官厅。从前氏族宗族与种族用以自卫的真正"人民武装"，至此代以国家一切行政机关使用的武装"强权"，复次便用以对付人民。我们论证这种进化的初步，最好莫如古代的雅典。关于形态上种种变化的要点，是由摩尔根陈述的；至于产生这些变化的各种经济情形，大部分是由恩格斯补足的。

英雄时代，雅典人的四个种族尚住在几个隔离的地方；构成四个种族的十二宗族，也还住在西克鲁伯斯的十二个城市里面，好似各保其特殊的古迹。此时政治组织即是英雄时代的组织：人民会议，议会，和巴士留。更追溯成文历史的记载，则土地业已瓜分，并且随着相当发达的商品生产（在半开化高期的末日即已相当的发达）和与之适应的商品交易，而转变为私有财产。各物以外，又能生产酒与油。所以爱琴海的海上贸易，渐渐推翻了腓尼基人的霸权而大部分落于阿替喀人之手。由不动产的买卖与农业手工业渐渐分工的结果，商业与航海业益发达，而氏族宗族与种族所属人员亦忽然互趋于混淆。不但如此，因为以上事势所趋，各宗族与各种族的领地不得不改变旧规收容不属于他们团体的住民或市民，复次又不得收容异种人于他们自己的住居以内。

在各宗族与各种族分离居住时，每个宗族和每个种族各自管理自己的事务，无须选代表到雅典议会和巴士留那里去。虽然无论何人可居于不属于他们的宗族或种族的地域上面，但也自然不能参与该地宗族或种族的管理与行政。

氏族组织的规律活动，在英雄时代即已显出失了均衡的破绽，而有补救之必要。由是雅典人便采用提西欧的政体。提西欧的第一种制度在变更各种族的独立行政，而在雅典建立中央行政机关：前此各种族独立自治的事务之一部分，至此宣布为公共事务并属于在雅典的总议会管辖。由此，雅典人比美洲印第安人更进一步：印第安人只有邻近几个种族简单联合的雏形，而雅典则已融合为单一的整个的民族。由此在种族与氏族的习惯法上，产生一种普通的人民权利。即使是异种族的人，只要他有雅典市民资格，便得接收些一定的权利，和法律上的保护。然而这又是使氏族崩坏的第一步，因为这乃是容收阿替喀各种族以外和完全在雅典氏族组织以外的异种市民之第一步。

提西欧第二种制度是不计（也可说是打破）氏族宗族和种族的组织，区分人民为三个阶级：贵族，农人与工人。并且规定职官为贵族独擅之特权。这是真的：除贵族独占职官一点外，这种区分没有什么别的影响，因为它还没有建立各阶级间别的法律上的差异。但是这种区分是有重大意义的，因为它已把一些默默发展的新要素提供于我们。这种区分所表示的氏族职官之占有（习惯于某几个家族里面），业已变为各"世族"的一种权利；由此各世族更与一些财富的势力，于他们的氏族以外，开始联

合起来,——便成为一个特权阶级;而呱呱堕地的国家,便是专应这种要求产生的。至于农人与工人分工,也是竞胜从前氏族或种族的区分之很有力的方法。卒至氏族与国家之间宣告不可调和的抵抗;国家形成的第一个功课便在打破氏族制度,把每个氏族的人员分成为特权者与非特权者,并且把农业与手工业的劳动者也分成为两个新阶级,使他们彼此对抗。

雅典以后的政治史,到梭伦时还不充分知道。巴士留的职位后来是废止了,而代以从贵族中选举的雅康为国家的首领。到纪元前六百年的时候,贵族的权力渐渐增加到不堪支持的地步。其压制一般人的自由之主要方法,是现银与高利借贷。贵族们的主要住所为雅典及其附近,因为这便是海上贸易以及劫掠机会的所在地,由此可以无限的增加财富,集中一切现银于他们的手里。从此,现银交易的流行,便酸化了旧社会的生存条件,——因为他是建立在自然品的交换基础上面。氏族组织与现银交易是绝对不能两立的;阿替喀小农的破产是与保护他们的氏族旧关系之解纽同时而起的。债权与抵押权(雅典人已发明抵押法),既不是氏族所尊重的,也不是种族所尊重的。氏族既不知道现银,也不知道贷借,更不知道现银的债务。然而富豪的金力政治不停的扩张,便由它(金力政治)创造一种担保债权的新习惯法,使现银所有的债权者对于负债者的小农之盘剥神圣化。由此阿替喀一切田原上面树满了抵押的标柱,在这些标柱上说明这些土地由谁某抵押于谁某,抵押的银及利率为若干。就是一部分未指定为担保品的耕地,因为不能偿付本利也只得卖与债权者而成为高利贷的贵族之财产。农人若得保持下列情形,尚欣然自以为幸:即土地卖了之后,若被允许以佃户资格仍得留居于故地,靠着自己的劳力过收获物六分之一的生活,而将六分之五当作地租,缴纳于它的新主人。更进一层说:当卖出土地的结果不够偿债务时,或债务积累至没有抵当物的保障时,债务者便应把他的儿子卖与外人为奴隶(多半是卖与债权者为奴),以偿清他的债权者。——父亲可以卖儿子,这便是父权与一夫一妻制的第一个结果——虽然如此,然而吸血鬼还没有满足呢。复次,债务者便应把自己卖为奴隶。这样——便是雅典民族文化初启的曙光!

在过去人民的生存条件还适合于氏族组织的时代,以上一类的变化是没有发生之可能的,以上一类变化之所以发生,现在已无须怎样辨明了。暂时我们又可回复到伊落葛人里面来。在伊落葛人中,欲以强迫施之于雅典人的状态,去施于伊落葛人——不得他们的协力或不顾他们的同意而施于他们,这简直是想象不到的事体。无论年岁的好歹,他们总是年年岁岁以同样的方法去产必要的生活资料,决不能发生以上一类外部压来的冲突,也决不能发生贫富间以及掠夺者与被掠夺者间的任何抵抗。纵然伊落葛人隔征服自然的程度尚远,然在加于他们的自然限度以内,他们得为自己生产的主人。即使他们小园圃的收获恶劣,山林川泽的禽鱼竭尽,然其结果只足以使他们从新发明些生存方法。以这样的结果来维持他们的生活,多少是比较丰裕的;并且决不致因此掀起社会意外的大变革,撕破氏族的关系,把氏族和种族的人员分裂为互相争斗的对抗阶级。生产固然还是在极狭隘的界限中进行,然生产者还是他们自己生产物的支配者。

至如希腊人里面,完全不同,由畜群与奢侈品变为私产的进步,以致发生个人间的交易,并把生产品变成为商品。这样的变化,便是以后一切革命的种子。一到生产者的本身不直接消费他们的生产品,且把他们的生产拿来做交换,他们对于自己的生产品便失掉了主人资格。而生产品换出不到几日,人家又有拿来盘剥和压迫原来生产者之可能,这样猝然而来的事情更是他们所不了解的。所以没有哪个社会在开始不逃脱个人间的交易,而还能以固定的方法支配自己的生产品,或在生产过程上还能维持其对于社会作用的管辖。

但在雅典人,一到生产品转变为商品和个人间的交易开始,他们便知道用怎样的速度使生产品支配生产者。而为个人自己计算的土地耕种,也随着商品生产而出面,并且不久便成立土地的个人财产。后来现银出世,它便变为可与一切商品交换的共通商品;然而当他们(指雅典人)发明货币时,谁能梦想到他们又因此创造了一种惟一普遍的新势力,这惟一普遍的新势力可使全社会降伏在它的威权下面。并且这种新势力是从创造者的自身忽然涌现出来的,纵然他们的暴性还是在少年时代,然已足够使雅典人感受其威力了。

然则在这中间怎样做呢?氏族组织业已自行证明无力抵抗所向无敌

的现银势力之进攻；并且在它的范围内绝对不能寻出它对于——现银的交涉，债权者与债务者的关系，以及用势力收回欠债等行为——有丝毫的地位。但是新社会势力业已存在那里；而人们并无热烈的希望和意愿想把现银与高利驱出社会而回复到旧时的善境。

此外又有一列次要的罅隙，接二连三在氏族组织上面开了些破孔。

在阿替喀全境各氏族和各宗族的人员之混合（雅典市的本身更为混淆），一代盛似一代；从这时候起，一个雅典人有权把土地卖出他的氏族以外，而且住宅也不拘了。

生产上各派的分工有农业和手工业，而在手工业中又有无数的细别，如商业航海等等。以上的分工随着产业和交通的进步愈益发达，由此人民遂按照其职业而区分为各种很固定的团体。这些团体的每一个，都有其共同的新利害；而这些共同的新利害在氏族和宗族里面没有存在的余地，所以必须设立些新职员以拥护他们的利益。这样一来，氏族的地位又不知削弱了多少。

这个时代，奴隶数目的重大增加，已经超过雅典自由人的数目非常之远。然而氏族组织原来不知奴隶制为何物，所以也不知用什么方法制驭这般不自由的氏族群众于羁轭下面。

最后，由商业招徕的一群外种人，只要他们在雅典能赚得现银，则定居于雅典也极容易。不过这样的事情，显然与旧制度相抵触；所以纵然有因袭上的默许，然他们在人民间依然是一种由旧制度剥夺各种权利与保护的外来分子。

总括一句：氏族的组织业已到了它的末日。新社会日益生长，旧氏族日被排出。眼前发生的各种害恶，氏族既不能阻止，又不能消除。由分工（开始为城市与乡村间的分工，复次为城市各派产业间的分工）建立的一些新团体，不仅创设一些以保护他们利益为目的的新机关，而且创设各种各类的新职员。

复次，少年国家的第一种需要，是需要一种自己的武力。这种武力，在航海业雅典人，最初不过是用以保护商船，对付各种小小战争的海军力，在梭伦以前的不确定时代，雅典人按照十二个种族划分一些小领土区域，叫作诺克拉利。每个"诺克拉利"应供给一个具备全副武装（水兵，军需等等）的战船，和两个骑兵。这个制度给氏族组织以两重打击：第一，它自己创立一种再也不与全体武装人民相混合的公共势力；第二，它初次在政务里面区分人民，便不按照血族团体而按照居住地域。这种区分具有什么意义，以后还要详说。

氏族组织既不帮助被掠夺的人民，于是只替它留一新生的国家或者有一线的希望。梭伦的立法，似乎是国家帮助被掠夺人民的事实；但实际上不过是牺牲旧组织，把国家从新巩固起来。然而在梭伦手中要算开一列所谓政治革命的先例，并且第一次侵害了财产权。原来前此一切革命都是拥护一类财产侵害别类财产的革命；各种革命要拥护这一类的财产自然不能不侵害别一类的财产。法兰西大革命是牺牲封建的财产来救济资产阶级财产的；梭伦的革命是损债权者的财产以益债务者的财产的。照梭伦的改革，一切债权简直等于宣告无效。虽其改革案的详细，我们不得精密的知悉，但梭伦在他的诗中自夸业已把负有债务的田原上一切抵押标柱推翻，并且把那些因债务而自卖为奴隶或逃走于外国的人们释放归国。以上所说的事情，惟有公然侵犯财产权力才能做到。实际上，各种各色的政治革命，从最初一次以至于最后一次，都是借着没收或强夺甲类的财产以保护乙类的财产的。所以从三千年以来，财产权惟靠侵犯财产权才得维持，这确是一种真理。

梭伦的大改革，是在纪元前五四九年举行的。第一步是改造新货币，质量比旧币为轻，以减贫民债务。其办法约可分为四点：（1）以土地为抵押的债务得以新币偿还；（2）不得鬻奴偿债；（3）禁止质身借债；（4）限定人民有田之数。

可见梭伦第一步的注意是防止雅典自由人堕于奴隶同等的地位，所以开始设立普通的预防方法，禁止人身为质之债约，复次规定个人具有土地的最大限度，以限制贵族们对于农人土地的贪欲。最后他乃改变政治组织，其重要各点如下：

设立四百议员的人民会议，每个种族选举一百个议员。种族虽然还是政治制度的基础，但这不过是把古制度摄收于国家的新组织之中。梭伦按照不动产的收入，区分公民为四个阶级：（1）收入五百米丁（Medimies 雅典斗量之单位，一米丁等于法国 52 litres）谷物者为第一阶

级;(2)收入三百米丁者为第二阶级;(3)收入一百五十米丁者为第三阶级;(4)不及百五十米丁或完全没有者为第四阶级。一切官职只有前面三个阶级才能占有;而最高的官职(如雅康等)仅只第一阶级有此特权;第四阶级惟在人民会议里面有发言权和投票权。但一切官职都由人民会议选举;并且都要对人民会议负责任;一切法律也由人民会议订立;而第四阶级在人民会议中占多数。所以贵族的特权虽能在财富的特权形式中复兴一部分,而最高的权力则为人民所保留。

改革案的别方面,又把四个阶级组成为军事组织的新基础:第一阶级与第二阶级供给骑兵;第三阶级供给步兵;第四阶级为不着铠甲的轻兵,或在海军里面服务。征发或动员的时候,前三阶级的人民以财产的等差供给军食,并自备军器;只有备征募的第四阶级的人民有时或可得到军需与军饷的给与。

由此我们可以知道梭伦改革案的真性质,便是采用一种完全的新要素——私有财产——于政治组织里面。国家公民的权利与义务,都是按照他们不动产的地位规定的。随着有产阶级的势力陆续增加,旧的血族组织日益退处于无权而被驱逐,从此氏族又罹受一种新失败。

梭伦制度最可注意的,便是极力保持希腊民族"自由人"的地位,给后世立了一个统治其他民族的广大基础。在梭伦改革后的八十年中,雅典社会渐次朝着这个方向进行,并且继续发展到几个世纪。一方面如梭伦以前一样的集中土地和高利贷借,确是实行遏制了;但是别方面依赖奴隶劳动,商业手工业和美术业渐渐大规模的发达,而成为生产上主要的分业。于是雅典人越发聪明了:便专以掠夺非雅典人的奴隶和贱民文明的方法来代替从前掠夺自家公民的野蛮方法。动产、货币、奴隶和船舶日益增加,但是获得的手段和目的却与从前有限的时期不相同:从前获得不动产的手段是极简单的,现在却比较的复杂了,并且各种财产都成为一己的目的物。

由工商业新兴的富者阶级,一方面竞胜了旧贵族;别方面又推翻了氏族组织残留的最后根据。氏族、宗族和种族的人员一经散居于阿替咯全境,便完全混合而不可区别;由此氏族宗族和种族遂一概不适合于政体的组织。一群一群的雅典市民,从此再也不属于任何氏族;外来的移民倒很能得各种公民权利,而在旧的血族团体里面的反乎没有。故外来移民的数目日日增多而氏族组织不得不日趋于瓦解。

在这个时代中,起了一些的党争:有所谓平原党,代表贵族政体派;有所谓山岳党,代表平民政体派;有所谓海岸党,代表调和宪法派。贵族力谋恢复其特权,并且在某个时期,果然把他们的权力暂时恢复了。希腊遍地都是贵族专政。但是等到克立斯特尼的革命一起来(纪元前五○九年),贵族的地位遂确定的被推翻了;并且随着这次革命,而氏族组织的最后残留也打得粉碎。

克立斯特尼,改变梭伦的旧制:在他的新宪法中,完全没有建立在氏族与宗族基础上面的四个老种族的地位。他换了一副完全的新组织,这新组织系以按照公民住居地域为分配的基础。这样以地域籍属人民的新方法(旧氏族社会系以血族籍属人民),本来在梭伦以前的十二"诺克拉制"里面业已发端,现在不过更为完全罢了。从此公民分配的决定再也不属于血族团体,而专属于居住的地域;也不属于人民,但属于人们所区划的土地;一切居民不过在政治上成为领土的单纯附属物罢了。

在横的方面:克立斯特尼,区分阿替喀全境为一百个行政区域,叫作地米斯。每个地米斯为一自治的行政单位。每个地米斯的公民选举一个首长和财政官,及三十个裁判官,办理各种细微的诉讼事件。每个地米斯有一个特别的神社与保护神,或一个英雄,并由公民选举一些祭司。每个地米斯的最高权属于公民会议。这恰好与摩尔根所指示的美洲地方自治团体的都市原型是一样的。雅典初生的国家与近世完成到极点的国家,都是以同样单位作出发点;所不同的,不过是程度高低问题罢了。

在纵的方面:克里斯特尼,综合十个地米斯为一个种族。不过这样区分的种族与从前以血统为区分的种族完全不同:所以现在只能称为地域的种族。地域的种族不仅是一个自治的政治团体,而且又是一个军事的团体。每个种族选举一个种族首领;种族首领便是统率骑兵步兵以及种族领域内征集的全般军队之司令。至于十个种族对于雅典国家的权利与义务,系:(一)每个种族选举五十个议员于设在雅典的议会(梭伦定为四百名额,现在改为五百名额);(二)每个种族供给五只具有水兵与指挥的战船;(三)每个种族从阿替喀接受一个英雄为保护神,并且以这

英雄的名称为种族的名称。

集合以上一切分子组成的雅典国家，是由十个种族选举出五百议员组成的议会统治的；而最终的决定则属于每个雅典公民都可出席投票的人民会议；并且各种行政事务和司法，分由几个雅康与各种官吏拿理；从此雅典便没有最高权力的执政官存在了。

克里斯特尼的新制度，既撤废梭伦的四阶级制，于是遂增加极多的保护民——一部分是外来的移民，一部分是解放的奴隶。由此民族的各种机关都被逐出于一切公家事务之外而成为废物。但渊源于氏族时代的无头势力，和因袭的见解与思想，还是依然存在；不过延绵到几个世纪，才渐渐的完全消灭。从此以后只有国家的制度为人们认识的对象了。

由此我们可以认识国家的本质，在于一种与民众区别的公众势力。在这个时候的雅典人不过是由人民直接供给海军与国民军。这些海陆军不仅是用以外防敌人，而且是用以内防占人口最大多数的奴隶。只缘公民的对面有奴隶，所以需要这公共权力。公共权力，最初不过以警察的形式而存在，即以强力监察奴隶的劳动或压制奴隶而使之服从，所以警察制度是同国家一样老的。十八世纪天真烂漫的法兰西人叫文明国家不用Nations civilisees的字眼，而用nations policees，而policer在法文字典上早已训为"文明"的意义！雅典的国家和警察——徒步或骑马的宪兵队，殆是同时创设的。但这种宪兵队是以奴隶组成的。雅典自由人对于警察的职业是很鄙视的，他们宁为武装的奴隶所逮捕，而不肯做这样的贱事。可见已经在新的政治生活中的雅典人依然是从前氏族社会的旧思想；他们不知道没有警察，国家是不能存在的。不过此时国家还很幼稚，并还没有充分的道德权威使人尊重这种国家所视为必要而氏族所目为鄙贱的职业。

财富和工商业突然的发达，雅典国家怎样适合于这些新的社会状态，我们业已论证其大概。从此建立在各种社会制度和政治组织上面的阶级对抗，遂移其地位于奴隶与自由人之间和被保护民与公民之间；而往日贵族与普通社会的冲突，至今不复存在。在最繁盛时代：雅典自由公民的总数为九万人（妇女与小孩包括在内，成年男子不过两万人之谱）；男女奴隶为三十六万五千人；被保护民（外来移民与释放的奴隶）为四万五千人。平均每个成年的公民,至少有十八个奴隶和两个以上的被保护民。这样巨大数目的奴隶,多半是在工场里面的监督秩序之下共同劳动,但是随着工商业的发达,财富积集于少数人手里,自由公民群众的贫穷又复显露于世。此处只有两条道路任这些贫穷的自由公民去选择:或以自己的手工劳动与奴隶劳动去竞争;或作社会的寄生虫。必然的结果,他们是选择了后者而抛弃前者,因为前者大家都视为可羞的贱事,并且可希望的利益很少。由此寄生虫渐渐形成为广大的群众,并且引导雅典国家至于完全破产。所以引导雅典至于破产,决不是民主政治,如欧洲曲学阿世的学究先生所说一样,而是驱逐自由公民回避劳动的奴隶制度。

雅典国家的形成,是一般国家形成的典型:第一,雅典国家没遭外部或内部的暴力干涉便自然完成了(如Pisistrate——山岳党首领,梭伦之侄,——在他的短期篡位中,并没留一点痕迹);第二,雅典国家是直接从氏族社会产生出来的,并且是以极完成的——民主共和的形态出现的;第三,我们由雅典国家的形成,可充分理解其各种重要的特性。

第四章　罗马之氏族与国家

相传罗马最初是由一百个腊丁氏族形成的种族建立的;不久既与较后移来的萨白种族合并,这个种族也是一百个氏族;最后又由各种分子组成第三个种族,并且也是以一百个氏族为单位。这种传说,我们一见便完全知道除氏族以外绝没有别的自然的源头;并且氏族大抵不过是从继续生存于故乡的母氏族分出来的一个蜂窠。各种族的构成大都非异种族的分子,并且是模仿古种族的模型;古种族的形成是自然的而非人为的,所以各种族的额面上也没带有他们人为构成的烙印,所以不能排除的,不过为三个种族的各自核心(老种族的实在体)。介乎种族与氏族之间的为宗族,宗族是由十个氏族组成的。罗马人叫氏族为肯多,叫宗族为苟列。三个种族合拢来,共有三十个苟列,和三百个肯多。

国家未产生前,氏族为社会的单位。美洲印第安人的氏族是原始的形式;希腊人的氏族是很发展的形式;罗马人的氏族也是很发展的形式,

罗马氏族,在城市时代的初期,至少还保持下列的组织:

(1) 一切氏族人员有相互的相续权;财产在氏族以内。父权在罗马氏族中也如在希腊氏族中一样的盛行,女系后裔排除于相续权外。照吾人所知道的最古的《罗马法》——十二铜版律:第一位的相续人为儿子;没有儿子时,为男系近亲(如兄弟姊妹等);没有男系近亲时,为氏族人员。无论如何,财产不能出氏族。此处我们可看出由财富增加和一夫一妻制惹起的新法律规条已渐渐采用于氏族的习惯中。相续权习,原来在氏族人员中是平等的;在上面所说的变化之初期,开始限制为男系近亲,最后为儿子与男系后裔;而演进到十二铜版律的时候,自然更进一步,所以相续权的第一位为儿子,而第二位为男系近亲。

(2) 有一块共同的墓地,叫作氏族墓。

(3) 有各种共同的宗教祭祀,叫作氏族祭。

(4) 氏族内没有结婚的义务。这种规律在罗马从没变为成文法,但是一种永续的习惯。在罗马无数的配偶中,没有一对夫妇是同一氏族的名称的。这种规律又由相续法证明了:女子结了婚,即丧失其男系近亲的权利,她便应出氏族;无论她自身和她的儿子,都不能承继她的父亲与兄弟的财产,因为她业已出嫁,在父的氏族里面没有一份相续的权利。这种规律的意义,便是立在女子不能与本氏族男子结婚的前提上面。

(5) 土地共有。土地共有,始于原始时代种族土地的分配;但在各腊丁种族中,我们发现一部分土地归种族所有,一部分土地归氏族所有,即各家庭也有一部分土地。相传个人土地的分配始于罗慕路(前七三五到前七一五年,罗马的第一个王)。罗慕路的分配方法:系将土地划分为三大部分,三个种族各得一份;每个种族的那一份又各分成为十份,十个宗族各得一份;每个宗族的土地又复细分于各家庭,每人所得地面为两久格拉(两驾牛耕一日的样子)。然而我们在后还是发现土地仍然在各氏族手里。

(6) 氏族人员有互相帮助互相救济的义务。

（7）氏族名称的权利。这种权利一直维持到帝政时代。释放的奴隶，也许其取他从前生人氏族的名称，但是不予他以氏族人员的权利。

（8）氏族里面，有容收外人的权利。开始是容收于家族（如印第安人一样），这样便自然牵连到氏族的容收。

（9）族长选举与罢免的权利虽然没有书面的记载；然罗马初期的王，祭司，及一切职官，都是由宗族选举或指名的，可知氏族的族长也是一样的。纵令此时已规定要从氏族内一定的家族进出，然其必须经过氏族的选举，乃是毫无疑义的。

以上九项，是罗马氏族的特性。除掉父权一点外，与伊洛葛氏族的各种权利义务是很相像的；所以此处只须把这异点去掉，便要显然透出伊洛葛人的面貌。

关于罗马氏族的组织，一般著名的历史学家常常陷于昏谬，此处不过举孟森（德历史家，一八一七——一九〇三年）为一个例证。孟森："氏族的名称，除奴隶外，家族的男女全体并包括被养者与门客，都是一样给予的。种族（实际的，或虚构的）是从共同始祖产生出来的共同团体，祭祀埋葬与相续都是共同的，一切自由的个体——女子在内，都有属于这共同团体的权利与义务。已婚女子的氏族名称，到是发生困难。这种困难，只有使女子可与本氏族的人结婚，才能消灭。许久以来既已证明女子结婚于氏族外比结婚于氏族内多一层困难；在第六世纪，族外结婚还是一种特许的权利，须以报酬的名义行之……但在原始时代也有这样一类族外婚姻，是女子出嫁于丈夫的种族……这是绝对确实的，在古代的宗教婚姻中，既已规定妻须完全属于夫的共同团体而脱出她自己的团体。人人都知道已婚女子，对于她自己氏族的人员已丧失其能动的或被助的相续权利；但在反面，她又与她的夫，她的子，及她的夫与子的氏族人员之相续权相结合所以她又被她的夫收养了。并且又入了他的氏族，她怎样还能站在氏族以外呢？"

然则照孟森的推论，罗马女子除许其在氏族内结婚外，便不能属于原来的氏族；从而罗马氏族是族内婚制而非族外婚制。这种意见与我们所

知一切民族的经验完全相反。孟森全般的推论,都是根据泰特里夫(腊丁历史家纪元前五九年至纪元后十九年)所记录的一节故事。这节故事是说纪元前一八六年,罗马元老院,对于一个寡妇——费西尼亚,做了一个决议:任这个寡妇如她已故丈夫给她的遗嘱权利,听其自由处置或耗费其财产,并任氏族外选举一个后见人去结婚,且认这样的结婚妇人既不算为罪恶,也不算为耻辱。

元老院允许费西尼亚(她是释放的女奴)可以在氏族以外结婚,这是毫无疑义的;因为在元老院未允许前,她的丈夫即遗嘱在他死后其妻有在氏族以外结婚的权利。但这是在什么氏族以外呢?是在夫的氏族以外,还是在妻的氏族以外,或是在同姓夫妻的同一氏族以外呢?照孟森的肯定,罗马女子应在氏族内结婚,并且结婚后,她还在这氏族内。那末此处所指的氏族以外,一定是同姓夫妻的同一氏族以外了。由此便发生这样的问题:罗马氏族既是内婚制,在理,费西尼亚的丈夫之本身便没有令其妻再嫁于氏族以外的权利;费西尼亚的丈夫若擅自破坏罗马氏族内婚制的根本法而创此破天荒的遗嘱,元老院对于这种违背宗法的遗嘱不加以否决而反加以承认,决没有这样荒谬的法理。

后次,假设罗马女子是同外氏族的男子结婚;结婚后,她仍然住在自己原来的氏族里面。那末,照孟森所引费西尼亚的故事,她的外来的丈夫竟有权许其未亡人到氏族外去再婚,这简直是一种不可思议的事体了。

最后,只有这样一种设定才有成立之余地:即罗马女子是与外氏族的男子结婚,并且因结婚而出嫁到夫的氏族里面去。这样推论,才可把以上一切疑难立即解释。女子因结婚而嫁出她的老氏族并且加入夫的氏族;她以结婚的关系(非以血统的关系)而成为夫的氏族之一员。夫死了的时候,她自然有承继夫的财产的权利。至于寡妇再嫁的问题,为财产不出氏族计,自然以在夫的氏族中重婚为最宜;因而后世历史家便误认为氏族内婚制。寡妇再在同氏族中重婚,这在一定时期必然成为普通的规律;然亦可以发生例外,即夫临死的时候,只以一部分财产遗予其妻,许她可以携此出氏族而与外氏族的人重婚,这亦是很简单很自然的事体,只须我们抛弃罗马氏族内婚制的奇怪观念,便可完全理解。因为孟森所误认的罗马氏族内婚制,原来就是摩尔根所说的氏族外婚制。

氏族外婚的表词，不过在这节引用文中才发见，此外在罗马全部文献中都找不出这样的字眼；外婚的表词在泰特里夫的书中虽然发见三次，但并没指明为氏族的外婚。所以仅凭这节故事来证明罗马女子只许在氏族内结婚，实是一种幻想。这种幻想是绝对不能成立的。因为泰特里夫的话，或是仅限于说明女奴解放的特殊事件，而非说明一般处于自由地位的妇女；即使是说明一般自由地位的妇女，也不过是在反面证明一般妇女都是氏族以外的结婚，并由结婚而引渡于夫的氏族。所以从泰特里夫的话深究起来，乃是反对孟森而赞成摩尔根的。

罗马建立后约三百年，氏族的结合还很强固。例如发宾人的氏族（贵族的氏族），得到元老院的同意，独力担任与邻近凡雅人的城市战争；据说，全氏族三百零六人皆出阵赴战，全体为敌人的伏兵所歼没；仅残留一个少年男子继承氏族的生命。

上面已经说过，十个氏族组成一个宗族，罗马人叫作苛列；罗马宗族所赋的各种公众的职权，比较希腊的宗族更为重要。每个苛列有些实际宗教，神殿，和特别的祭司，这些祭司的全体又组成一个祭司的团体。十个苛列组成一个种族，每个种族有一个首长，兼军队司令与大祭司的职务。三个种族总合起来，即组成为罗马民族。

罗马民族既是三个种族形成的，那末，不是氏族，宗族和种族的人员决不能属于罗马民族，在最初一定是如此的。罗马民族最初的政治组织大略如下：一切公众事务最初是由元老院管理；元老院是由三百个氏族的首长组成的（德国历史家尼博尔为最初了解罗马元老院组织的第一个人）；这些元老都是各氏族的长老，族人呼他们为父老；父老们的全体，最初组成为长老会议，后来叫作元老院。每个氏族的父老渐渐习惯在同一家族中去选择，由此种族中便造出一种最初的贵族；这样的家族后来自行叫作世家，并且要求有独占元老院和其他一切官职的特权。这样的要求经过一些时日，得到人民的认可，遂变成为真正的权利。

罗马的元老院，等于雅典的议会，许多事务归它议决，极重要的事项如新立法等，尤其归它预先审议，然后交由人民会议投票通过。人民会议，罗马人叫作 Comitia Curiata，实际上就是苛列会议，是由三十个苛列组织的，每个苛列有一表决权。一切法律的通过与否决，一切高级官吏的

选举，都由苛刻会议取决。至于宣战与媾和，前者属于苛列会议，后者属于元老院。此外，苛列会议又为最高裁判机关，只有它能宣告罗马公民的死刑。

最后，元老院和人民会议之傍，又设立所谓Rex；这个字义恰好等于希腊的Basileus，原先毫无孟森所想象的具有专制权威的"王"的意义，不过是氏族长或种族长的称呼。勒克斯为军事首领，兼大祭司与裁判长。勒克斯于军事首领的惩戒权和裁判长的判决执行权以外，对于公民生命财产和自由，是没有什么权利的。勒克斯的职位不是世袭的；大约是先经前任者的推荐，复次由苛列会议选举，最后，由第二次会议举行庄严的授职典礼。勒克斯不称职或发现其他不良情形时，可以由人民会议罢免，如达克苏贝勃（相传罗马建国后，行王政二百五十年，七王相传，始于罗慕路，终于达克苏贝勃）被逐，便是明证。

在罗马有所谓王政时代，也同希腊有所谓英雄时代一样，实际乃是一种建立在氏族宗族和种族基础上面的军事的民主政治，并且是直接从氏族宗族种族产生出来的。即令各宗族与各种族不过成为各种人为的组织之一部分，然它们不啻仿照真正自然的原型，做成由它们所产生并且又包含它们全部分于其内的新社会。即使血统贵族自然要占得地位，而勒克斯们自然要逐渐扩张其权能，然这也决不能变更氏族政治组织原来的根本性质，不过与原来的根本性质有关系罢了。

在这个时代中，罗马城市的人口，随着征服领土的扩张而增加，一部分是外来的移民，一部分是归服领域的居民。罗马国家全般的新附民（关于门客问题此处丢开不说）都是生活于旧的氏族宗族和种族以外，所以也不能组成为真正的罗马民族之一部分。他们在人格上都是自由人，只要纳税与服从军役，便得购置田产。但是他们既不能就任何官职，也不能参与苛列会议，更不能分受国家征服的土地。由是这般被排除于一切公权以外的自由人，便形成为平民，平民的数目不停的增加，他们的教育与军事智识亦不停的演进，于是他们对于深闭固拒的老罗马人便成为一种威胁的势力。加以后来老罗马人与平民之间，土地的分配，似乎已成为很均等的形势，然而工商业（虽然还不很发达）的财富大部分属于平民而不属于老罗马人，主宾之间，遂有相形见绌之势。

罗马上古的传说史，完全隐藏于莫名其妙的大黑暗之中；这种黑暗，后来加以法学派和纯理派各种各色的解释而益甚。罗马氏族的古制，果以什么缘因而灭亡？以及关于这种革命的经过情形与时日，究竟是怎样？从来不能有明确的判断。这种历史的大秘密，直到摩尔根和恩格斯才得到完全的解决。现在我们是容易明白了：罗马氏族政治崩溃的主要原因，便是由于普列白与波彼流的争斗。

要去掉这种大冲突，而使国家的基础扩大巩固，便不得不根本改变制度。于是到了勒克斯，——色维特吕（相传为罗马第六王，纪元前五七八—五三四年）的时候，模仿希腊梭伦的改革，制定新宪法，创立新的人民会议，去掉波彼流与普列白的区别，把两个阶级的人民都包在人民会议里面，其惟一的限制只看他们是否能服军役。从前罗马有骑兵六队，只有固有的罗马贵族才得加入；现在色维特吕变更前制，把全体能服军役义务的男子，按照他们的财产，区分为六个阶级：有十万亚斯（罗马铜币）者为第一阶级，须出步兵八十队，骑兵十八队；七万五千亚斯者为第二阶级，须出步兵二十二队；五万亚斯者为第三阶级，须出步兵二十队；二万五千亚斯者为第四阶级，须出步兵二十二队；一万一千亚斯者为第五阶级，须出步兵三十队；财产不及一万一千者为第六阶级，叫作下等人民，得免除军役与纳税的义务，但在形式上亦出步兵一队。总合拢来：骑兵十八队，步兵一百七十五队，合计为一百九十三队。每一队为一百个武装的公民。由此，色维特吕更创立——百人队会议，把有财产的各阶级公民都纳于这个会议之中：每一队在会议中有一投票权；全体票数为一百九十三；一切案件只须九十七票便算为多数通过；然而第一阶级在会议中有九十八票（因为第一阶级所出的步兵与骑兵，合计有九十八队）。第一阶级在会议中既占固定的多数地位，所以无论其余各阶级怎样联合一致，若不获得第一阶级的同意，是不能议决什么事情的。

因为百人队会议的设立，于是从前苟列会议的一切政治权利都须移交于这个新会议。由此罗马的苟列与肯多，也如雅典的宗族与氏族一样，完全贬黜于无权，而变成为私家的团体和宗教的团体，不过在长久的岁月中还苟延其形式上的残喘；然苟列会议，不久便完全消灭了。不仅如此，罗马国家又把三个血统的老种族完全破坏，而另外创立四个地域的

种族；并且把城市分为四区，令每个种族住一区，每一区赋予一些政治的权利。

所以罗马在所谓王政废除以前，旧社会秩序还是立在血统关系上面；现在这种旧制度完全打得粉碎，而让其地位于建立在领土区划和财产差别上面的国家之真正组织。此处的公共权力，便在于服从军役的公民所构成之武力的集团。这种武力的集团不仅是对付奴隶的，而且又是对付被排除于军役与武装以外之所谓下等人民的。

新政治组织成立不久，便把最后的勒克斯——达克苏贝勃驱逐了，达克苏贝勃确可算为篡立王权的一个人。从此，所谓勒克斯在新组织里面不复存在，而代以两个职权平等的康桑耳，实际上就是两个军事首领（如伊洛葛一样），不过使政治组织扩张一度罢了。以后罗马共和政治的全部历史，就是从这新组织内产生出来的。然而罗马共和时代的历史是同着贵族与平民间的各种争斗开始的：最初是争官职就任权，复次是争国有土地的分配；而血统的贵族卒致消灭于握有大动产与不动产的新阶级之中。这个新阶级不仅消灭血统的老贵族，而且次第吸收因军役而破产的农人（罗马制，兵士饷械概归自备；一般农人有战事则以身家田产为质以贷于富人；积不能偿，二者皆被没收；而战争得来的土地又尽数分于新旧贵族，农人既失其旧，又不得新，只得为奴）之一切田产。这样广大的产业，新生人尽皆付于其奴隶去耕作，由此老的意大利民族的人口遂异常减少。这样的新形势不仅向以后的帝政时代开了门，而且向帝政之后继者——半开化的日耳曼人开了门。

第五章　克尔特与日耳曼的氏族

克尔特各种族，包括：高卢，不列颠，苏格兰，爱尔兰，和皮克特五种人在里面。克尔特各种族的氏族制度，在其最古的法律中足以表现其充分的生气。即如爱尔兰和苏格兰两个种族，虽然被英格兰强暴的破坏了，然氏族制度至少在人民的感情和本能中今日还有几分残存；并且在十八世纪中叶，苏格兰的氏族制度还极盛行，其后不过都为英格兰的武器，法律和裁判厅所消灭罢了。

至于高卢,在英格兰未征服前数世纪的古法律,或至迟在十一世纪中的成文法,除掉往时普遍习俗的残迹不论外,尚表示为村落社会的共耕制;每个家族除五亚克的自耕地外,还有一块共同耕种地,其收获是分配的。这些村落社会就是由各氏族或各氏族的分支演成的。

克尔特各种族在十一世纪中,一夫一妻制还没完全夺掉对偶婚姻的地位。高卢人的婚姻,除开始七年不能离婚外,是很不固定的。在这七年中,只要是缺少三夜不同宿,夫妇便可离婚。离婚的财产的分配,夫取一份,妻取两份。至于家具的分配更须按照下列有趣的规则:如果要求离婚时的是夫,则家具应尽退与妻,夫至多只能留几件;如果要求离婚的是妻,则家具的大部分归于夫,妻只能得一小部分。小孩的分配,通例是夫取两个,妻取一个年幼的。离婚以后,即使女的已与别人重新结了婚过了门,她原先的丈夫要求要与她复合时,她例须承认其要求;由此夫妇两人再过七年的共同生活,而无须举行从前结婚的形式。未婚前女子的贞操问题,在他们既不十分注重,也不十分要求。妻若与别人通奸,夫有打她的权利,但除此以外,也不能有别的满意的要求。夫的气息若很恶臭,妻得据为要求离婚的理由,由这样理由而离婚,不要丧失她的丝毫权利。至于种族首领或王在一切婚姻中的初夜权,在法典中是占很重要的地位;要免除这种实际,故在法典中已规定购买的价格;这在后来便成为中古隶农的结婚税。至于妇女在社会的地位,她们在人民会议中都有投票权。

爱尔兰妇女的地位,同高卢妇女是相类的:暂时的对偶婚姻非常之普遍;男子若是娶了第二个妇人,而与第一个离异时,须得赔偿她历年在家庭中的服役;至于遗产的分配,也没有合法儿子和私生儿子的区别。这样的对偶婚姻,与盛行于北美的婚姻形式正相仿佛,在十一世纪恺撒所目见的群婚生活还未绝迹的时候,更不足奇怪。

爱尔兰的氏族制度,不仅见于陈古的法律中;实际上,到十七世纪英格兰遣去的法曹,才把氏族的土地变成为英王的产业。在此以前,爱尔兰的土地还是氏族或种族的共同财产,并没成为族长的私产。一个氏族人员死了,或一个家族绝了,族长又将其全部土地重新分配于各家族。

日耳曼诸民族,在迁徙以前即已组成为氏族,是没有疑义的。他们不过在纪元前几世纪才占领多脑,莱因,威斯笃尔(在波兰)和北海各流域;

新伯里人和条顿人，在纪元前二世纪的时候，还在盛行迁徙中；而绥耳夫各族亦到恺撒时才寻些一定的住居。

据达西德的记录，有一节最足以证明日耳曼人的氏族制度。他说：日耳曼人看重他的外甥如同他自己的儿子一样；在某几种情形中，外甥与母舅的血脉关系，比较儿子与父亲的关系还要更亲密更神圣；所以敌人每每要求以他们姊妹的儿子为质，比较要求他们自己的儿子为更进一层的担保。日耳曼人若以自己的儿子为质，其后自己不遵守条约而牺牲其儿子，这不过是他自己的事；若是以其姊妹的儿子为质，因不遵守条约而牺牲其姊妹的儿子，这便侵犯了氏族最神圣的权利；所以氏族的近亲在这少年质子还未被敌人处死以前，必百方设法保护：或是原先不把他交出来，或是事后完全遵守条约。由此可见达西德为此记载的时候，原始的母权氏族组织还是存在。不过到纪元前几世纪，向东方与西方大迁徙之后，即已由原始的氏族社会渐渐入了村落社会。所以初移居于多脑河南方的血统社会的表示，叫作Genealogia，这个表词的意义与"村落社会"差不多。而原来高峙民族与其他高部日耳曼民族定居后的社会组织——所谓Fara者，亦为村落社会之异名。据恩格斯的考证，Fara为Faran的转变；Faran的意义为"行"，或"旅行"。可见日耳曼各民族在大迁徙后，即已渐渐由氏族制度变为马尔克制度了。

在达西德时代（纪元后五五——一二〇年），日耳曼民族的母权制方衰而父权制方兴；父的财产由儿子承继；没有儿子，则由父方的伯叔或母方的舅爷承继。容许母的兄弟可以承继财产，可见父权之兴还是达西德时代最近的事体。

母权恰好消灭之另一痕迹，是日耳曼人对于女性之尊重；在罗马人看起来，几乎不可理解了。与日耳曼人订条约，最确实的质证，莫如贵族们的少年女子；若是他们的妻与女有没为捕掳或奴隶之恐怖，便可激起全体日耳曼人奋战的勇气；他们若在妇中发现什么预言，便视之如神圣；即在极严重的情形中，他们亦喜倾听女子的意见。比如罗马威斯巴帝即位（纪元六九年）后，著名的西威理的大叛乱，即以女巫威尔达为日耳曼人和比利时人的首领，而动摇罗马在高卢的一切统治权。妇女在家内的权威是很大的，她们无论老幼都从事于各种劳动。

如以上所说日耳曼人的婚姻形态,已为近于一夫一妻的对偶婚;然而还不是严格的一夫一妻制,有势力的人大都可以过多妻的生活。女子的贞操,通常都要严格的遵守,与克尔特人的习惯恰好相反。达西德在他记载中极力说明日耳曼人婚姻关系之固结性,只有其妻犯了通奸的事情才成为离婚的理由。但是他的叙述中包含许多缺点,因为他是带着罗马人的文明眼镜去评判半开化的日耳曼人的。

这个时期的日耳曼人,由氏族制度产生一种"父之仇敌也应有遗产权"的义务,有这样权利的仇敌或与他是亲属关系,或是友谊关系。因此日耳曼人在法律上便产生一种和解律,用赔偿金来代替复仇。这样的和解律在十八世纪还被人看作日耳曼人的特殊制度,其实这乃是一切经过氏族制度的民族调和复仇行为的普遍形态。此外,达西德所述日耳曼人款待宾客之详情,几乎与摩尔根所述印第安人的情形是一样的。

至于土地的分配,日耳曼民族也如其他各民族一样,经过下列各阶段:(一)最初是氏族共有;(二)是分配于共产的血族团体;(三)是定期分配于个人的家族。恺撒与达西德的记载,同是日耳曼民族的重要史料;然恺撒所目击的土地分配情形是第二个阶段,而达西德所目击的土地分配情形是第三个阶段。故前此关于达氏记载的解释纷争极烈,现在则已完全不成问题,因为达氏的记载后于恺撒一百五十年,在这一百五十年中日耳曼民族的经济生活由村落集产时代刚刚演进到土地私有时代的发端,这是毫不足奇的。达氏的记载中也说:"他们的耕地是每年交换的,此外也还充分保留一些共有土地。"这种农地分配情形恰好适合于当时日耳曼人的氏族组织。

在恺撒时代(纪元前一〇一—四四年),大部分日耳曼人恰好得着定居,并且尚有一部分还在寻觅之中。在达西德时代(纪元后五五—一二〇年),日耳曼各民族定居已亘百年,而获得生活资料的生产方法也随着进步。此时他们所住的是丸木小屋;所穿的是粗野的羊毛或兽皮外套,女子与贵人的下衣也还是麻的,大都还未摆脱原始野蛮时代的风味;他们的食物有乳、肉、野果,以及麦酱。他们的财富是家畜;但家畜的种数还很恶劣,比如牛体狭小而无角,马也只有小马而没有大马。货币,只有从罗马

输入少额的罗马货币,而不大使用。他们对于金银既不知道加工制造,也不知道尊重可贵。铁是很稀少的,仿佛只有莱因与多脑河流域各种族才有少量的输入。他们模仿希腊腊丁的文字,不过用为秘密的书写或宗教的符术,把人作祭神的牺牲,还是他们通常的习惯。简括一句,这个时代的日耳曼民族,恰好由半开化的中期过渡到半开化的高期。

在直接邻近罗马的各日耳曼种族中,因为罗马制造品的易于输入,反阻碍了他们自己五金业和织布业的发展。除了远居于东北或波罗的海沿岸各种族以外,这类产业之不能自行发展,乃是全然无疑的。比方在谢勒威奇湖畔发见的一些武器碎片——铁长剑、战甲、银盔,等等,同着一些罗马二世纪末的钱币,以及日耳曼民族的五金制造品;这些日耳曼人的五金制造品。本来是模仿罗马的,因为技术不大完成,遂呈出一种特殊的模样。后来半开化的日耳曼民族一经移入文明的罗马帝国,便到处把他们自己的固有产业终止了;只有英格兰一处为例外。

最后,我们又可研究其适应于半开化高期的政治组织:据达西德的记载,处处都有首长会议和人民会议存在。最重要的事件归人民会议议决;次要的事件由首长会议决定。在半开化初期,人民会议只有氏族有之,种族或种族的联合还不能有此组织。首长之外又设有军事司令首长与军事司令很不相同,完全同伊洛葛的情形一样。首长们的生活之一部分还是与其他氏族人员是一样,所不同的不过以家畜谷物等为其荣誉的赠与;他们也如印第安人的萨响一样,是在同一家族中选举的。后来变迁到父权制,遂同希腊罗马一样,渐渐成为世袭的选举地位,而各氏族中也就因此形成一种贵族。这类上古的贵族,叫作血统的贵族,其大部分都消灭于迁徙之中,或迁徙以后。至于军事司令的选举,则不问其来历如何,而只问其能力。各军事司令的权力很小,并且一切行动均须遵守先例。而真正的权力乃属于人民会议;种族长或王为人民会议的主席,一切由人民决定:否决的时候,大众喧嚣表示;赞成的时候,大众的喝采声与武器声一齐喧叫起来。

人民会议同时又是裁判厅,诉讼的判决在此,死刑的宣告也在此。各氏族及氏族以下各团体,皆于一个首长的主席之下为集合性的裁判;事实上,主席的首长不过是辩论上和问讯上的指挥者。在日耳曼各民族中,一切原始的裁判所莫不带有氏族社会的集合性。

日耳曼各种族间的联合，自从恺撒时代以来即已形成，当时在某几个种族之间，已经有后世史家所谓"王"者存在；最高军事首领渐渐带独裁的意味，有时也竟达其目的，如希腊罗马的故事一样。然而这些幸运的篡夺者并没有绝对的权威，不过初由他们开始打破氏族组织的约束罢了。

例如解放的奴隶因为他们不能属于氏族所以居于下级的地位，然而新王身边所宠爱的奴隶常常容易跻登富贵尊荣的阶级。这样的事情，在那些军事首领征服罗马帝国而成为各大国之王以后，尤其盛行。比方在佛兰克，奴隶与解放的奴隶，最初在宫廷中占重要的地位，复次在国政里面占重要的地位；大部分的新贵族，便是从他们中产生的。

这样随着军事组织而来的政治组织，自然容易助成王政之出现。在美洲印第安人中，我们已知道在其氏族制度之傍，怎样因战争的计算而创立些特别的组织。这样的特别组织在印第安人中不过是暂时的；而在日耳曼人中则已取得永久性质的地位。此时日耳曼的军事领袖，业已成为赫赫夺人的大头领，由他集合一些贪得战利品的少年于麾下：这些少年对于他须负人格的忠诚之义务；而他对于这些少年也须留意于怎样满足其掠夺欲望，以及怎样尽其抚循士卒之能事；并且把他们分划为若干等级的组织。比方若是小出征，则头领之傍有护卫团之组织；若是大出征，则又有高级将校团之组织。征战的目的，完全在掠夺；也只有继续不停的掠夺，才能维持日耳曼民族团结的状态。这样掠夺的战争事业发达到恰当程度，一面破坏从前氏族制度的自由，一面促成最初的王政之出现。后来完全征服了罗马帝国，王的扈从的人们，遂与罗马宫廷的臣仆奴隶成为将来贵族的组成要素。

总之：日耳曼各种族形成为大民族的时代，与希腊所谓英雄时代罗马所谓王政时代同一政治组织：（一）人民会议；（二）各氏族的首长会议；（三）渐谋获得实际王权的军事首领。这种政治组织比较它所从出的氏族组织自然更为完全，并且为半开化高期的政治组织之典型。氏族组织到了完成这种新组织的时候，社会情态已经超越原来的各种界限与秩序；最后遂把氏族完全推翻而代之以国家。

第六章　日耳曼国家之形成

日耳曼人是一人口非常众多的民族。我们据恺撒的记载，便可估得各个民族人口的约略观念：当时住在莱因河左岸的雨西伯特人和陶克特人的人口约有十八万头（妇女与小孩在内）；然则每个民族的人口已近十万左右，比伊洛葛全盛时期人口不足二万的数字大了五倍。

当时日耳曼人散布的地域——到威斯都尔河止，约有五十万平方基罗米突。每个种族的人口平均有十万头；每个种族所占的土地平均有一万平方基罗米突。准此计算，日耳曼人的总数在五百万以上；而每平方基罗米突平均有十口人（即每一方哩有五百五十人）。这样人口散布的数字，在现今看来已属非常稀少，而在半开化民族的集团看来则是非常重大。到第一世纪初期，日耳曼人的总数恐怕至少也有六百万。

日耳曼人定居以后，人口迅速的增加，工业也随着进步。照谢勒威奇湖畔发见的土品中之罗马钱币看来，当时波罗的海沿岸金属工业和纺织工业业已发达，而开始以其剩余品与罗马帝国交易，这都是人口稠密的表征。

这个时代的日耳曼人，更在莱因河多脑河和罗马边境的全线——自北海以至黑海，开始举行总攻击，这更是人口愈益增加，势力愈益膨胀的直接佐证。这个战争绵亘三百年之久。在这长期的战争中，高峙各族之主要的全种族皆向东南进攻，组成为攻击线之左翼；向莱因进攻的佛兰克人组成为攻击线之右翼；而以高部日耳曼人和多脑河上流的日耳曼人为中坚。佛兰克人征服不列颠之后，到第五世纪末，虚弱无力的罗马帝国对于日耳曼人的侵入遂完全洞开了门户。然而这种"蛮族"怎样能具这样不可抵御的势力呢？据达西德的意见，他们的武力所以那样强固，完全因为是一种血族的组织。

希腊罗马为上古文明之摇床；然而至此业已老死而入了棺木。在罗马世界的统治之下，从前各种各色的民族和语言的差别不复存在；古的亲族团体及其最后遗留之地方的或民族的自治团体也烟消云散。"罗马公民"的性质不仅绝无若何民族性之表现，而且只是表现其缺乏民族性。

纵然各种新民族的要素到处存在,各州的腊丁语次第分化,而从前意大利高卢西班牙等独立领地的自然界限还依然保留,然这些要素都不能结成为新国民的势力,在罗马国家的大刀阔斧之下,其进化力抵抗力和创造力都不能存在。统括偌大领土和那样众多的民众之惟一连带,只有:罗马国家。而罗马国家便是这广大民众之最恶的仇敌和压迫者。各州皆为罗马所破坏;而罗马本身也同各州一样——成为一个州的都市:纵然有些特权,然却不是京城,不是皇帝或副皇的驻在所,因为他们不是驻在君士坦丁堡,便驻在特来福或米朗。罗马国家是一架巨大而错杂的机关,专以掠夺其人民为目的。各种各色的租税,徭役和征发,使大多数人民日益陷于贫困的苦海。自总督,税吏以至兵士,所加于人民的压迫,已达到不可支持的程度。罗马国家以此赢得支配世界的统治权。罗马国家的存在权,对内在维持秩序,对外在防御半开化人。但他的秩序比没有秩序还更恶劣;所谓防御半开化人,在罗马人民看来,毋宁谓为仰待半开化人之速来为他们的救济者。

　　社会状态,也是同样的绝望。自共和末年以来,罗马的统治权完全建立在征服诸州的榨取之上,并且是无顾虑的榨取。帝政建立后,不仅未取消这种榨取政策,反而使这种榨取政策规则化。帝政衰微,租税赋役愈益苛敛,官吏对于人民愈益无耻的掠夺与压迫。罗马的统治阶级决不从事于工商业,他们所从事的始终不过高利借贷之一事。从前旺盛的商业,类皆覆灭于官吏的苛征之下;普遍的穷困,使商业,手工业和技艺莫不退步;由此人口减少,都市衰颓,农业也回复于极低度的状况。这便是罗马统治世界的最后结果。

　　农业为上古最主要的生产。自共和末年以来,意大利全境差不多都成为使用奴隶的大田庄制,其所行的方法约有两种:或将土地置为牧场,只畜少数奴隶牧养家畜;或将土地置为田庄,畜多数奴隶群众从事于大规模的园圃农作,其出产品一部分供地主奢侈,一部分贩卖于各都市的市场。各都市既衰落,田庄产业遂随着这种衰落与其地主之贫困而破产而灭亡;只有各大牧场还得维持或扩张。于是建立在奴隶劳动上面的大田庄制不能再产生赢利(纵然这制度为当时大农业惟一可能之形态);所以小农业又复成为收支相抵的惟一形态。这样一来,各大田庄次第分成许

多小片段出租于一些世袭的佃农；每年的收获，佃农所得不过六分之一，甚至仅得九分之一。佃农固着于土地，可以随着一块一块的土地出卖；也可以说他们不是奴隶，然而他们也不是自由人。他们不能与自由女子结婚；他们相互间的婚姻并不被视为完全有效的婚姻，不过看作奴隶间的单纯的交媾。简单一句，他们便是中世纪的农奴之前辈。

由此，上古奴隶制度的职分便到了它的终止时代。大农业和都市的工场里面都没有奴隶制度存在了，因为既没有消纳其生产品的市场，又不能获得赢利。帝国全盛时代的大生产，至此皆代以小农业和小工业；这样小农业和小工业里面都无须使用多数的奴隶。所以此时除富家的家庭奴隶以外，社会中再也寻不出奴隶的地位。然当此奴隶制临终的时候，一切生产上的劳动依然被视为奴隶的事业，罗马的自由人皆不屑为。所以正面是奴隶解放的数目增加，反面是佃农和自由的贫民的数目增加。收支不能相偿，所以奴隶制度终为消灭；然而生产上的劳动，在习俗的遗传上又为自由人所鄙视。于是罗马世界陷于两头无出路：即奴隶的劳动在经济上为不可能；而自由人的劳动又为道德风俗所不许。奴隶的劳动既不能再成为社会生产的基础，自由人的劳动又不许其成为社会生产的基础；所以唯一医治这种状况的方法，只有全般的革命。

佃农外，又有些自由的小农。为防避官吏和高利贷借者计，他们只有托庇于强有力的（诸侯）保护之下。不仅个人如此，全社会皆然。所以第四世纪的皇帝对于这桩事情发布许多禁令。但是要用什么代价去换这种保护呢？其条件便是农人将其土地奉献于其保护者，其保护者便成为大地主的封君，以过收益的生活。（到了第九和第十世纪，教会又极力模仿这方法，以扩张其势力与财产）这又是农人由虎口转入了狼口。纪元四七五年的时候，马赛主教萨尔文曾愤激的起来反对这种劫掠，他说罗马官吏与封君的压迫比半开化人残酷得多，所以罗马人多逃亡到半开化人所占领的地方去。罗马公民托庇于半开化的人统治之下决不如托庇于罗马统治之下的危险。因穷困而卖子女为奴婢，在当时几成为普遍的现象。

半开化的日耳曼人之侵入，可说是解脱罗马人于他们自己的国家重压之下的好机会。日耳曼人取去他们的土地三分之二：开始是照氏族制度分配；因为征服者的人数比较为少，所以不分配的土地非常之多，而以之为各氏族的共同财产。在每个氏族的各家计团体之间,各有一份平均分配现耕地与牧场;最初是行定期分配法,后来这种习惯在罗马各州里面便丧失了,分配的土地皆成为各家的私有财产,并可自由出卖。森林与牧场依然不分配,保留为共同使用;耕地的分配方法,依古来的习惯由全体议决。许久以来,氏族已固着于村落,日耳曼人与罗马人渐渐混合,因而团体的结合亦渐次丧失其家族的特性而带地域的性质;故氏族遂融合于马尔克的组合之中,而在马尔克里面也可时常发见原来亲族结合的痕迹。所以氏族的组织,至少在法兰西北部、英格兰、德意志和斯干的那夫诸国(因为诸国皆有马尔克的组织)已不知不觉变成为地域的组织,并且融化于国家组织之中;然而组织氏族之原始的民主的性质还是保存。

  氏族、种族,以及全民族中的血统关系,随着征服事业的发展而解纽和衰颓;对于被征服者所建立的统治权是与氏族制度不能并存的。此处我们得见氏族与国家交替之大观:日耳曼诸民族既成为罗马诸州之主人,然则怎样组织其被征服的民族呢?既不能把多数的罗马人包摄于日耳曼的氏族团体里面,也不能以少数的日耳曼人去支配多数的罗马人;罗马的地方行政团体大部分在当初还是保持,所以要统治罗马人至少要设立一个等于"罗马国家"的机关来代替罗马国家;这样相等的机关,除了新建一个国家外,没有别的办法。所以氏族的代表者遂转变为国家的代表者,这种变化在各种事态的迫促之下是很迅速的。征服民族最直接的代表者是军事首领;因为征服地域对内的防护要求给军事首领以强大的权力,由此军事首领的军权便变成为王权了。

  现在且讲佛兰克帝国。不独罗马帝国的广大领土,为了胜利的萨领族,而且还有其他一切宽大无垠的土地,大的,小的,不属于个人的集产村落——尤其是一切大森林地带,都归了他。最高军事领袖变成为王的时候,他所做的第一件事,就是把全民族的财产变为王的所有,而随他所好以赐给或让与他的扈从。这类扈从的人是原先的护兵和军官,后来又加以宫廷中宠爱的奴隶与臣仆。最初是劫夺人民的土地恩赐于这类人;复次是采用贡纳利益的形式,砺山带河,食毛践土,以之封建于这类人,实际不过又是从新损害人民以建立新贵族的基础。

  不但如此;到了这个时候,再也不要梦想用上古氏族的政制来统治

这样广大的新王国了。族长会议,久已废弃不能召集,后来遂永远代之以王的侍臣会议;上古人民会议在形式上虽然还是维持,但它不过渐渐变为新贵族与军队中各低级首领之简单的集会。至于佛兰克的自由农人,地主,以及平民群众由永续不停的战争与征服事业的破坏,莫不倾家荡产,——特别是在沙立曼大帝(七四二—八一四年)之下,——简直与从前共和末期罗马农人的破产状况没有两样。佛兰克人民从前是全体具有武装的;自从征服法兰西后,因为普通一般贫穷的结果,只有五分之一还能具有武装;最后只能应王之募而成为新贵族阶级的奴隶军队。沙立曼大帝死后,内乱纷起,王权衰弱,诸侯递相篡夺以图继承皇位;最后诺尔曼人侵入,遂成功佛兰克农人的完全破产。沙立曼死后五十年,佛兰克帝国之不能抵御诺尔曼人的蹂躏,也如四百年前罗马帝国之不能抵御半开化人的蹂躏是一样。

此时的佛兰克帝国,不仅对外不能抵御诺尔曼人的侵入,而且对内不能维持紊乱的社会秩序。佛兰克的自由农人,降到从前罗马佃农一样的地位。战争和劫掠的横祸无穷,而王权式微,保护能力非常薄弱,所以农人们不得不自置于封建贵族和教会权力的保护之下:但是这种保护的代价是很贵的。如高卢的农人,他们把自己的土地奉献于上等的诸侯,他们再以种种缴纳租税的形式从诸侯手中领土地去耕作,这在事实上不过是换得些新的服役和负担罢了。他们一经降到这个附属地位,便逐渐丧失其个人的自由;不到几代,已经大部分成为农奴。自由农人破产成功之速度,我们一考圣石门普勒寺的土地册便可想见:在沙立曼时,生活于这教会广大的土地之上的有二千七百八十八户,几乎尽是佛兰克人;其中二千零八十户为佃农;二百二十户为奴隶;三十五户为贱民;仅仅八户为自由的村民;然而这尚是在沙立曼时代!从前萨尔文主教对于封君愤激反对与咒骂的劫掠方法,现在又成为教会对于农人所采用的普遍策术。农人奉献其土地于教会,教会又坐过其收益的生活。这样的情形,又要引起以后四百年新发展的起点。

但这样的循环现象,归究起来,不外两事:第一,罗马帝国临终时的社会秩序和财产分配的状况,恰好与当时农工业的生产程度相呼应,而为必不可免之现象;第二,以后四百年中,生产状况既无重大的进步也无重大的退步,所以重新采用从前的分配制度并产生同样的阶级状况,这也是必然而不可免的历程。在罗马帝国的后几百年中,城市对于乡村业已丧失其权威,并且这种权威在日耳曼统治的几百年中仍然莫能恢复。这也是因为日耳曼人的统治仍然立基在农工业发达的低程度之上。这样全般的情形是必然要产生强有力的大地主(诸侯)与附属地位的小农的。从前罗马使用奴隶的田庄制和新的徭役大耕耘之两个方法都多少不能强加于这样的社会。如沙立曼大帝所征发之浩大的徭役,其所建立之各大都城,类皆不旋踵即消灭不留痕迹;只有各大教堂才得继续存在。可见由他所浪费的广大徭役只能用之于寺院等土木工程,而不能用之于生产事业。寺院是些建立在独身主义上面的不规则的社会团体;实际,乃是封建制度必需具有的"不生产的劳动者"之惟一组织。

然在四百年中,却有几种进步。上古的奴隶制度业已消灭;而鄙视劳动的自由贫民也久已湮没无存。罗马佃农和新农奴之间,有佛兰克的自由小农存在。临终的罗马帝国之"无益的回顾与徒然的争斗"都已静寂的死了,并且埋了。第九世纪的社会阶级不形成于罗马衰亡的文明死水之内,而形成于新文明分娩的痛苦之中。强有力的大地主和为他们服役的农人之间的关系遂成为以后新发展的起点。此外,这显然很不生产的四百年中,却又产生了一个大莫与京的结果,——即产生了近代的各民族,为西欧人类以后历史的改造与重兴之张本。质言之,即日耳曼各民族实复生了欧洲;所以在日耳曼民族时代,欧洲国家虽然解体,犹未至为东方回教徒萨拉森人所征服;不过收益与保护的事业已向封建制度进化罢了。这样的变化,再迟二百年,随着生产的增强而益发展,所以十字军流血虽多,尚能支持而无大损害。

临终的欧洲,忽然吸入一支生气勃勃的日耳曼民族的新势力,得以起死而回生,这不是一种不可思议的神秘吗?日耳曼民族,不如一般历史家之所说,是一种天生的神奇势力吗?其实,没有什么神奇,也没有什么不可思议。日耳曼各民族,在这个时代,不过为具有充分发展活力的亚利安种族,并不是天生成他们为复活欧洲的特殊民族;不过单纯的因为他们是半开化人而氏族政体尚有生气,所以能具有那样的活力以复活久为希

腊罗马文明所腐化而垂毙的欧洲。

他们的能力,他们的勇气,他们的自由精神,以及他们在各种公众事务中之民主的本能,——一简括句,即罗马人早已丧失的一切性格惟他们还是具有,所以惟他们能以罗马世界的余烬去组织他们的新国家,扩张他们的新民族。这不是因为他们具有半开化高期的特性而为氏族制度之结果吗?

他们变化了上古一夫一妻制的形式,他们在家族中的权威很温和,他们给妇女以很高的地位,其高为上古世界之所未闻。这不因为他们是半开化人,氏族的习惯和母权时代的遗风还存在吗?

纵然转入了封建国家的时代,至少他们在德意志,法兰西,和英吉利三个主要的地方还保留一部分氏族制度于集产村落的形式(马尔克)之下,并且使中世纪的农人有集中于各个地方团结其抵抗力之可能。所以中世纪的被压迫阶级既不同上古的奴隶一样,也不同近代的无产阶级一样。这不因为他们是半开化人,特别使用一种半开化的家族殖民制度吗?

最重要的是在日耳曼人统治之下,发展一种温和的隶属制度(即农奴制度),这种制度以前是使用于他们的本土,后来渐渐使用于罗马帝国,以代替上古的奴隶制。这种温和的隶属制,无异是给农人以渐进的与团体的解放方法,而使之远胜于上古的奴隶地位。因为上古的奴隶制度,除个人偶然有立刻翻身或解放的惟一可能(如被主人宠爱的奴隶等)外,全体的奴隶阶级是决没有解放机会的(上古绝没有叛乱胜利而取消奴隶制度的例);然而中世纪的农奴制度却有渐渐向近全阶级解放的希望之初步。这是什么缘故呢? 也是因为日耳曼人是半开化人,他们还不须采用完全的奴隶制,所以既不用上古的奴隶制,也不用东方的家庭奴隶制。

总之,日耳曼人支持罗马世界和统治罗马世界的一切活力都是半开化人的活力;事实上,此时惟有半开化人才能使久为死文明所压迫所苦老的欧洲复返于少年。并且他们是在半开化高期的大迁徙时代振拔起来的,恰好与上述罗马世界的状况适逢其会,疾风扫落叶,自然是极顺利的。这便足以说明一切了。

第七章　由封建制到近世代议制的国家

封建制度是从平等中产生出来的等级权力组织；但卒由平等而演至于专制。欧洲的封建制度，与半开化的日耳曼人之入主欧洲有密切的关系；今欲明了这种制度之起源，必须再述日耳曼人的情形。

侵入西欧的各种日耳曼人，很与美洲发见时的各种伊洛葛人相类似，都是在半开化状态中，并且迁徙不定。据斯脱纳博（希腊地理学家）说，定居于比利时和法兰西东北部的蛮族还不知道农业，单靠兽肉和乳制品以过生活；这些危险的野蛮人凶恶如狼，他们自由出入于广大的森林地带中，人类虽多，只要添买些奢侈品及少许消费品便能在森林中过满足的生活。斯脱纳博又说高卢人的风俗也是一样的。当恺撒入英吉利时，他看见不列颠人与高卢人同其风俗：他们不知耕土地，以兽皮遮身，吃的是兽肉和乳制品，他们怪蓝色的身体可以骇退敌人，他们的两性生活是兄弟间共妻的。

这些半开化人中，平等的精神盛行；习惯与风俗，处处保守一种猎夫与战士的平等气概。当他们得到定居的时候，一部分人开始从事于初步的农业，一部分人依然从事于战争。有名的军事首领不过在组织远征队时号召一些愿意获得战利品与光荣的男子于他的指挥之下；在远征时间中，人人都是要服从他的，如希腊人服从亚格棉农一样。但在食桌上及宴会席上，首领与战士都是平列而坐，没有什么区别；远征队一归村落，他们又都是独立平等的，军事首领便丧失远征时的权威。

日耳曼人征服一块地方，间或也如希伯来人之执行神命一样，把那地方的居民尽行杀死；但通常总只劫掠城市，占领他们所需要的土地而定居于乡村，用他们自己的方法耕种土地，战败的居民仍许其在他们的法律与风俗之下过生活。土地是每个种族授一块的；种族的土地又再行分配于住居各村落的各氏族。几个村落由亲族关系形成一个团体，叫作桑町；几个桑町形成一个团体，叫作康脱；几个康脱形成一个团体，叫作都克。这就是公、侯、伯、子、男几等封爵之起点；如佛兰克的茂洛维王朝，就是与这种政治组织初相的衔接的。

凡不属村落所有的土地,归桑町处置;不属桑町所有的土地,归康脱处置;不属康脱所有的土地,归国家处置。归国家直接处置的土地通常是很广大的。在瑞典发见的土地领有阶段也是一样的;每个村落有些共有土地;桑町与康脱有些更大的共有土地;最后是国家的极广大的领域;虽国王宣布他有代表国家的资格,然土地还继续叫作共有土地。在封建君主政治里面虽然叫作王土,然所有权也都属于国家。

日耳曼人入了定居的农业生活和受了基督教的影响之后,纵然还有少数的种族固守原来的风俗,然多数已逐渐丧失其战争的习惯。如达西德所知道的日耳曼人类皆摆脱了从前半开化的粗野风俗,他们已成为家居者和耕作者;不过如加特人(第三世纪组入佛兰克联邦)则还专门从事于战争。他们的战线散布得很广,四方八面都采取攻势而站于极危险的地位;他们既没有房屋,也没有土地,也不忧愁生活没有来源。他们到处可以获得粮食,所以到处有他们的足迹。于是别些种族的有名战士,都由他们的宴会、献物等兴奋剂集合于他们的号召之下,而准备随从他们做远征的事业。由此加特族的战士以及受了封地的军事首领遂形成一种永久的军事团体,对于那些专门从事农业劳动的种族,担任一种保卫的责任。

但一部分半开化人,甫脱战袍而归顺于罗马;而别部分半开化人又乘之而兴。连续几百年之中,半开化人不断的蹂躏欧洲。罗马帝国要防御半开化人的侵入,乃募集归顺的半开化人,于边界之上广置屯田兵,给他们以土地谷子牲畜及现银。这种利用半开化人以防御半开化人的政策,当然不能不予他们以土地,委他们以国防的重责;但文明的藩篱便从此破决了。

当各方面的战争静止的时候,半开化人已成为家居的耕种者,并且复建他们前此所破坏的文明工程。然而又有一种大祸从新爆发:由战争派生的武装强盗到处劫掠;惨杀与劫掠的恐怖在欧洲绵亘几百年之久。

入寇欧洲的半开化人与已经定居于欧洲的半开化人之间现在直接发生冲突。继续不停的内争,使各半开化民族对外全无势力,因为种族与种族,村落与村落之间互相反对而成仇敌,自然对外没有什么力量。半开化人的内讧,很足以宽舒罗马人亡国之惧,所以达西德说:"现在罗马之命运,惟幸敌人之内讧。"

乡村居民,因为要防御强盗劫掠惨杀的危险,乃于村落周围建筑堡寨以自卫。每个堡寨选举一个担任警备的酋长,堡寨里面的居民只要同属于一个种族都是平等的。这种酋长就是后来帝王派遣的封君之萌芽;他最初的职务不过是租税的收集者,人民会议裁判会议的主席,军事的监督者,秩序的维持者。每个堡寨的最高权属于长老会议和人民会议,酋长是要服从这两个会议的权威的。在佛兰克各种族的习惯,凡人民会议命令驱逐的外人而康脱的首领忘记执行,则须处罚两百金钱,这种罚金恰好与杀人犯的赔偿金额相等,可见原先的康脱并没有特别权威。凡后来封君所有的权力,以前都属于村落的全权会议,全村居民都要武装赴会,否则处罚。这样的村落具有一些殖民地和农奴。

日耳曼人一切职务的分工是以家庭作单位的:有专门纺织的家庭,有专门铸铁的家庭,有专门作魔术师和牧师的家庭,父传于子,子传于孙,一种职业与一个家庭成为不可移易的关系;由此遂产生一些特别的种族。村落的首领(对外防御敌人,对内维持秩序)开始是从全村居民中选举,被选的首领既没有什么不同也没有什么特权。后来也渐渐从一个家族中选举。比如在佛兰克各种族里面,便由茂洛维氏族专门供给军事首领,和希伯来的牧师专门由列维氏族供给一样。而最后则成为世袭的职位,连选举的形式也不经过了。然首领的职务开始不仅没有什么特权,而且责任非常重大,地位非常危险,什么责任都是归他负着。比如在斯干的那夫各种族里面,倘遇年成荒歉,便认为神怒之表示,而归罪于其王,有时甚至处以死刑。

村落的首领为防守便利起见,所以应有极高大坚固的房屋,庶被攻击时农人可以跑到这个房屋里面来避难。这种战略上的便利,最初是偶然的,后来成为首领必须具有的条件。印度各村落的边境,到处都有这种房屋以为避难和观察敌人之用。所以在一切封建时代,封君都有坚固高大的宫殿,四周建筑堡垒,城墙战壕,钟楼和吊桥;正方形的大钟楼里面又要置一个大手磨,以为农人避难时组织防务贮藏牲畜制造食粮之用。这种房屋或宫殿,名义上是首领的,危险时是共同的。所以在集产村落里面,掘战壕,筑城墙,修宫殿等工程全村居民皆须担负。这种习惯便是后来纳税,征发,军役和徭役的权利之起源。

日耳曼人，无论战士与农夫，都要担负防卫本村落及首领房屋的责任；一闻命令，即须全体武装集于首领的麾下以御敌人，整日整夜驻守钟楼以观敌人动静。后来有些农人为不顿停农务免除这种军事服役起见，乃缴纳赋税于其首领，使他专养一些武装的军人担负防守的职务；各种犯罪的罚金之一部分也是特别用以维持其首领及军士的。

在军事上地位上正当要冲的村落，自自然然成为周围各村落的中心；当敌人来侵时，周围各村落的居民必率其牲畜谷物以及各种动产跑到这个中心来避难；在这种时间中，他们必须缴纳赋税以维持一切军事行动和军士的生活；而这个中心的首领之权威必因此扩张于周围各村落之上。由此自自然然发生封建制度的萌芽。这种萌芽，若没有继续不停的战争与征服事业的催促，集产村落的生活还可停滞几百年之久（如印度村落社会）；否则各自独立的村落必日起于合并，而这种萌芽必日滋日长而形成一种相互权利义务的社会制度，如中世纪的西欧一样。

村落首领在平时是没有什么特权的；但到了战时，他的地位便变成很重要了；人民不仅要给他以收入，而且要给他以忠顺。这些特权开始是可以撤废的；但战争继续不停，则自自然然变成为世袭的特权；不久便形成了坐收赋税和徭役的封君。

封建贵族建立其权威之后，各人为巩固地盘及扩张其统治权计，相互之间便发生不停的战争，彼此企图集中土地财产和社会势力于自己之手。结果，战败的封君或是灭亡或是沦为从仆或是流为土匪头目，而战胜者则变成为头等公爵的大封君。

战败而未至灭亡的诸侯，每每率其败军沿路打劫，不仅劫掠乡村，旅客，而且劫掠富足的城市。由此各城市便武装起来，而托庇于大封君或王的保护之下。

但小诸侯完全消灭，相互间的战争完全停止后，乡村又要恢复安静的状态而所须封君保护之必要必致大减；这个时候，封君不能不抛弃他的土地而自降为王公之臣隶，前此保护其臣仆及农人之地位便随着动摇。从此农人不须要军事的保护，而封建制度便丧失其存在之理由。所以封建制度是从战争产生的，也是从战争灭亡的。

然上之所述，不过为一方面之事实。当各诸侯互争雄长的时候，对于农人早已施行极端苛暴的专制政策；战争绵延，诸侯之国力必致极其衰弱，而农人们必致喁喁望大君主之救助与保护。由此，君主专制政治（或是有限的或是无限的）乘势盛兴，多方利用诸侯间之冲突与战争而愈益扩张其威权与势力。有时各诸侯为势所驱，不得不弃嫌寻好，联合以抗君主；至此君主也不得不有所联合以制诸侯。然则联合谁呢？只有联合各个独立自主的城市（见上篇第十三章）。

各个独立自主的城市，在本地封君的压迫和连续不已的战争情况之下，早已自行武装，形成为小小的共和国，就是所谓自由市府或城市国家。城市国家因为抵制本地诸侯的压迫，所以也愿意与君主携手，而直接纳税于君主。城市共和国的主体，是由制造业起家的第三阶级。在制造业发展的全时期中，第三阶级（即后来的大资产阶级）在君主与诸侯的政治争斗里面成为举足轻重的要素，而各大君主专制政治国家之隆盛，即系倚靠第三阶级为柱石。但是大工业与世界市场不停的开拓，资产阶级的势力不停的扩张，于是君主又不得不与诸侯联合以压抑资产阶级而永续其命运。由此，资产阶级的革命到处爆发；结果，到处都由它独占了政权而组织近世代议制的国家，近世代议制的国家，实际不过是资产阶级一切事务的行政委员会；资本主义发达到最高度的时候，便变成为帝国主义的国家，为全世界无产阶级和压迫民族之恶敌。

第八章　氏族与国家之兴替

我们在以上所述伊洛葛，希腊，罗马和日耳曼四大特例中，可以追踪氏族社会之所以存在及其如何解体之行程。据我们所具有而经判正的考证：氏族社会产生于野蛮时代中的中期；发达于野蛮时代的高期；到半开化时代的低期已达其繁盛之极点。所以我们不妨认此为进化阶段之起点。

伊洛葛人的氏族，最与吾人以说明之方便，因为我们仅得在此处发见完全发达的氏族社会。一种族是集合几个氏族而成的，原始的氏族人数增加的时候则分出一列姊妹的氏族，而母氏族遂成宗族之形态。种族的本身又滋乳为若干种族，此若干种族之大部分便是从前的老氏族。更

进则有种族之联合，至少在某几种情形中，几个亲近的种族，有一联合的组织。这种简单的组织是完全适应于产生它的社会条件的。这种组织不过是自然凝结起来的；在它的内部不能发生后世社会的一切冲突。至于外部的冲突（战争），在这种简单的组织遇之亦容易解决；因为全种族宁可灭亡，而决不降伏。这种简单的组织既不需要统治权，也不需要奴属的地位。这固然一方面是氏族制度的宽大，而他方面也是氏族制度的弱点。在氏族社会里面还没有权利与义务的差别：比方分担一切公众事务，复仇，或容收外人，这是权利也就是义务；吃饭、睡眠、打猎是义务也就是权利；此等事情若还要请求或命令，在他们看来是很荒唐的。至于把种族或氏族分成为若干不同的阶级，在他们的社会里更不能有这样一回事。凡此都可引导我们来考究其各种秩序之经济基础。

这种社会，人口是极稀少的。在每个种族居住的地方不过相当的稠密一点；围着每个种族的住居有一带广大的猎地；其次有一个保护森林的中立地带，以为间别其他各种之用。此时的分工纯粹是自然的分工；换过说，此时只有男性与女性的分工。男子从事战争，渔猎，供给工具的材料，以及食物的原料；女子管理家屋、粮食，及做衣服烹饪纺织缝纫等工作。男女都是产业的主人：男子在森林里面，女子在家屋里面。男女都是自己所制造或使用的工具之财主：男子为武器和渔猎器械之主人，女子为家具之主人。家庭是众多的家族共同的；房屋、园圃和船只都是共同使用的共同财产。近世法学家经济学家应用于资本主义社会之"财产是劳动的结果"这句话，惟有应用于这样的社会才算恰当。

但是人们决不会永远停止在这样的程站里面。在亚洲的人们，他们最先发现可以驯养的兽类，然后捕野牛而畜之；每条牝牛每年可生一条小牛，并可供给多量的牛乳，由此畜牧之用大宏。极前进的种族如亚利安族和闪密的族，他们由训养家畜而入于游牧时代；牲畜愈发达，他们所散布与占领的地面愈远大。于是，这几个游牧种族便从多拉尼亚高原（亚利安族与闪密的族以前皆住在Touraniens）其余的野蛮群众中（在半开化的初中期之间）分离出去：这便是人类社会的大分工之第一次。

游牧民族不仅比其余的半开化人更繁殖，而且比其余的半开化人生产些不同的丰富的生活品。他们具有丰富的兽乳、兽肉，以及乳制品；此外还有丰富的兽皮、兽毛,以及大宗毛织物的原料。他们剩余的货物既多,于是物物交易开始成为常规的事业。在以前的时候,只有在同种族之间偶然发生一点交易的事情,所以交易不过是偶然的或例外的;但一到游牧种族从其他野蛮人中分离出去之后,各种族间交易的必要条件即已具足,故交易事业遂发展巩固而成为常规的制度。最初,种族间的交易,系互以其族长作经纪;但到了畜群开始成为私产的时候,个人的交易逐渐盛行,卒至成为惟一的形式。游牧种族和其邻近各种族交易的主要商品是牲畜,所以牲畜成为一切商品的价值标准之主要商品,到处都可用牲畜交换东西。简单一句,牲畜实代替了后来货币与现银的作用。这是必要的,因为在货品交易发达的开始,即迅速需要一种代替货币作用的商品。

园圃的耕种,是农业的先导,在半开化初期的亚洲人或者还不知道,他们迟到半开化中期才发明这种产业。多拉尼亚高原的气候不宜于畜牧生活,因为没有刍秣以度长久而严寒的冬天;所以亚利安人和闪密的人只有率其畜群而他去。可是此外对于谷类的耕种却具有天然的条件;黑海北方各荒原也是同样的情形。但最初人们不为豢养家畜而种谷类,后来才以之为人们的食粮。耕种的土地不用说还是种族的财产;复次分配于各大家族;最后才分配于个人。个人虽有某种限度的占有权利,但还不是固定的。

在这个时期的各种工业发明中,特别有两种是很重要的:第一是纺织;第二是镕矿与金属工作。铜与锡,及二者的混合物之镕制,是很重要的;因此发明一些铜制用具与铜制武器;但仍然不能代替石器而将石器时代取消;这样的事情惟有到铁器发明才为可能,然而此时的人们还不知道取铁与镕铁。金与银是已开始做宝玩与装饰品使用了,并且其价值已比铜属为高。

随着畜牧、农业、手工业各派生产的发达,人们的劳动力已能制造许多他们所从未曾有的物品以扩大其生活。伟大的生产力与每日劳动的总和同时增加,各氏族内渐渐感觉劳力不够。由此自然而然发生一种囊括一切新劳动力的志愿。但以什么方法来满足这志愿呢?便是战争。战争的目的在捕获俘虏;于是遂把战俘变成为奴隶。劳动生产力增加,所以

财富也增加。第一次社会的大分工既扩大了生产的范围,到了一切历史的条件具足的时候,必致产生奴隶制度,乃是毫无疑义的事。所以我们可以说,由第一次社会的大分工产生了第一次社会阶级的大分裂:即主人与奴隶,掠夺者与被掠夺者。

种族或氏族的共同财产,在什么时候以什么方法变为各家长的财产?这样的问题,直到现在我们还不能十分明白;然这种变化,大旨应当在这个时期才得产生。这个时期,随着畜群与一切新财富的发展,家族中业已起了一种革命。男子的地位莫不是利益的,由他制造的必要工具与物品,都是他的财产。家畜更成为利益的新方法,开始的驯养,复次的看管,都成为男子的事业。牲畜属于男子,也就是商品与奴隶属于男子,他们可用牲畜交换奴隶。总之,一切利益可以使全生产归于男子;妇女不过随着男子享受罢了。

以前野蛮的战士与猎夫,常以在家中居于妇女之次位忻然自足;现在温良的牧人则不然,他们以财富自雄而居于第一位,贬谪其妇人于第二位。从前家庭的分工即已规定了男女间财产的分配;现在分工虽然还是一样的,可是分工的状态已变更了。从前妇女以专执家庭劳动而树立妇女在家庭中的优越地位,现在妇女以专执家庭劳动而树立男子在家庭中的优越地位;并且男子生产的劳动愈重要愈发展,妇女的家庭劳动即愈被其隐灭而居于不重要的附属地位。由此可知妇女解放与男女平等地位的意义,若妇女仍被排除于社会的生产劳动之外而专审在私人的家庭劳动之中,乃是绝对不可能的。妇女解放,惟有当她能参与广大范围的社会生产而家庭劳动缩小至于最小限度的时候才为可能。这样的条件惟有在近世的大工业里面才能实现,近世的大工业不仅容许妇女劳动于广大的范围以内,而且显然要求妇女参与,并有渐渐使私人的家庭劳动变为公众事业之势。

男子在家庭中的实际权威,最后扫除了一切与之反抗的障碍;这种男性的绝对权威更由母权倒霉父权行世(在由对偶婚变到一夫一妻制的时候)而益加巩固。这种变化又于氏族的旧制度之内生了一个大破绽。由此私人的家庭成为一种势力,并崛起向氏族社会示威。

极迅速的进步,引导人们到了半开化的高期,当此之时,一切已开化的民族都经过所谓英雄时代：即铁剑时代时，也可说是铁犁铁斧时代。人们既有了铁器，遂成为一切重要原料之主人，自金属以至地苹果这些极重要的原料，在历史中实占了一种革命的地位。铁可以开拓极广大的农业地面，与森林地带；而给劳动者一种极其坚硬与锋锐的利器，其坚硬锋锐为一切石器与其他金属工具所不能抵挡。但铁器并非起初就有这样的程度，也是渐渐才有的，因为最初的铁比铜还更软。所以石器要慢慢才归消灭；石斧不仅在伊尔德伯郎的歌谣中发见，在一〇六六年哈斯丁的战场中还出了面。但这种进步不断的进行，他的态度是很激急的。

由村落变成的城市，现在已包围于石头砌成的城墙之中，城墙上面有些钟楼；城内的房屋也有石砌的，也有砖砌的。这样的城市是一个种族或几个种族联合的集中住居。这样，一面是建筑术的重大进步，别面又是危险与防护的需要增加之表征。财富虽增加得快，但是在个人财富的形式之下增加的。纺织、五金工作，以及其他手工业皆逐渐的专门化，使生产事业愈完成而愈驳杂。农业于谷类外又能供给菜蔬与果食，以及多量的油与酒。劳动既复杂，势不能以一人之身兼做各事，由此手工业与农业分离，遂完成人类第二次大分工。

生产和劳动不停的增进，自然会把人类劳动力的价值增高起来。奴隶在以前的时候不过为偶发的新生的事态；现在成为社会制度主要的要素。此时奴隶再也不是简单的助手了，乃成群结队的领到田原或工厂中去做工作。

因为生产分成为农业与手工业两大支，于是生产根本变更其性质：从前是直接为消费而生产，现在是直接为交换而生产。商品生产，就是由此产生出来的。随着商品生产而来的便是商业，此时商业不仅行于种族内部与各种族之边界，而且行于沿海各岸。然而商业还未充分发达；贵重的金属才开始成为货币商品，虽然渐渐有推行普遍之势，但是人们也还不知道加以铸造，他们不过是按照其重量以为交换。

由新分工的结果，又惹起新社会阶级的分裂。所以于奴隶与自由人的差异之外，又发生贫富的差异。因为各家长的财富之不均，遂破坏了从前共同耕种的集产村落社会。耕地开始分属于各个家庭，复次完全为各个家庭所永有。私有财产之渐渐完成，是与对偶婚过渡到一夫一妻制并

行的；家庭至此遂开始成为社会的经济单位。

此时人口已比较稠密起来了，对内对外不得不建立更密切的关系。于是若干血统相近的种族之联合，到处成为必要；几个联合的种族不久便把他们各自的土地合并起来而成为一个民族的土地。于是每个民族的军事首领——或叫 Rex 或叫 basileus 或叫 thindans——也成为必不可少的永久官职。由此更要产生人民会议，——这是以前还没有的。军事首领、议会、人民会议，都是氏族社会向军事的民主政治进化的表现物。因为战争频起，军事的组织必然成为民族生活的常规职务。

邻近种族的财富，足以惹起最初以掠夺为业的贪欲。他们都是半开化人，掠夺在他们看来是很容易的事，并且以为比较劳动之所得更为可贵。战争在从前不过为复仇，篡占或扩张土地时用之，然而并不多见，现在则专成为劫掠事业的家常便饭。城市的周围从新建筑城墙，也不外是向氏族社会示威：城壕无异是给氏族社会掘了坟坑，城楼无异表示其高度已达于文明。劫掠的战争足以增高军事首领的权力以及内部首领的权力；后继者的选举，渐渐习惯于同一的家族之中（尤其是父权采用以来），最初还不过是一种宽大的世袭的状态，复次是公然宣布，最后是公然篡立；世袭的王政和贵族政治的基础是从此树立的。

氏族政体的各机关，渐渐拔出其根基于人民，氏族，宗族和种族之中，而政体的全部是颠倒的：即种族的组织系以自由管理其事务为目的，而氏族政体反成为以劫掠与压迫其邻人为目的的机关。氏族既照着这样的目的进行，于是它的一切机关再也不是民意的工具，而成为统治人民与压迫人民的独立机关。但这种变化，若不是氏族内部划分了贫富两阶级，是决不会起来的。

至此人们已入了文明的门户了。文明的门户是由分工的新进步洞开的。在半开化初期的时候，人们不过直接为自己的需要而生产；纵然也有几种交换行为，不过以其剩余的货物偶尔为之。在半开化中期，游牧民族中已发见一种家畜的财产，家畜繁殖成为大畜群的时候，剩余货品遂能有常规的供给。同时游牧种族与落后种族分工之结果，产生两种不同的生产程序与单位，至此常规的交换条件即已具足。到了半开化高期，又产生一种农业与手工业的大分工，由此直接为交换而制造的物品不停的增加，并且促进两种生产者之间的中间人的地位，使之跻于社会生活的必要行列。文明不仅巩固并且增进一切已经存在的分工，特别是增进城市与乡村间的抵抗，因为乡村的经济常常为城市所支配。此外更有可注意的，便是文明降临，又增加了人类第三次的大分工。这个分工是什么呢？是创立了一个再不从事于生产而专门从事于交换生产品的商人阶级。

以前惟有生产能决定新阶级的形成；参与生产的人不过分成为管理者与劳动者。现在于以上两个阶级之外，又出现一个决不参与生产而能在经济上普遍支配生产并隶属生产者的商人阶级；这个阶级成为两种生产者之间必不可少的中间人，而彼此都由它剥削。商业的口实是解除生产者的各种困难与危险，而把生产品推销于极远的市场。商人在生产上似乎为极有益的阶级；实际，他乃是社会真正的寄生虫，专赖居中操纵赢得最重要的财富地位，而其最后对于经济生产上的贡献，不过是惹起一些定期的商业恐慌。

商业发展到这个阶级的时候，实际还幼稚得很，当然还没有达到上述重大的事体。然充其发展之可能是必然要达到那样地步的。由商业的发展，又产生金属的货币；铸造的货币渐渐成为不生产者用以操纵生产与生产者的新工具。谁是生产世界的主宰，谁执一切众生的命运？就是执持货币的商人。这种地位是由现银的铸造确定了的。自从现银的妖魔出世后，一切商品以及一切生产者皆五体投地俯伏于他的前面。一切别的财富的形式，逢着这个妖魔的面孔，莫不相形见绌而成为听命惟谨的贱货。这个妖魔虽然还在初生时期，然"自从盘古开天地"以来，从未见过一种这样凶神恶煞的势力。现银于商业盘剥之外，又成为高利贷借事业的母亲。后世再也没有同上古雅典与罗马高利债权者蹂躏债务者的法律之残酷；然这样残酷的法律，在以上两个地方都是自然产生的习惯法，除了经济的必要外，没有别的强制力使之发生。

不但如此；此时于商品、奴隶和现银的财富外，又出现一种土地的财富。从前由氏族或种族一份一份分配于个人的土地权利，现在巩固为世袭的财产权。最后他们公然宣布这种分配法于他们为一种束缚；他们努力将这束缚解除，于是土地遂成为他们的新财产。这种新财产的意义，不仅是完全无限制的具有，而且可以自由买卖。以前土地还以氏族为地主

的时候，出售是决不可能的。现在新地主完全把氏族或种族的束缚取消，自己为直接的地主并且把以前氏族人员和土地不可分离的关系完全打破。这种变化也是因为现金出世：土地一面成为暂时的私有财产；一面成为可以贩卖得利的商品；再则以土地为抵押品的方法又已发明。抵押制之接着土地财产而起，也如卖淫制之接着一夫一妻制而起是一样的。

随着商业、现银、商利借贷、土地财产和抵押事业的膨胀，财富积聚并集中于极少数的阶级之手；同时民众的贫困与贫人的数目也飞速的增加。财富的新贵族阶级，到处都把从前种族的贵族推倒而使之落于贫民的地位：如在雅典、罗马，以及日耳曼都是一样的。于是自由人又按照财产分成为几个阶级；特别是在希腊，自由人变成为奴隶的数目异常增加；奴隶的强迫劳动，是当时希腊社会一切建筑物的基础。

现在可注意的是氏族社会中猝然而起的革命的进行。新生的各种要素，氏族没有力量可以管束，氏族社会最重要的条件是个氏族或一个种族的人员都要固定的集居于同一地方。这样的事情，许多年以来已经终止了；到处的氏族和种族已经混合了；到处的奴隶、居留客、外人，都杂居于市民之中。氏族社会之固定，不停的由频繁的迁移，住居的不定，贸易的转徙，劳动的变化，以及财产的升降而动摇。氏族的人员从此不能集居以株守从前共同的事务。他们再也没有空间来从事于那些不关重要的事情，如各种宗教的祭节等等。从前适合于保卫各个成员的需要与利益的氏族社会，至此因为劳动关系的革命和社会关系的变化，不仅于氏族社会的旧秩序以外发生一些新利益与新需要，而且这些新利益与新需要是完全与氏族社会的旧秩序直接冲突的。

由分工的结果，各种各色的手工业者组合一些各为其行业利益的团体，又产生一些城市的特别需要，这些都是与乡村的利益及需要相反的，必然要求设立些新的代表机关；结果，果然设立了。但这些团体的每一个，都由一些属于不同的各氏族各宗族或各种族的人员组成的，就是外国人也包括在内。这些新的代表团体都是形成于氏族以外的，最初是与氏族社会并立，复次是反对氏族社会。并且每个氏族组织的内部莫不轮流发生利害不同的冲突；这种冲突，因为集合贫人与富人，债权者与债务者于同一氏族或种族里面而达于极点。由此驱使大批新的平民群众，与氏族组织以外的人们结合成为一个地方的势力;而仍然留在氏族行列以内的人们自然不很多了。氏族组织,此时在群众看来,乃是一种特权的关门的团体;原始的自然的民主政治,现今已变成为可憎的贵族政治了。一言包括,氏族制度乃是从没有阶级抵抗的社会产生的,乃是从原始的共产社会产生的,除开公意以外,没有别的强制方法;现今经济情形既已根本变化,自然一切都要革故鼎新了。

但是按照新的经济条件的总和刚在铸成的新社会,它开始便把人们划分为自由人与奴隶,富的掠夺者与贫的被掠夺者。这样的社会不仅不能调和阶级抵抗,反而使阶级抵抗愈增严重而达于极端。这样的社会只有借着不停的公开的阶级争斗才能存在;或者统驭于公然建立在阶级争斗和利害冲突上面的第三种势力之下,而任对抗的阶级在经济地位上作所谓合法的争斗。氏族社会的生命已经过去了;它由分工——把人们分成为若干阶级——完全破坏了;于是国家乃代之而兴。

由以上各章看来,建立在氏族废址上面的国家,可以得到三种主要的形式。雅典的国家是直接由氏族社会产生的,其时氏族社会内部所发展的阶级抵抗显然可见,故雅典的国家形式为最完全,并且最古典。其在罗马,当时的氏族社会业已成为闭门的贵族政体,其中多数的平民负担各种义务而被排除于各种权利之外;等到平民胜利的时候,遂破坏氏族的旧政体而建立国家于其废址之上,不久氏族的贵族与平民遂混合了。至于战胜罗马帝国的日耳曼民族,他们的国家是直接由于征服外国广大的领土而其原来的氏族制度不足以资统驭产生的。因为这样的大变化是由征服事业引起的,所以旧的氏族社会里面既没有起严厉的争斗,也没有起完全的分工;又因为战败者经济发达的程度与战胜者经济发达的程度几乎相同,并且旧社会的经济基础尚是存在,所以氏族还能在马尔克的形式之下维持几百年之久,并且在某几个时期,氏族的面目反觉返老回童。

所以国家完全不是社会以外的强制权力;更不如黑智儿所说是一种"道德理想的实践"或"理性的实现与想象";他乃是社会进化到一定程度的产物。当社会分裂为几个不可调和的阶级抵抗与经济上发生利害冲突的时候,社会自身不能克制或医治这些冲突与抵抗;然而这些冲突与抵抗决不能自作自息;社会无穷的罹受这些无益的争斗,便自然而然要

求一种显然统治社会的势力来平息各种冲突而纲维一切于"秩序"的界限之内。这种势力是由社会产生的,但是建立在社会上面,并且渐渐与社会隔离。这种势力是什么呢?就是国家。

以国家和氏族社会的旧组织比较起来,国家的第一种特性是按照地域以分配其组成分子之人口,简单说,便是以地属民。从前的氏族社会则不然,它的组成与维持,完全由于血统的关系以及团居于固定地方之感情;然而这样的事情,许久以来已不存在了。土地是不能移动的,但人们是可以移动的。自从人们知道划分行政区域,于是便任其公民各在所居之地以行使其权利与义务,而与氏族或种族全不相干。隶于国家的人民,按照地域为组织,乃是一切国家的通性。这种组织,在我们现在看来,好像是自然的;但在当时不知经过几许长期的困难与争斗(如在雅典与罗马)才得取到旧的种族组织之地位。

国家的第二种特性是所谓公共势力的组织;这种公共势力并不是直接从以前民众的武装势力而来的。然而这种公共势力(实际是特殊势力)却是必要的,因为自从阶级分化以来,民众自然产生的武装组织已成为不可能之事。平民的最大多数业已成为奴隶;比如雅典的奴隶有三十六万五千人,而成为特权阶级的公民不过九万人。雅典民主政体的武装人民,乃是对付奴隶的贵族阶级的公共势力,用以看管奴隶的,就是对于一般公民也须设立巡警去管束。这种公共势力,在一切国家中都是存在的;这种公共势力不仅有些武装的军人,而且又有些物质的附属物,如牢狱和法庭之类,——这类东西都是氏族社会所没有的。这种公共势力在阶级抵抗还没发达的社会尚不十分重要;但在阶级抵抗发达到极点的国家,以及近代竞相侵略其邻国与弱小民族的资本帝国主义的国家,这种公共势力的扩张与准备,乃有覆灭社会全人类以及国家的本身之趋势。

为维持这种公共势力,于是公民对于国家要负担租税的义务。租税,在以前的氏族社会是完全不知道的。后来随着文明的进步,租税还不够开支,国家乃创立所谓国债而发行公债票。国家既有公共势力与征收租税的法律,于是由社会设置的官吏便高居在社会上面了。

国家是由于控制阶级争斗的需要产生的;但它的内部又产生一些阶级争斗。照普遍的定律说,国家乃是在经济地位上极占优势的阶级的机械,这个阶级借着国家的设立又成为政治上的支配阶级,并且由此又造成一些掠夺被压迫阶级的新工具。比如上古的国家乃是奴隶所有者用以控制其奴隶的工具;封建的国家乃是贵族阶级用以隶属农人的工具;近世代议制度的国家乃是资产阶级用以掠夺工钱劳动者的工具。然而也有例外:当两个阶级的争斗均衡不相上下的时候,此时的国家好像暂时独立于彼此之间而现出中立者的面目。比如十七世纪和十八世纪的君主专制政治,乃是建立于贵族阶级和资产阶级的均衡之上的;法兰西第一拿破仑的帝政和第二帝国乃是建立于利用无产阶级以反抗资产阶级和利用资产阶级以反抗无产阶级的背影之上的。这一类的最近产物,就是俾斯马克式的德意志新帝国,也是建立在资本家和劳动者彼此争斗的均衡上面的。

历史中所有的国家,其给与公民的各种权利都是按照其财产为等级的;由此便可公然证明国家是一种保护有产阶级以对付无产阶级的机关。如雅典和罗马的国家,其给与公民权利的等级都是按照其财产规定的。在中世纪封建的国家里面也是一样的,封建的政权是按照土地财产为分配的。就是在近世代议制的国家里面也还是一样的。然而这种财产差异的政治面目并不是表示国家进化程度之高,反是表示国家进化程度之低。较高的国家形式是民主共和,——这在近世具有的各种社会条件中已逐渐成为必然的产物,并且在这种国家形式下只能激起资产阶级和无产阶级最后的争斗。民主共和已不能公然承认财产的差异了。

在民主共和国中,富人只以间接的方法执行其势力,但也是极有力的。一方面是官僚贿赂政治的形式(如美国),别方面是银行与政府联合的形式。这种联合是随国债的日益增加,生产和运输等社会行为日益集中而完成的。美国以外,法兰西共和国又是一个显著的例;就是小小的瑞士也是一个例。但也有资本与政府虽然亲密联合,其国家形式却不必须要一种民主共和的招牌,而普选程度已达于较高之点,如英如德皆在此例;并且资产阶级即直接借普通选举以行其支配。许久以来,被压迫阶级因为自己解放的程度还未成熟,所以它只得承认现社会秩序是惟一可能的,并且自己形成为资产阶级之极左翼。但是它到了自能解放的时候,它便会以自己的代表(非资本家的代表)组成它自己的不同的政党。所以普通选举在现在国家里只可给劳动阶级作一个自觉程度的寒暑表,此

外更不能并且决不能有所进益了。然而在资产阶级民主政治之下,只要如此也就够了。到了恰当的时候,无产阶级起而征服政权,则无产阶级民主政治所达到的沸度必比资产阶级民主政治为更高。

是故国家不是永远存在的。在它所从出的远古的氏族社会里面并没有国家和政权的意义。经济发达的程度到了自然惹起社会阶级分裂的时候,才由这种分裂形成国家的必要。现在生产发达的程度已使我们大踏步的接近了这样的时代:即阶级的存在不仅不必要,而且成为生产上的大障碍。阶级必致于消灭也和其必致于发生一样。随着阶级的消灭,国家也必致于消灭。到那时候,社会将从新组织于生产者自由平等的和有组织的生产基础上面,而将全副国家机关移置于上古的博物院,使之与手纺车青铜斧并排陈列。然这不是一朝一夕可做到,要待世界无产阶级革命后才能做到。

第九章　各种政治状态与经济状态之关系

氏族社会之政治形态,吾人于伊洛葛已可概见一般;伊洛葛的政治形态,乃是原始民主政治之完全典型。这种形态,完全是伊洛葛人经济状况的表现:生产者均是生产品的主人,收入状况全然相等;这部分人不得掠夺别部分人;这部分生产者不得凌驾别部分生产者。因为经济上没有分成阶级,所以也没有阶级抵抗,自然不需乎专制的集权的政治。劳动的共同,除却自然强制之外,决不需要任何人为的强制力于其间,所以经济关系的常态常能按照自然的秩序而发展,人们的关系也能完全确保其自由。

在村落集产时代,村落即成为经济的自治团体。比如日耳曼人的马尔克,耕作者仍是共有其土地,共同其劳力,完全立于平等制度之下。这种经济平等的结果,政治的平等必然与之相适应。所以全氏族人员都能参与人民会议,为马尔克之最高权力机关,播种和收获时日的规定,酋长和各种职员的选举,税额的平定等事项,都由这种会议决定;决定之后,人人都有服从的义务。这种自治团体不仅未与社会分离,并且为有组织的社会之本体;共同政权,实为当时共同劳动和共同经济状态之反映。

马尔克法律一面具备共同主权之体制,一面欲使劳力效率增高,对于人员的自由略有几分约束。然这种约束,完全本于生产上之必要,不仅使孤立生产者归纳于共同生产团体,并使共同生产团体足以强制其所属人员,俾有效之共同劳力得以充分发达。组成分子的自由,虽略受几分限制,然而并非出于上层阶级之权力,其目的亦非违反各个人员的利益。共同的意志是由各个人员形成的,各个人员即为这种意志之一份。一言包括,不外为生产者保护自己之利益,而自愿服从这种限制。故在这种社会组织之下,由经济的平等,产生完全自治的制度。即如印度村落之酋长,他行使专制权威的时间,只限于生产时间,即村落居民从事于渔猎耕稼的时候,这也与马尔克的强制同一理由。

共同劳动,为原始共产社会和村落集产社会的基础,这种社会与共同财产制相终始;私有财产制出世,这种社会即归于湮没。私有财产的派生物,第一是阶级,第二是国家。它所及于政治组织的影响,首先是破坏种族组织的编制而代以领地组织的编制。从此,国家的人民并不属于同一种族或民族,故领土日益扩大,人口日益增加。从前因为要使劳力结合于族制以内,故对于领土的扩张和人民的增加皆有严厉的限制;自此以后,这种限制完全归于消灭。

私有财产不仅使政治组织变化,而且使主权的性质根本变化。在集产制的自治团体——如马尔克,不过在一个村落或部落内具有一种组织的能力,此外完全与社会同为一体而没有区别;及私有财产制确立,政权集中于少数富人之手,国家遂与社会断绝从来关系,仅代表社会中一小部分人之利益,并且为最少数人用以压制最多数人的武器。故国家对于有产阶级和无产阶级之关系,显然划分为二:有产阶级居于支配和统治的地位;而无产阶级完全居于被压制的地位。国家的强制行为,对于有产阶级可以无限减少;而对于无产阶级可以无限增加。所以由此有产者及其寄生虫得以免除劳动的义务;而治人和治于人的大分工亦因而开始。有产阶级为保护并增殖自己的利益而创立国家,则国家对于最大多数无产的人自然要采取违反其利益之行动;所以国家的强制权力亦不可不强大。故自私有财产制设定之后,国家权力必然增加。国家权力增加,则其实质亦必变化,而成为有产阶级进攻退守之凶具。

豪富自握政权,故富即为权力之表现。通观私有财产演进之各阶段,莫不到处可以发见这种真理。每个时代的政权支配者,即为每个时代经济上的优越阶级:如上古希腊罗马之奴隶所有者,中世纪之地主,近世之资本家,莫不为政治上最高权力之阶级。

当私有财产初盛而国家还未创立的时候,管束奴隶劳动之全权,完全由各个财主之自主,各个财主欲取其财产之收入与谋其财产之增殖,即直接行使其个人的无限制的权威,初还不觉有团结其同等阶级之人以把持政权之必要。然一旦觉到奴隶人数之众多以及叛乱反抗之可畏,则国家之组织势必迅速促成,而财主个人的权力势必集中于国家的形式之下,使国家运用其阶级的权力以对付其奴隶。这类上古的国家,最初虽然是种族的贵族占优势,然不久即为财产的贵族所承继。通观上古的变化,在政治上常占优势的,完全是经济的主权。

中古的隶属制与上古的奴隶制很有差别,所以政治的组织亦远不相同。上古末叶,土地生产力衰退,奴隶制与束缚劳动者身体的方法,渐渐不能适用,所以隶属制代之而兴。隶属制是为救济衰退的生产状况与改良劳动情形产生的,所以比较奴隶制宽大温和得多。隶属制内,从属的人数虽然扩张(因为自由贫民的沦入),但其压制程度则较前大减。从前财主对于奴隶的身体有处置之全权,故得榨收最大的利润;在隶属制则不然,凡隶属者所受分配土地,对于地主只纳一定的租额,地主的收入是有限的,远不能如前此财主对于奴隶之尽量榨取。并且封建制度把主权分于个人,行使主权者非地主之全体,但为每个地方的地主。还有一层,地主亦不能专有其政权,必须再分与教会的僧侣及其所属的家臣。僧侣与家臣为维持封建制度之要素,既受收入之分配,又得政权之参与,故收入制度若有变化则政治主权也随着变化。

及至中世纪末叶,资本主义的生产方法迅速完成,隶属制度不能适用,于是"自由劳动"始随着"自由贸易"等口号同时宣布。资本家以领有资本和生产手段之一事即可收得最大的利润,所以对于劳动者的身体无须具有什么主权。于是个人的主权复与财产关系分离,而再现团体的或阶级的主权之形式。然这种形式与上古的形式有一种重要的差异:上古须自由民才得享受政权,须有财产才得具有自由民的资格,即财产自由和政权成为三位一体的东西；近世则不然，法律上的平等自由无关于财产，而具有这种资格之无产者亦无关于政权之实际。上古制度，法律之上自由与财产有密切关联，而阶级的主权之分配亦包含于其中。然至近世，法律上之自由早已与财产的差异分离，最大多数具有平等自由资格的无产者实际不能参与政权，故政治主权实归资产阶级及其不生产的劳动者（资产阶级的政党、律师、新闻记者等等）所独占。资本家无须以个人的主权来维持其收入制度，故主权形式不如中古之单独的享有，而为阶级的享有，这完全是由经济事实决定的。

奴隶制和隶属制时代，财主和地主得依当时生产制的便利，免除其蓄财经营之俗累，可以全力从事于国家事务。如希腊罗马诸州之家庭经济，生产上若不遇特别刺激，则财主或地主无使用其智力于私事之必要，因此，他们遂以政治生活为其毕生行为之目的。所以上古世界不视公民与国家为一体，即说人们为政治的动物。近世工资制度则不然，资本家须以全力经营其生产事业商业机关或银行机关，决不能人人直接行使政权，其行使政权的方法只有借着他们所豢养的政党去执行，这就是近世代议制盛行的原因。

这样看来，经济和政治组织之关系约可分为四期：在原始共产时代，经济为共同连带性质，故雏形的政治组织全然为共同的形态；奴隶制度时代，自由人对于政治上的共同连带仍视为生存必要条件，不过范围只限于富人阶级而非全民族；封建时代，政治的组织，除却自治城市之政治连带外，纯然以个人主义为其特征；至于近世资本主义时代，经济上纯为个人主义，政治情形也完全与之相适应。

在奴隶制和隶属制之下，财主和地主都可致力于公众事务，故代议制决不能发生。及近世工资制成立，资本家经营生产与行使政权，二者势难兼顾，所以必须设立代议制。故工资制开始之英国，同时又为代议政治之先导。英国议院政治实行许久，德国始废古昔的族制政体而采用代议制，因为德国的大工业发达很迟。由此更足证明政治组织完全随着生产机关之变化为变化。

财富的收入，大别有地租和利润的区分。由此区分常使权力阶级分裂为二，而形成利害各殊之二政党。代表地租者常常反对生产的改良，故

形成为保守党；代表利润者常常认改良生产为其利益，故形成为进步党。这为经济的冲突必致发生政治的冲突之通例。政党的组成分子，即为不生产的劳动者。不生产的劳动者，在政治上具有很大的势力，支配阶级的各种收入，必须分割大部分于他们，以充他们的工资。

不生产的劳动者外，还有不生产的资本（如银行资本等）。不生产的资本于资本收入之存在与扩张，具有极伟大之作用；所以不生产的资本在政治上也占有极重要的地位。资产阶级虽间接于议院表现其"民意"，然单靠这样还是不够，乃更进而直接操纵行政机关，其惟一手段在通气脉于银行与政府的财政部之间，阴为不法的勾结，使政府愈感依赖银行之必要。不生产的最好标本莫如公债，发行公债可使政府于若干时间无须加课新税而免议会之控制。美国不生产的资本对于政府的权威比欧洲更为伟大，银行和铁路公司的代理人常常在议院休憩室里面横冲直撞，对于其收买的议员施行不可抵抗的威力；党人俯伏于不可思议的资本势力之前，一言一动莫不听其指挥；所以立法行政二部完全为资本家颐指气使的机关。

不生产的劳动者在政治上的势力与不生产的资本同其重要。在某一时期，不生产的劳动者得丰厚之收入，则在政治上对于支配阶级必尽其忠诚之义务，而对于被支配阶级亦与以几分宽大，以减杀其不平之气，故其政绩特别显著。例如中古之僧侣，为压制并调剂农奴社会以确保封建财产之必要人物，故特占重要地位：不仅得享收入，而且得享政权之分与，以调节或操纵于农奴与地主之间，使封建制得永续其命运。其后宗教与国家起有趣之纷争，即因全般收入减少，地主要谋收回其已经给与之利益，而在僧侣则乘权仗势，更要求特权之增加。及入资本主义社会，僧侣既非保护资本财产之要具，所以其经济上之地位与封建制度同归破灭；由此资本国家的雇员、官吏、律师、新闻记者、医生、文学家等所组织的新团体或政党即代之而兴。这类不生产的劳动者，当着动产与不动产冲突之时，或阶级争斗严重之时，则其所处地位愈益重要；然若其所从来拥护之财产制度和生产关系已达末运，而其收入大大减少，则经济上之恐慌必致政治上之恐慌，经济上之破产必致道德也要破产：这类不生产劳动者必翻然变计，离叛其故主而与被压迫的反抗阶级携手以革旧制度之命。

此如上古之门客、中古之僧侣,以及现代一部分极进步的智识阶级和自由职业者之投入无产阶级的阵线,皆其明证。

当氏族制度、奴隶制度和封建制度成为人类生产力发展之障碍的时候,也就是他们临终的时候;这种时候现在又轮流到了资本主义的社会。资本主义的大生产,不仅为将来共产主义社会准备了各种必要的经济条件,而且为它自己养成了最大多数的掘墓人——近世无产阶级。无产阶级在资本主义社会多年的利用和训练之下,不仅增加了教育程度和管理生产的普通知识,而且形成了自己独立的革命的政党;所以它的双肩不仅担负破坏为资本主义所弄僵的社会,而且担负建设将来既没有私产又没有阶级和国家的共产主义社会。然其过渡必须组织自己的扩大的民主共和国家(如苏俄联邦制),以为破坏和建设之起重的机械。无产阶级民主共和国,为国家演进之最高形式,亦即为国家消灭前之最终形式。从此以后,人类将复为生产之主人而还复到自由平等的共产主义的广大而丰富的生活。然将来共产社会与原始共产社会有很不相同之异点:即原始共产社会建立在人类生产力极低的凹线之下;而将来共产社会则建立在人类生产力极其发达的水平线之上。

第十章　近世社会之必然崩溃

资本主义社会必然崩溃之理论,科学的社会主义之创造者在他们有名的著作中早已深明著切的阐明了;兹之所言,惟限于最近现象之事态。

资本主义发达到二十世纪的初年,全人类五分之四以上已成为最少数资本家的奴隶(或为工钱劳动者或为殖民地半殖民地被压迫的民族)。各国资产阶级因为生产的过剩和紊乱,早已准备异常强大的武力以争夺殖民地。一九一四到一九一八年的第一次世界大战爆发,世界形势急转直下入于革命时期,而资本主义社会一切平衡的基础遂根本动摇而濒于破产。今试首述战后欧洲经济状况之衰颓:

战前交战各国财富之总和为二万四千亿金马克;每年生产收入之总和为三千四百亿金马克。大战之耗费为一万二千亿金马克,恰好等于交战各国财富总和之一半。大战中,交战各国每年收入之总和减少三分之

一,即每年收入只达二千二百五十亿金马克。总括一句,战后交战各国财富之总和,由二万四千亿减至一万六千亿,即减少了三分之一。不但如此,各国于战费外,每年消费之总和约占每年收入百分之五五;而战费每年又短少一千亿。大战四年,各国共计短少之收入为四千亿,短少战费亦为四千亿,两共合并短少八千亿金马克。

然则用什么方法来弥补这八千亿短少之开支呢?只有提取生产资本而置生产机关之改进事业于不顾:其方法便是大大地发行纸币与公债,国家借此吸收各地的现金而耗之于战争。国家开支愈多,即现金耗费愈甚,亦即纸币堆积愈多。各种名义的债票充斥市场,外貌好似国家财富异常增加;实际,经济基础日益衰弱动摇而濒于破产。各国国债由大战增到一万亿金马克,约占各国财富总和百分之六二。

战前各国流通纸币与各种信用券仅二百八十亿金马克;战后则增至二千八百亿,即增加十倍。由此金本位制完全变为纸本位,而入于所谓虚金资本时代。信用券、国库券、各种公债票和银行券等等,一面代表死资本之回忆,一面代表新资本之希望。

为生产事业而发行公债,与为战争而发行公债,性质显然不同。战债愈多,即票额实价愈跌落而渐等于零。资本家保留千百万纸币于其口袋,作为国家之负欠;千百万现金皆耗毁于战争而不复存在。然则债券之执持者还有甚么希望呢?若是法国人,只有希望法政府向德国连皮带血的挖取几百亿以偿还其债项。然德国愈加毁坏,即全欧资本主义愈不能复苏。

战时及战后,资本家及制造军需品而获巨利,但于生产机关之改建则甚为漠视,这在城市房屋问题中便可看出。他们只将破坏不堪的房屋分配于工人,而不建筑多量的新房屋。房屋的需要,在战后是很迫切的;但这种必要工程竟因普遍的穷困而完全停止。资本主义的欧洲,在现在与将来的长时间中,不能不缩小其活动的范围而使劳动者的生活降于水平以下,亦即使生产力降于水平以下。

现在再就各国情形,分别言之:战前德国全国财富为二千二百五十亿金马克;每年收入为四百亿金马克。现在全国财富不过一千亿金马克,收入不过一百六十亿,即不过战前收入百分之四十。德国现在的国债为二万五千亿,超过其财富总和之二倍半。到一九二一年,德国纸马克已达八百一十亿之多,所以纸马克跌得一文不值。工商业状况表面虽呈旺盛之势,而资本蓄积极其低减,劳动生产力极其衰弱。资本家因为要使他们的商品廉于英法的商品,所以极力减少工钱增加时间,而他方面又抬高国内的物价;所以工人及一般人民的生活异常穷困,而生产力亦因而极其衰弱。德国资本主义已完全达于破产地位,而莫可救药了。

法国因为战胜的关系,资本主义之衰颓比较德国虽略胜一筹;然农业生产和煤铁生产皆比战前衰落。一九一九年法国商业上的入超为二百四十亿,一九二〇年为一百三十亿。两年间的入超共计为三百七十亿,法国资产阶级在战前从未遇过这样可怕的入超数字。

战前法国纸币为六十亿弱;到一九二一年加到三百八十亿以上。金佛郎价格,在英国市场上不及战前四分之一,即此已可看出法国的财政降至何等地位。现在法国经常预算增至二百三十亿佛郎,其中百五十亿是付国债利息的,五十亿是维持军队的。法国政府加此严重负担于人民身上,实际抽得之税不过百七十五亿。故法国财政异常困难,不够偿付国债利息和维持军队之用。然占领军费在一九二一年已超过五十亿以上,战区修复费亦达二百三十亿之多。所以法国财政的出路只有遮掩的破产(无限制发行纸币)和公开的破产之两途。

英国在大战初期颇发了财,但到第二期开始失败。大陆与英国的商业关系已由大战打断,英国在商业上财政上都受莫大的打击。加以战费浩繁,经济日趋衰落,劳动生产力也大大减低。商业不及战前三分之一,某几派重大工业更受影响,所以失业人数常在五六百万以上。主要产业的煤矿,一九一三年有二万八千七百万吨;一九二〇年只有二万三千三百万吨,即比战前减少百分之二十。铸铁在战前为千万吨以上;一九二〇年只八百万吨,亦比战前减少百分之二十。一九一三年输出煤额为七千三百万吨;一九二〇年只二千五百万吨,仅及战前三分之一。

英国国债,在一九一四年八月一日只七千一百万金磅,在一九二一年六月四日增至七万七千万以上,即增加了十一倍。预算也增加了三倍。

英国经济的衰颓,又可于金镑的价格中看出。战前金镑在世界金融市场上居第一位,为全世界金融之主人;现在完全被美国洋钱夺去其地

位,它的价格比战前低减百分之二十四。

以上所引种种数字,足够证明全欧资本主义之衰颓。交战各国,以奥国为痛苦之极点,而英国则处另一极点(然犹如此)。德国介乎两极点之间;巴尔干各国则完全破坏而退到农业经济与半开化时代去了。欧洲收入总额至少比战前减少三分之一,但这还不算最重要;最重要的是生产机关之根本破坏。现在农人再也得不到化学肥料与农业机械;矿局只愿意煤价抬高,而不改良矿业机器及工人生活状况;火车头的储藏业已虚空,铁路之修复亦不充分。因而欧洲经济生活愈益衰落而莫能挽救。由此我们对于欧洲全般经济情形,可下一最正确的评语:即战后各国都是拿着它们根本的生产资本去供消费;生产机关的改善,因为资本平衡的破坏,国际间的冲突,和战争状况之莫可停止而永远归于不可能。

现在再看欧洲以外的美国,美国乃是大战中之暴发者。战前美国的输出物为农产品和原料(占总输出三分之二)。战时的输出异常增加,一九一五至一九二〇年的六年中,美国的出超总额约值百八十亿美金。同时输出品的性质也根本变更:工业制造品占百分之六十;而农业品和原料等仅占百分之四十。以下数字可以显明美国在世界中之经济地位:

美国人口占全球人口百分之六;面积占百分之七;金的出产占百分之二十;商船吨数占百分之三十(战前不过百分之五);钢与铁占百分之四十;铅占百分之四十九;银占百分之四十;锌占百分之五十;煤占百分之四十五;矾占百分之六十;铜占百分之六十;棉占百分之六十;煤油占百分之七十;米占百分之七十五;汽车占百分之八十五。现在全世界的汽车为一千万辆;而美国占去八百五十万辆,平均每十二人有一汽车。

美国生产力虽无限扩张,但因欧洲贫困,购买力减低,所以市场常感停滞之痛苦,失业工人在战后曾达八百万之众。欧洲做了美国的楼梯,帮助美国上了屋顶;但美国方在屋顶上趾高气扬的时候,楼梯已经腐坏拆断了。富足的美国与贫穷的欧洲隔绝,即世界经济的平衡完全破坏。现在综括世界资本主义正在崩溃之情况,约有下列之六点:

一、地域上的推广阻止了并且缩小了。以前资本主义之昌盛由于不停的推广殖民地及常常获得新市场;但地球面积有限,资本主义发达到今日已是无孔不入,亚洲、非洲的穷乡僻壤,都有了大工业国的商品;加以劳农俄国成立,占全地球六分之一的地方,已不是资本主义的范围了。

二、有些资本主义国家,回复到资本主义以前的经济状态去了。这种状态在中欧与东欧特别显著:因为纸币的跌落,农人渐渐回复到自给的经济状况,既不愿将其农产品卖于市场,又不愿买市场的商品,而以家庭生产自给;从前以现银纳税,现在以货品纳税,从前用货币交易,现在用谷物交易;资本不投于生产事业而投于不生产的投机事业。

三、国际的分工破坏了,世界经济生活的单位摇动了。比如美国从前是农业国,英是工业国,因有这种国际的分工,所以资本主义发达非常畅利。现在不然:美国由大战一跃而兼为工业最发达的国家,同时英国也高唱发展自己的农业;各大工业国皆极力恢复几百年前的保护政策,增加进口税(如英美税则之增高),以防外来商品之输入,巩固国内的市场;因而国际贸易额大减,国际经济的协作衰颓。

四、世界经济生活的统一破坏了。战后,资本主义的中心由欧洲移至美国;但以前欧洲的旧中心能借水陆交通,将高量的生产匀送于低量生产之各地,故世界经济生活常呈统一平衡之观;现在不然,因为国际经济的平衡破坏,中欧、东欧纸币的跌落,生产高的国家不能将其生产品匀送于生产低之各地,高量生产与低量生产遂失其调剂而分为两种半身不遂的经济状况。

五、生产减低,财富的积聚也减低了。战后,中欧、东欧完全破产,丧失其购买力。故工业恐慌,在英美特别显明,失业者常自二三百万至六七百万,所以生产异常减低,财富之积聚自然也要异常减低,这种状况在战败国更甚。

六、信用制度崩坏了。战前欧洲各国皆采用金本位制,纸币与金币价格相等;战后几乎完全变为纸本位,纸币与金币价格相差悬殊;国际间汇兑率尤为奇变,国际经济之平衡异常倾畸,国际交易也就异常衰歇。比如金价高的美国很难与金价低的德国做买卖,因为高价的物品只能换些一文不值的马克。

资本平衡是由种种事实,种种现象,种种复杂因数决定的。战前资本平衡建筑于国际分工与国际贸易之上:如美洲为欧洲生产一定数量之小麦;法国为美国制造一定数量之奢侈品;德国为法国制造价廉物美之日

常用品。然而这种分工决不是永久不变的，常因种种情形而决定。总括一句，世界经济是建筑于这样的事实之上：一切生产必多少分配于各国。现在这样事实，已归于不可能了。国际分工由上次大战彻底破坏了。

从前在各国中，农业是为工业品而生产的。反面，工业是为供给乡村需要并制造农具的。所以农业与工业之间有一定的相互关系。工业本身之内部，又有制造生产工具与日常用品之别。在这样分工之间也常常成立一种一定的相互关系。这样一种相互关系，常常纷乱，亦常常在一些新基础之上复建起来。

但大战把以上一切生产关系都破坏了：欧美及日本的工业都不大制造日常用品及生产机械，而专门制造破坏的工具。纵然多少制造点日常用品，但是专门供给破坏者——军队兵士之用。城乡间关系，以及各国工业内部之分工，也被大战破坏无余。

阶级的平衡是建筑在经济的平衡之上：战前，武装和平不仅存在于国际关系之间，而且存在于资产阶级与无产阶级关系之间。其方法即为权力集中之资本团体与权力集中之工团协订团体的契约。但是这种劳资间的平衡又由大战破坏了。于是全世界发生异常可怕的罢工运动。

在资产阶级社会中，阶级间的平衡是异常重要的，没有这种平衡一切生产都成为不可能。阶级平衡与政治平衡有密切关系。大战前及大战中，资产阶级借着社会民主党的帮助维持工人阶级于资产阶级平衡的范围之内，为的是便于资产阶级对外作战。但是这种平衡也由大战破坏了。

更进一步研究国际平衡的问题。这即是资本国际间的共存问题。没有这种平衡，资本主义的经济改造是不可能的。然而事实已完全证明其不可能了。

上次大战的爆发，便是因为生产力已觉到资本主义各大强国的范围太窄狭了。资本帝国主义的倾向就是要取消一切国界，取消一切关税，取消一切束缚生产力发展的障隔而占领全地球。这就是帝国主义的经济基础，和上次大战的总原因。

结果怎样呢？由凡尔赛和约的规定，欧洲的国界和关税比前更多，简直为前此所未有。现在欧洲建立了许多小国，一打一打的税关横过了奥匈的全领域。各小国都被禁锢于关税制度之中。这在经济发达的见地上说,乃是把中世纪的癫狂政策移到了二十世纪。巴尔干各国退到了半开化时代,而欧洲则已巴尔干化了。

现在德法的关系,有排除欧洲任何平衡之可能。法国不得不劫夺德国以维持其阶级平衡,德国不能不为这种劫夺的牺牲。

欧洲铁矿之最大部分,现已入了法人之手。而煤之最大部分则在德国。法国之铁与德国之煤之联合,本为组成复生欧洲经济之先决条件。但这样的联合虽于生产发展为必要,而于英国资本主义则为致命之危险。所以伦敦政府必用全力或激烈或和平以停止汰德煤铁之联合。

由上次大战,英国打败了德国,然则在现在国际市场上以及一般世界形势上,英国反比战前为弱。美国因英国之损耗而强固,比较英国因德国之损耗而强固的程度高得多。

美国现在在其工业进步的事实上已经打败了英国。美国工人的劳动生产力,高于英国工人劳动生产力百分之一百五十——两个美国工人借着极完全的工业机关可以等于英国五个工人的生产。据许多的统计,英国与美国的竞争,屡次遭了失败,这点足够使英国与美国永远冲突。

美国的煤,在全世界及欧洲市场上篡夺了英国固有的地位;然而英国世界贸易的基础,正建筑在煤的上面。

煤油现在工业上及军事上为决定的要素。现在全世界的煤油美占百分之七十,若到战时则一切煤油都可以归华盛顿政府使用。此外美国又具有墨西哥的煤油——占全世界产量百分之十二。然而美国人还诋毁美国国境以外的煤油集中在英国人手里,英国油矿百分之九十拒绝美国参加,深恐己之所有,数年后有用尽之虞。假若这是真的,那么将来英美的冲突必更促进得快。

欧洲负欠美国的债务问题,现在已属紧迫。其总额约为一百八十万美金。因此美国可常常给英国一些财政上的困难,要求偿还它的欠款。英国屡请美国取消英国的债务,英国也取消欧洲大陆欠它的债务。假若这个成功了,当然英国可得很大的利益。因为英国欠美之债远过于大陆各国欠英之债。然而这是美国一口拒绝的。

英国赖其原有的海军势力,在海军上还占优势,但是这还是一种消极的地位,并且渐渐地会要降于第二位第三位,而让其海洋霸权于美国。

所以上次欧战，虽然解决了欧洲问题——即英德战争问题，现在反而发生了丰富的世界问题——即统治世界的是英国还是美国呢？此为制造新世界战争之根源。现在海陆军费的增加，超过于战前的准备：英国军事预算增加三倍，美国增加三倍半。一九一四年一月一日（此时为高倡武装和平之时）全世界只有七百万兵士，一九二一年一月有一千一百万。这样重大的军事负担加于疲竭要死的欧洲之上，资本家口里还要谈什么复兴欧洲！

世界市场缩小的结果，经济恐慌日益严重，资本国家间之争端达于极点，国际关系之平衡异常动摇，不仅欧洲成了疯人院，全世界亦成了疯人院。在这样情形之下，还说甚么复建国际的平衡？

现在我们再看战后社会冲突之发展：经济的进化，并非全然是自动的历程，是要由人们的工作与活动才能完成的。现在人与人的关系，以及阶级与阶级的关系，从经济的见地说，到了甚么境地？在德国及其他欧洲的某几国，经济程度已退后了二十年或三十年。但从社会的（即阶级的）见地说也是一样的退步么？决不是这样。在德国的各种社会阶级，不但在战前二十年以来随资本主义之异常繁盛而异常发展异常集中，就是在大战中及大战后也异常发展。

经济进化的两要素：一为国民财富；一为国民收入。此两者在欧洲现在都减低了。此两者虽然减低，然而阶级的发展反一天天的进步：无产阶级的数目日看日增多；资本越集中于最少数人之手，各大银行日趋合并，各大企业愈益联合为托拉斯。所以阶级争斗随着国民收入之减低而愈趋愈严厉，乃为必不可免的事实。这就是现在社会冲突的症结。

物质基础越有限，则阶级争斗越严厉——即各派社会阶级瓜分国民收入之争斗愈激烈。欧洲国民财富落后了三十年，这就是在经济的见地上，减退了三十年；而在阶级争斗的见地上，则增进了三百年。此为现在的无产阶级与资产阶级的关系。

大战初期，因军队极需要面包与肉类，农产品价格不停的昂贵，所以全欧农人发了财。但农人收入口袋里面的尽属纸币，最初以此等纸币清偿旧债，自然于他们是很有利的，但后来就不同了。

资产阶级经济学家以为农人经济之繁盛足以担保战后资本主义之巩

固。但是这个计算完全错误,农人虽然清偿了旧债,但是农人经济不在付金于银行,而在于耕种其土地改良其工具种子技术等等。这些,在大战中都被阻碍。

别一方面,因大战而劳力缺乏,农业减低,经过一时半虚伪的繁盛后,农人就开始破产起来。欧洲农人破产的程度各有不同;但在美洲特别不同,从欧洲破产不能购买国外面包之日起,南北美及澳洲的农人便开始感受可怕的痛苦。小麦价格一天跌落一天,于是农人不满与不平之气发酵于全世界。至此农人阶级不能再守秩序,工人阶级便有使贫农加入阶级争斗,中农中立,富农孤立之可能。

工程师技术家医生律师账房官吏雇用人,他们的地位处于资本与劳动之间,为半保守的社会阶级。每每主张调和,并赞成民主制。

大战中及大战后,这个阶级感受的痛苦比工人更甚,他们生活水平之降低,也比工人更甚。纸币不值价和购买力之减低,为其主要原因。所以全欧知识者技术家一切中等阶级人民之中,充满了不平之气。如意大利吏员罢工,西班牙银行雇员罢工,即是一例。

吏员银行雇用人员等等当然不会组入无产阶级,但是他们因此也丧失了他们保守的性质。因为他们不平与反抗,所以他们是很动摇的,对于资产阶级的国家也不再维持了,而且想拆坏它的墙脚。

资产阶级知识者之不满,常常随着工商业中等阶级和小资产阶级之不满而扩大。工商业的中等阶级及小资产阶级日觉压迫,日觉摇动;而大资产阶级日联合于托拉斯之中,其横蛮的霸占日日减少国民的收入,国民愈贫而他们愈富。于是不属于托拉斯的资产阶级及新中等阶级或相对的衰落或绝对的衰落而倾向于革命。至于无产阶级纵然他们生活条件已减低,而他们普遍的都要负担国家的严重税收。工人阶级对于国家的负担现在比战前严重得多。属于托拉斯的资本,他们总想把他们对于国家的负担完全加在工人的肩上。

农人不满意于农业经济的颓败,知识阶级日觉贫困,中等阶级和小资产阶级日形破产而愤怒,所以阶级争斗的严厉非达到社会革命不止。

战后工人阶级的新现象,从一九二一年德国三月事变中可以看出:这次事变之主要分子为中部德意志的工人;他们在大战以前是极落后的

分子,然而这次起事,他们既不要统率,也不顾成败,自发自动的上了革命的战线。由此可知社会革命必然要一天一天扩大,一天一天成熟:不仅在各大工业国内有农人阶级中等阶级及资产阶级的落伍分子和进步分子为之呼应,而且有全世界殖民地和半殖民地的国民革命运动为之呼应。世界革命的成功,只是时间迟早的问题。